企业高技能人才职业培训系列教材

GONGGONGCHANGSUOANJIAN

公共场所安检

本书编审人员

主　　编　戴　民

副 主 编　赵渊明

主　　审　陶焱升

副 主 审　张　民

编　　者　汤　军　孙　亮　任　海　丁　宁　孙常青　李长生

童勤久　张宇霞　李　晶　沈　莉

中国劳动社会保障出版社

图书在版编目(CIP)数据

公共场所安检/人力资源和社会保障部教材办公室等组织编写. —北京：中国劳动社会保障出版社，2016

企业高技能人才职业培训系列教材

ISBN 978-7-5167-2777-5

Ⅰ.①公… Ⅱ.①人… Ⅲ.①公共场所-安全检查-职业培训-教材 Ⅳ.①D631.43

中国版本图书馆 CIP 数据核字(2016)第 256950 号

中国劳动社会保障出版社出版发行

（北京市惠新东街 1 号 邮政编码：100029）

*

北京市白帆印务有限公司印刷装订 新华书店经销

787 毫米×1092 毫米 16 开本 9.5 印张 6.75 彩色印张 276 千字

2016 年 11 月第 1 版 2021 年 7 月第 9 次印刷

定价：45.00 元

读者服务部电话：(010) 64929211/84209101/64921644

营销中心电话：(010) 64962347

出版社网址：http://www.class.com.cn

内容简介

本教材由人力资源和社会保障部教材办公室、中国就业培训技术指导中心上海分中心、上海市职业技能鉴定中心、上海市公安局治安总队依据公共场所安检（专项职业能力）职业技能鉴定细目组织编写。教材从强化培养操作技能，掌握实用技术的角度出发，较好地体现了当前最新的实用知识与操作技术，对于提高从业人员基本素质，掌握公共场所安检的核心知识与技能有直接的帮助和指导作用。

本教材既注重理论知识的掌握，又突出操作技能的培养，实现了培训教育与职业技能鉴定考核的有效对接，形成完整的公共场所安检培训体系。本教材内容共分为3章，主要内容有：公共场所安检基础知识、安检设备和操作方法、安检工作现场应急处置。

本教材可作为公共场所安检（专项职业能力）职业技能培训与鉴定考核教材，也可供本职业从业人员培训参考使用。

前言

企业技能人才是我国人才队伍的重要组成部分，是推动经济社会发展的重要力量。加强企业技能人才队伍建设，是增强企业核心竞争力、推动产业转型升级和提升企业创新能力的内在要求，是加快经济发展方式转变、促进产业结构调整的有效手段，是劳动者实现素质就业、稳定就业、体面就业的重要途径，也是深入实施人才强国战略和科教兴国战略、建设人力资源强国的重要内容。

国务院办公厅在《关于加强企业技能人才队伍建设的意见》中指出，当前和今后一个时期，企业技能人才队伍建设的主要任务是：充分发挥企业主体作用，健全企业职工培训制度，完善企业技能人才培养、评价和激励的政策措施，建设技能精湛、素质优良、结构合理的企业技能人才队伍，在企业中初步形成初级、中级、高级技能劳动者队伍梯次发展和比例结构基本合理的格局，使技能人才规模、结构、素质更好地满足产业结构优化升级和企业发展需求。

高技能人才是企业技术工人队伍的核心骨干和优秀代表，在加快产业优化升级、推动技术创新和科技成果转化等方面具有不可替代的重要作用。为促进高技能人才培训、评价、使用、激励等各项工作的开展，上海市人力资源和社会保障局在推进企业高技能人才培训资源优化配置、完善高技能人才考核评价体系等方面做了积极的探索和尝试，积累了丰富而宝贵的经验。企业高技能人才培养的主要目标是三级（高级）、二级（技师）、一级（高级技师）等，考虑到企业高技能人才培养的实际情况，除一部分在岗培养并已达到高技能人才水平外，还有较大一批人员需要从基础技能水平培养起。为此，上海市将企业特有职业的五级（初级）、四级（中级）作为高技能人才培养的基础阶段一并列入企业高技能人才培养评价工作的总体框架内，以此进一步加大企业高技能人才培养工作力度，提高企业高技能人才培养效果，更好地实现高技能人才培养的总体目标。

为配合上海市企业高技能人才培养评价工作的开展，人力资源和社会保障部教材办公室、中国就业培训技术指导中心上海分中心、上海市职业技能鉴定中心联合组织有关行业和企业的专家、技术人员，共同编写了企业高技能人才职业培训系列教材。本教材是系列教材中的一种，在上海市公安局治安总队的指导下，由上海市保卫干部培训中心负责具体编写工作。

企业高技能人才职业培训系列教材聘请上海市相关行业和企业的专家参与教材编审工作，以“能力本位”为指导思想，以先进性、实用性、适用性为编写原则，内容涵盖该职业的职业功能、工作内容的技能要求和专业知识要求，并结合企业生产和技能人才培养的实际需求，充分反映了当前从事职业活动所需要的核心知识与技能。教材可为全国其他省、市、自治区开展企业高技能人才培养工作，以及相关职业培训和鉴定考核提供借鉴或参考。

新教材的编写是一项探索性工作，由于时间紧迫，不足之处在所难免，欢迎各使用单位及个人对教材提出宝贵意见和建议，以便教材修订时补充更正。

企业高技能人才职业培训系列教材

编审委员会

序

公共场所安检是运用现代科技检测手段和设备，对需要进行安全检查的人员、物品、车辆和场所等进行有效检查，发现并处置携带违禁物品，预防违法犯罪或暴恐案事件的发生。

随着我国改革开放政策的不断深化，经济建设得到快速发展，人员流动日益频繁。传统的安检手段单纯依靠人力进行防范，由于受多种因素的制约，有时难免会出现漏洞和失误，效果不尽理想，犯罪分子也有了可乘之机。随着科技的发展，犯罪分子的犯罪手段也更加智能化和复杂化，手段逐步升级，隐蔽性也更强。因此，公共场所安保管理部门必须采用有效防范手段，在公共场所如机场、码头、轨道交通车站、大型群众性活动场所等入口，运用安检系统进行安全防范，将各类安检设备安装于需要加强安全保卫的单位和场所，并将技防和人防有机结合，优势互补，扬长避短，形成一个完整安全保卫防范体系，确保保卫区域的安全。

为贯彻执行国家和上海市有关安检的法律法规，更好地发挥安检系统的实战应用，开展安检操作员专业培训，提高从业人员的职业素质和技能，这是实现安检保安走向专业化的根本途径。

由上海市公安局治安总队组织部分行业专家编写的《公共场所安检》，为本市推进公共场所安检操作人员专项职业能力的提高，具有很重要的意义。该书系统介绍公共场所安检的相关知识，又定位于实际工作需要，突出针对性和应用性，适用于公共场所安检操作人员的中高级职业技能培训。

戴　民

二〇一六年九月

目录

第1章 公共场所安检基础知识

第1章

公共场所安检基础知识

- 1.1 安检工作
- 1.2 违禁物品常识
- 1.3 安检工作相关法律法规
- 1.4 安检工作制度、岗位职责和分工
- 1.5 安检工作礼节礼仪

1.1 安检工作

1.1.1 安检的产生和发展

安检是指为了防止炸弹爆炸以及枪击、行凶、伤害和聚众闹事等事件的发生而采取的对人身、携带物品、车辆和活动场所的安全检查。

1. 我国安全检查工作的历史发展

20 世纪 50 年代，我国在海关实施安检，当时主要是根据敌情采取的相应措施，相继在北京、上海、天津、深圳、满洲里、大连等地设立了安全检查站。20 世纪 80 年代，开始对民航受检者实施安检。1990 年根据亚奥理事会的章程和有关规定开始对参加大型国际体育比赛（第 11 届亚洲运动会）的记者、运动员和群众进行全面的安全检查。

2. 国际安全检查工作的发展

20 世纪中期以来，国际恐怖活动日趋猖獗，对世界的和平、安全与秩序构成了严重威胁，各国警方为打击犯罪行为，利用安全检查的仪器，在机场、码头、火车站、体育场馆、法院、文化设施、重要会场等场所实施防爆安全检查。

传统的安全检查设备，如 X 光检测仪、金属武器检测门等，能发现金属武器和普通炸药等危险物品，在安全检查工作中发挥了重要作用。近年来恐怖分子配备的武器越来越先进（如：Semtex 可塑炸药、Glock17 塑料枪、高精度炸弹等），促使世界各国都在探索研究更先进的安全检查新技术、新设备。

1.1.2 安全检查的性质和特点

1. 安全检查的性质

安全检查是以防止恐怖和破坏活动为主要目的，以安全检查为主要手段，是防止恐怖事件和其他危害公共安全事件发生的重要措施。安全检查是反恐斗争的产物，它的产生和发展同恐怖活动紧密相关，是世界性的安全措施。不管哪一个国家，要想与世界各国保持正常往来，就必须解决好安全检查问题。

2. 安全检查的特点

安全检查工作要求在较短时间内对所有进入安保区域的人员及其携带物品完成安全技术检查工作，一旦出现失误，后果严重。因此，它具有责任性强、政策性强、时间性强、专业性强及风险性大等特点。

（1）责任性强。实施恐怖和破坏的犯罪分子，不择手段，残忍凶暴，为达到他们的罪恶目的，不惜杀人、纵火、爆炸，因此为防止恐怖和破坏活动而设立的安全检查工作具有极强的责任性。另一方面，一些并没有破坏动机的人员，因怕麻烦或缺乏应有的安全常识，有意无意地藏匿、携带危险物品，也要求安检人员及时发现及时处理，排除隐患。

（2）政策性强。安检人员在处理问题时决不能带有随意性，处理每一个问题都要有依据，即国家的法规和上级的有关政策、规定，因此安全检查工作具有很强的政策性。

（3）时间性强。安全检查口是进入安保区域的重要关口，往往人员集中、客流量大，形成安检时间紧张。而安全检查工作则要始终如一地坚持严查细验，确保安全，因此需要每个检查人员要有强烈的时间观念及良好的业务素质，确保安检工作的高质高效。

（4）专业性强。安全技术检查工作是一项专业性、技术性较强的工作，各种安全技术检查设备的操作、维修，对违禁物品尤其是化学物品、爆炸物品的检查、识别和排除，与来自世界各地的人员打交道等，都需要具有一定的业务知识、专业安检技能、外语对话等综合知识技能。随着安检工作的不断加强，犯罪分子所采取的手段越来越隐蔽，会利用各种手段伪装藏匿危险物品，企图混过安全技术检查关。因此每个安检人员都要刻苦钻研业务，并不断在工作中积累经验，增长知识，提高业务素质，以适应安检工作的需要。

(5) 风险性大。安全检查工作要同以隐蔽的身份出现而图谋破坏的犯罪分子进行斗争。犯罪分子多是亡命之徒，手段狠毒，在其阴谋败露时，就会铤而走险，孤注一掷，行凶肇事，对安检人员人身安全构成威胁。

1.1.3 安全检查的任务和原则

1. 安全检查的任务

安全检查的任务是对所有进入安保区域的人员及其携带物品进行安全技术检查，将一切可能危及安全的危险、违禁品消除或控制在安保区域以外。进入安保区域的人员不可能都是恐怖分子，但在没有通过安全检查之前，又不能排除其中可能存在恐怖分子，携带的行李物品不可能每件都有违禁物品，但在通过安全检查之前，又不能排除其中某一件隐藏着违禁物品。因此，只有对所有进入安保区域的人员及其携带物品进行了安全检查，才能确保安保区域的各类人员和财产的安全。

2. 安全检查的原则

安全检查工作应当坚持安全第一，严格检查，文明执勤，热情服务的原则。

(1) 安全第一，严格检查。确保安全是安全技术检查工作的宗旨和根本目的，而严格检查则是实现这个目的的手段和对安检人员的要求。所谓严格检查，就是严格执行各项规定，落实各项措施，以对国家和安保区域安全高度负责的精神，牢牢把好安全技术检查各关口，切实做到证件不符不放过、安全门报警不排除疑点不放过、X 光机图像判断不清不放过、开箱包检查不彻底不放过，以确保人员和财产的安全。

(2) 文明执勤，热情服务。安检人员要树立全心全意为受检者服务的思想，要做到检查规范，文明礼貌；要着装整洁，仪表端庄，举止大方，说话和气，“请”字开头，“谢”字结尾，要尊重不同地区、不同民族的风俗习惯。同时，要在确保安全、不影响正常工作的前提条件下，尽量为受检者排忧解难。对伤、残、病受检者予以优先照顾，不能伤害受检者的自尊心，对孕妇、幼童、老年受检者要尽量提供方便，给予照顾。

1.1.4 安全检查的职能和权限

1. 安全检查的职能

安全技术检查具有预防和制止企图犯罪活动的职能、保护人员生命财产安全的职能和在保障安全的前提下，不能因检查影响正常工作的服务职能。

2. 安全检查的权限

（1）检查权。一是对人员的人身检查权，包括使用仪器检查和手工检查直至搜身检查。二是对行李物品的检查权，包括使用仪器检查和手工开箱（包）检查。

（2）拒绝进入权。一是在安全技术检查中，当发现有故意隐匿枪支、弹药、管制刀具、易燃、易爆等可能用于犯罪活动的危险品的人员时，安检部门有权不让其进入，并将人与物一并移交公安机关审查处理。二是在安全技术检查过程中，对手续不符和拒绝接受检查的人员，安检部门有权不准其进入安保区域。

1.2 违禁物品常识

安全检查所指的违禁物品是指可以用作实施破坏活动的物品，主要是指枪支、子弹、炸药、爆炸装置、管制刀具和其他易爆、易燃、腐蚀性、放射性等物品。

常见的违禁物品主要有枪支、弹药、军（警）械、管制刀具、易燃易爆化学危险物品几类。

1.2.1 枪支

枪支是以火药或者压缩气体等为动力，利用管状器具发射金属弹丸或者其他物质，足以致人伤亡或者丧失知觉的各种手持武器。

1. 按照用途可分为军（警）用制式手枪（手枪、步枪、冲锋枪、机枪、防爆枪）、民用枪（气枪、猎枪、运动枪、麻醉注射枪、发令枪）、样品枪、道具枪。

2. 按照规格大小可分为长枪、短枪。

3. 另外还有仿制枪，如钢珠枪、催泪枪、电击枪、电击器、微型防卫器以及上述物品的仿制品。

1.2.2 弹药

弹药包括各种炸弹、手榴弹、枪弹、信号弹、照明弹、催泪弹、纵火器和各种炸药、爆破剂、雷管、导火索、导爆索以及上述物品的仿制品等。

1.2.3 军（警）械

军（警）械包括电击器、警棍、手铐、警绳以及上述物品的仿制品。

1.2.4 管制刀具

管制刀具是指被公安机关严格控制和管理，对社会治安威胁较大的刀具，如匕首、刺刀、三棱刀（包括机械加工用的三棱刮刀）、带自锁装置的弹簧刀（跳刀）以及其他相类似的单刃、双刃、三棱尖刀等刀具，同时还包括只能在少数民族自治地方因民族生活习惯而佩带的各类民族刀具，如藏刀、蒙古刀、腰刀、靴刀等，东洋武士刀也被列为管制刀具之列。

1.2.5 易燃易爆化学危险物品

凡具有易燃易爆性质的液体、固体、气体以及各种助燃剂和氧化剂等都称为易燃易爆化学危险物品。常见的有以下几种。

1. 爆炸物品：如TNT炸药、硝酸铵炸药、雷管、导火索、爆炸装置、烟花爆竹等。

2. 易燃气体：如氢、甲烷、乙炔、液化石油气、丙烷、一氧化碳、水煤气、煤气等。

3. 易燃液体：如汽油、乙烷、苯、甲苯、乙醛、甲醇、乙醇、丙酮、乙醚等。

4. 易燃固体：如红磷、硝化沥青、安全火柴、硫磺、樟脑、生松香、火补胶等。

5. 氧化物质：如高锰酸钾、过氧化甲乙酮等。

1.2.6 国家明文规定的禁运物品

1. 毒品：如鸦片（大烟）、海洛因（4号）、可卡因、冰毒（甲基苯丙胺）、大麻、摇头丸等。

2. 淫秽音像制品、出版物。

3. 伪钞：如伪造的美元、人民币、港币等。

4. 传染性物品：如杆菌疫苗等。

1.3 安检工作相关法律法规

1.3.1 安检法规的定义和特点

1. 安检法规的定义

安检法规是国家立法机关和国家行政机关依据宪法、法律和国家政策制定的、实施安全技术检查的法律、条例、规章、规定、办法、规则等规范性文件的总称。

2. 安检法规的特点

安检法规的特点一是规范性，安检工作是一项政策性很强的工作，处理问题需要有法律依据，不能随心所欲，更不能感情用事，安检法规的制定，使安检工作有法可依，有章可循。二是强制性，安检法规是国家机关制定，以国家权力为基础，凭借国家机关的强制力来保证实施的行为规则，对所有人员都有法律效力和约束力。三是专业性，安检法规属于业务工作规则性质，就安检专业工作规定了工作范围、方针原则、处罚处置的管理措施等，具有较强的专业性。四是国际性，安检法规的国际性表现在它是根据国际公约，结合国际形势，按国际标准和建议相应制定的。

1.3.2 主要安检法律法规的条文

在我国现行的法律范畴内，安检工作主要依据的法律条文是《中华人民共和国刑法》《中华人民共和国治安管理处罚法》中的有关条款及地方政府或行业的有关规定。有关安检工作的法规有：国务院颁布的《中华人民共和国民用航空安全保卫条例》《中国民用航空安全检查规则》、中华人民共和国国家标准《城市轨道交通安全防范系统技术要求》（GBT 26718—2011）、上海市人民代表大会常务委员会公告的《上海市轨道交通管理条例》和公安部制定的《大型群众性活动安全检查规范》等（原文见附录）。

1. 相关法律

（1）《中华人民共和国刑法》中的有关条款

第一百一十六条　破坏火车、汽车、电车、船只、航空器，足以使火车、汽车、电车、船只、航空器发生倾覆、毁坏危险，尚未造成严重后果的，处三年以上十年以下有期徒刑。

第一百一十七条　破坏轨道、桥梁、隧道、公路、机场、航道、灯塔、标志或者进行其他破坏活动，足以使火车、汽车、电车、船只、航空器发生倾覆、毁坏危险，尚未造成严重后果的，处三年以上十年以下有期徒刑。

第一百二十五条　非法制造、买卖、运输、邮寄、储存枪支、弹药、爆炸物的，处三年以上十年以下有期徒刑；情节严重的，处十年以上有期徒刑、无期徒刑或者死刑。

第一百三十条　非法携带枪支、弹药、管制刀具或者爆炸性、易燃性、放射性、毒害性、腐蚀性物品，进入公共场所或者公共交通工具，危及公共安全，情节严重的，处三年以下有期徒刑、拘役或者管制。

(2)《中华人民共和国治安管理处罚法》中的有关条款

第二条　扰乱公共秩序，妨害公共安全，侵犯人身权利、财产权利，妨害社会管理，具有社会危害性，依照《中华人民共和国刑法》的规定构成犯罪的，依法追究刑事责任；尚不够刑事处罚的，由公安机关依照本法给予治安管理处罚。

中华人民共和国公民、外国人在中华人民共和国领域内的违反治安管理行为，都依照本条例处理。

第二十五条　有下列行为之一的，处五日以上十日以下拘留，可以并处五百元以下罚款；情节较轻的，处五日以下拘留或者五百元以下罚款：

(一) 散布谣言，谎报险情、疫情、警情或者以其他方法故意扰乱公共秩序的；

(二) 投放虚假的爆炸性、毒害性、放射性、腐蚀性物质或者传染病病原体等危险物质扰乱公共秩序的；

(三) 扬言实施放火、爆炸、投放危险物质扰乱公共秩序的。

第三十条　违反国家规定，制造、买卖、储存、运输、邮寄、携带、使用、提供、处置爆炸性、毒害性、放射性、腐蚀性物质或者传染病病原体等危险物质的，处十日以上十五日以下拘留；情节较轻的，处五日以上十日以下拘留。

第三十一条　爆炸性、毒害性、放射性、腐蚀性物质或者传染病病原体等危险物质被盗、被抢或者丢失，未按规定报告的，处五日以下拘留；故意隐瞒不报的，处五日以上十日以下拘留。

第三十二条　非法携带枪支、弹药或者弩、匕首等国家规定的管制器具的，处五日以下拘留，可以并处五百元以下罚款；情节较轻的，处警告或者二百元以下罚款。

非法携带枪支、弹药或者弩、匕首等国家规定的管制器具进入公共场所或者公共交通工具的，处五日以上十日以下拘留，可以并处五百元以下罚款。

2. 相关法规

（1）《大型群众性活动安全检查规范》中的有关条款。《大型群众性活动安全检查规范》中的安检实施范围规定如下。

1）武器类危险品检测范围（包括但不限于以下内容）

①军用枪、公务用枪：手枪、步枪、冲锋枪、机枪、防爆枪等。

②民用枪：气枪、猎枪、运动枪、麻醉注射枪等。

③军械、警械：警棍、军用或警用匕首、刺刀等。

④国家禁止的枪支、械具：钢珠枪、催泪枪、电击枪、电击器、防卫器等。

⑤管制刀具：匕首、三棱刀（包括机械加工用的三棱刮刀）、带有自锁装置的弹簧刀以及其他相类似的单刃、双刃、三棱尖刀。

2）爆炸类危险品检测范围（包括但不限于以下内容）

①弹药：炸药、手榴弹、照明弹、燃烧弹、烟雾弹、信号弹、催泪弹、毒气弹和子弹等。

②爆破器材：炸药、雷管、导火索、导爆索、导爆管、爆破剂等。

③烟火制品：礼花弹、烟花、爆竹等。

3）液态危险品检测范围（包括但不限于以下内容）

①易燃易爆液体：汽油、煤油、柴油（闪点≤60℃）、苯、酒精（含量不低于90%）、丙酮、乙醚、油漆、稀料等。

②腐蚀性液体：浓硫酸、浓硝酸等。

（2）《上海市轨道交通管理条例》中的有关条款。《条例》规定，禁止乘客携带易燃、易爆、有毒、有放射性、有腐蚀性以及其他有可能危及人身和财产安全的危险物品进站、乘车。危险物品目录和样式由市公安、交通行政管理部门公告，由轨道交通企业在车站内予以张贴。

1）轨道交通安全管理中禁止携带的物品目录

①枪支弹药类（含主要零部件），包括：公务用枪：手枪、步枪、冲锋枪、机枪、防暴枪等；民用枪：气枪、猎枪、运动枪、麻醉注射枪等；其他枪支：样品枪、道具枪、发令枪、仿真枪等；弹药：各类炮弹和子弹等。

②爆炸品类，包括：各类火药、炸药及其制品和雷管、导火索等点火、起爆器材，烟花爆竹制品和用于生产烟花爆竹的民用黑火药、烟火药、引火线等物品。

③管制器具类，包括：匕首、三棱刀（包括机械加工用的三棱刮刀）、带有自锁装置的弹簧刀以及其他相类似的单刃、双刃、三棱尖刀、弓弩等和其他符合《管制刀具

认定标准》的刀具。

④易燃易爆物品类，包括：氢气、一氧化碳、甲烷、乙烷、丁烷、天然气、乙烯、丙烯、乙炔（溶于介质的）、液化石油气、氧气、水煤气等易燃气体；汽油、煤油、柴油、苯、酒精、丙酮、乙醚、油漆、稀料（香蕉水、硝基漆稀释剂）、松香油等易燃液体；红磷、闪光粉、固体酒精、赛璐珞等易燃固体；黄磷（白磷）、硝化纤维片、油纸及其制品等易自燃物质；金属钾、钠、锂、碳化钙（电石）、美铝粉等遇水放出易燃气体的物质；过氧化钠、过氧化钾、过氧化铅、过醋酸、双氧水等氧化性物质和有机过氧化物。上述物品均包括其混合物。

⑤毒害品类，包括：《危险化学品目录》中标注为剧毒的危险化学品及其混合物，农业部公告（第199号）明令禁止使用的农药等。

⑥腐蚀性物品类，包括：盐酸、氢氧化钠、氢氧化钾、硫酸、硝酸、蓄电池（含氢氧化钾固体或注有碱液的）等具有可燃、助燃特性的腐蚀性物品。

⑦放射性物品类：《放射性物品分类和名录》中规定的核材料、放射性同位素等物品。

⑧传染病病原体及医疗废物类，包括：《传染病防治法》中规定的传染病病原体，《医疗废物分类目录》中规定的医疗废物，《人间传染的病原微生物名录》中规定的病原微生物等影响公共卫生安全的物品。

⑨国家法律、法规规定的其他禁止携带的物品。

2）轨道交通安全管理中限制携带的物品目录

①民用生活生产工具，包括：锂电池（锂含量不得超过2 g，锂离子电池的额定能量值不能超过100 W·h）；菜刀、水果刀、餐刀、剪刀、工艺刀、工具刀（刀刃部分在10 cm以上的）等；斧头、锤子、钢（铁）、锉、锥子（尖锐物）、铁棍（铁棍总长25 cm以上的）等金属利器、钝器等；球棒、木棍等木质棍装物品（长50～160 cm，直径6 cm以上的）。单品限量携带1把（件），累计限量携带不得超过3把（件）（含）。

②含有易燃物质的生活用品，包括：超过2 kg的50度以上白酒；单品超过700 mL的摩丝、发胶、染发剂、冷烫精、指甲油、光亮剂、衣领净；单品超过500 mL的香水；单品超过700 mL的卫生杀虫剂、空气清新剂；超过5支的打火机；超过20小盒的安全火柴。

条例规定：轨道交通企业应当按照有关标准和操作规范，设置安全检查设施，并有权对乘客携带的物品进行安全检查，乘客应当予以配合。对安全检查中发现的携带危险物品的人员，轨道交通企业应当拒绝其进站、乘车；不听劝阻，坚持携带危险物品进站的，轨道交通企业应当立即按照规定采取安全措施，并及时报告公安部门依法处理。公安机关应逐一登记，包括物品名称种类、查获日期、物主基本信息等，并造册建账。对自弃的限带物品，由车站登记保管，并委托专业公司销毁处理。

公安部门应当对轨道交通安全检查工作进行指导、检查和监督，并依法处理安全检查中发现的违法行为。

1.4 安检工作制度、岗位职责和分工

在安检工作中应坚持“安全第一、严格检查、文明执勤、热情服务”的原则。按照“专人引导、专人值机、专人手检、专人处置”的工作制度和岗位职责，确保安检工作有序、有效开展。

1.4.1 安检工作制度

1. 安全目标责任制度

安保部门应当结合实际情况，制定年度安全目标和实现安全目标的具体工作方案。

安全目标责任应做到分工清楚，任务明确，各负其责，奖罚分明。

安全目标主要包括：杜绝因安检原因造成危害保卫区域安全事件发生的各项指标。

2. 请示报告制度

安检人员在一般情况下遇到超越处理权限的问题时，必须向上级领导请示后方可处理。

通常情况下，请示报告应逐级进行；遇有重要情况和重大涉外问题以及突发情况可越级报告，但事后应当报告直属领导。

遇有拒不接受安全检查的紧急情况，来不及请示报告时，应当根据当时情况按照预案予以处置，处置后必须及时逐级报告。

上报情况应当包括时间、地点、人物、事件情况、处理结果等内容。

下级向上级请示报告问题时，应当提出自己的处理意见。

请示报告必须作出详细记录，重大问题应作出专题报告。

3. 交接班制度

交接班时应当是同级对口书面交接。

交班的主要内容包括：上级的文件、指示；执勤中遇到的问题及处理结果；设备使用情况；遗留问题；需要注意的事项等。

接班人员应按时到达现场办理接班手续。交班人员在接班人员到达执勤岗位后方可离去。

4. 物品管理制度

物品管理是指对乘客自弃和遗留物品的管理。

物品管理应由专人负责，并建立台账。

对乘客自动放弃的物品应当统一登记造册，记录收到的时间、地点、数量及品名。

发现乘客遗留在安检现场的物品，应当由两名以上安检人员共同清点和登记，并及时交给专人保管。贵重物品应及时报告值班领导，尽可能地寻找失主。

对乘客遗留且在30天内无人认领的物品以及乘客自弃的物品，应当统一登记造册，交由公安机关处理。

1.4.2 安检岗位职责

1. 人身安检人员岗位职责

人身安检岗位包括引导和安全门检查两个具体岗位。其基本职责是：

（1）引导受检者有秩序地通过安全检查门。

（2）检查受检者自行放入盘中的物品。对受检者实施人身安全检查时，应告知受检者将随身携带的全部金属物品取出，然后按次序通过安全门。对放入盘中的物品应进行检查，注意是否藏有违禁物品。

（3）对受检者人身进行仪器或手工检查。对头戴帽子的受检者应让其摘下帽子检查；对检查时脚部反复报警者，必要时可请其脱掉鞋子检查。对通过安全门时报警的受检者，应当重复过门检查或使用手持金属探测器或采用手工人身检查的方法进行复查，排除疑点后方可放行。

（4）准确识别并根据有关规定正确处理违禁物品。

2. 手持金属探测器操作员岗位职责

手持金属探测器操作员岗位职责如下：

（1）接班时要检查手持金属探测器的电量、灵敏度、声光报警是否符合安检的要求。

（2）手检员在迎接受检者时，应呈立正姿势站立，右手持金属探测仪，左手示意受检者停下。

（3）对人身进行检查，按先正面、后背面的顺序进行。安检人员站在受检者侧前方45度角的位置，严格按照检查顺序操作，排除可疑点后方可放行。检查中左手随右手跟进，对报警部位或可疑部位进行触摸检查，不得遗漏重要部位。

（4）检查过程中，要认真判断报警部位是皮带扣、纽扣等服饰还是可疑危险（违禁）品，对腋下、裆部、腰部、小腿等部位出现的报警要提高警惕，查明具体情况。

（5）检查完毕，请受检者拿好自己的随身物品离开，并说“谢谢配合！”。

（6）手检应坚持以下原则：女可检男，男不检女；不堵、不挤、不吵；人人手检。

3. X光安全检查仪操作员岗位职责

X光安全检查仪操作员岗位职责如下：

（1）X光安全检查仪的值机应由取得安检仪值机资格的人员担任，操作X光安全检查仪器的安检人员连续值机工作时间不得超过1 h，每天累计不得超过6 h。

（2）熟悉安检仪器性能和操作规范，严格按规程操作使用查危仪器设备，定期对仪器进行清洁保养。

（3）观察和辨别监视器上受检行李（货物、邮件）图像中的物品形状、种类。认真观察视屏，分析影像，及时发现、辨认违禁物品或可疑图像。

（4）将需要开箱（包）检查的行李（货物、邮件）及重点检查部位准确无误地通知开箱（包）安检人员，进行开包检查和手检。

（5）发现可疑物品，应要求受检者进行复检或示意手检员开包查验。

4. 开箱包安检人员岗位职责

开箱包安检人员岗位职责如下：

（1）对旅客行李（货物、邮件）实施开箱包手工检查。开箱包检查时，要仔细查验行李箱包的底部、角部和内外侧小兜，注意发现有无夹层。

（2）准确辨认和按照有关规定正确处理违禁物品，严防错、漏检。

（3）对照相机、收音机、录音录像机、手提电话及其他常用电子产品，要求受检者操作演示时出现不应有反应或与常规重量不符的，应从严检查。

（4）对有疑点的行李在开箱包检查后应重新过X光安全检查仪检查。

（5）开具暂存或移交物品单据。

1.4.3 安检工作的分工

物品安检搜爆工作的分工，以1机2门配置为例，应安排引导员1人、X光安检仪值机人员1人、手检员2人、后检员1人、现场领队1人，如图1—1至图1—4所示。

图 1—1　安检引导

图 1—2　1 机 2 门安检工作的分工

图 1—3　X 光安检仪值机岗位

图 1—4　后检岗位

1.5 安检工作礼节礼仪

1.5.1 礼节礼仪简介

礼仪是人与人之间在接触和交往中，相互表示敬重和友好的行为规范，它体现时代的风格和道德品质。礼节则是人们在日常生活中，特别是在交际场合中，相互问候、致意、祝愿、慰问以及给予必要的协助与照料的惯用形式，是礼貌的具体表现。

在日常社会交往中，每个人在礼节礼仪都应当注意文明礼貌，不要过分开玩笑、乱起绰号，不要随便发怒、恶语伤人，不要飞短流长、言而无信。

1.5.2 安检人员的礼节礼仪

安检人员礼节礼仪的基本规范主要有执勤规范、仪容仪表规范、着装规范、语言行为规范和礼节礼貌规范。

1. 安检人员执勤规范

（1）执勤前不吃有异味食物、不喝酒，执勤期间应举止端庄，不吸烟、不吃零食。

（2）尊重受检者的风俗习惯，对受检者的穿戴打扮不取笑、不评头论足，遇事不围观。

（3）态度和蔼，检查动作规范，不得推拉受检者。

（4）自觉使用安全检查文明执勤用语，热情有礼，不说服务忌语。

（5）爱护受检者的行李物品，检查时轻拿轻放，不乱翻、乱扔，检查后主动协助受检者整理好被检物品。

（6）按章办事，耐心解释受检者提出的问题，不得借故训斥、刁难受检者。

2. 安检人员仪容仪表规范

安检人员在执勤中，应仪容整洁、仪表端庄，具体规范如下：

（1）发型自然大方，不留奇型怪发。男安检人员不准留长发、胡须、大鬓角，女安检人员在工作期间不得披发过肩。

（2）面部不浓妆艳抹，不戴奇异饰物。

（3）讲究卫生，仪容整洁，指甲不准过长或藏有污垢，严禁在手背上纹字纹画。

3. 安检人员着装规范

安检人员执勤时必须穿安检制服，并遵守下列规定：

（1）按规定佩带安检标志等。

（2）按规定配套着装，冬、夏制服不得混穿。

（3）换季时统一换装，换装时间由各部门自行规定。

（4）应当着黑色、棕色皮鞋。

（5）着装应当整洁，不准披衣、敞怀、卷袖卷裤腿、歪带帽子，不准在安检制服外罩便服、戴围巾。

（6）只能佩戴国家和上级部门统一制发的证章、证件和工号。

4. 安检人员语言行为规范

在执勤中应自觉使用文明执勤用语，热情有礼，不说服务忌语。不对受检者外貌、举止进行议论，不准与受检者发生冲突。

安检文明用语包括：

（1）在引导安检时，应当使用“引导词”，内容为：“您好，请您接受安全检查。”

（2）对需开包检查的乘客，应当使用“告知词”，内容为：“您好，您的箱包（挎包、箱子、行李等）需要进行开包检查，请您配合。”

（3）对于受检者携带的箱包经打开确认安全后，应当使用“感谢词”，内容为：“检查完毕，谢谢合作，请您拿好随身物品，再见。”

（4）遇有受检者不配合安检时，应当使用“劝检词”，内容为：“您好，根据规定，请您接受、配合安检。”

（5）遇有受检者携带活动限带物品时，应当使用“告知词”，内容为：“您好，您携带的物品属于我司（本次活动）公示的限带物品，您不能携带该物品入内。请您主动丢弃该物品后再入内。谢谢您的配合。”

5. 安检人员礼节礼貌规范

安检人员的礼仪礼貌，通常是在安检现场各种不同情况下使用，以表达对受检者的敬意。礼节礼貌形式多样，一般来讲，安检现场常见有以下几种情况：

（1）问候礼。问候时要力戒刻板，应根据不同国家、不同地区、不同民俗习惯而定。

（2）称谓礼。称谓要切合实际，对不同性别、不同年龄身份、不同地位职务的对象要有不同的称呼。

（3）迎送礼。迎送外宾及重要受检者时，要热情得体，落落大方，通常用握手、鞠躬、微笑、注目礼迎送。

本章测试题

一、判断题（将判断结果填入括号中。正确的填“√”，错误的填“×”）

1. 安全检查是对人身、携带物品、车辆和活动场所进行安检，以防炸弹爆炸、枪击、行凶、伤害和聚众闹事等事件的发生。（　）

2. 为了防止球迷闹事的发生，有必要对进场观看足球比赛的观众全部采取人身安全检查。（　）

3. 安全检查工作要求必须在规定时间内，对所有进入安保区域的人员及其携带物品完成安全技术检查工作。（　）

4. 安全检查口是进入安保区域的重要关口，人员集中，客流量大，有时会形成安检时间紧张，这与严查细验、确保安全是一对矛盾。检查人员要根据具体情况酌情处置，以免发生纠纷。（　）

5. 安全技术检查工作是一项专业性、技术性较强的工作，需要具有一定的业务知识、专业安检技能、外语对话等综合知识技能。（　）

6. 将有部分可能危及安全的隐患消除或控制在安保场馆以外，这是安全检查的任务。（　）

7. 安全检查工作应当坚持安全第一，严格检查，文明执勤，热情服务的原则。（　）

8. 乘客着急登机，过安全门时有报警，由于登机口马上就要关闭，来不及排除疑点，安检人员可以适情让乘客登机。（　）

9. 安全技术检查的职能，主要体现在制止犯罪活动的范畴。（　）

10. 检查权包括两个方面：一是对人员的人身检查权，二是对行李物品的检查权。（　）

11. 违禁物品是指可以用作实施破坏活动的物品，主要是指枪支、子弹、炸药、爆炸装置、管制刀具和其他易爆、易燃、腐蚀性、放射性等物品。（　）

12. 电击器、微型防卫器及其仿制品，不属于仿制枪类型。（　）

13. 少数民族因生活习惯而佩带的各类民族刀具，如藏刀、蒙古刀、腰刀等，不在管制刀具之列。（　）

14. 凡具有易燃易爆性质的液体、固体、气体以及各种助燃剂和氧化剂等都称为易燃易爆化学危险物品。（　）

15．助燃剂和氧化剂不属于易燃易爆化学危险物品。（　　）

16．杆菌疫苗不是国家明文规定的禁运物品。（　　）

17．安检法规是公安部制定的、实施安全技术检查的规范性文件。（　　）

18．安检法规的特点是具有规范性、强制性、专业性、国际性。（　　）

19．安检法规具有非强制性的特点。（　　）

20．安检工作有法可依、有章可循是安检法规体现强制性的特点之一。（　　）

21．规范性是安检法规的特点之一，凭借国家机关的强制力来保证实施的行为规则，对所有人员都有法律效力和约束力。（　　）

22．安检法规属于业务工作规则性质，具有较强的专业性。（　　）

23．安检法规的国际性，表现在它是根据国际公约，结合国际形势，按国际标准和建议相应制定的。（　　）

24．执勤规范不属于安检人员的礼节礼仪基本规范。（　　）

25．安检人员在检查完行李物品后，不需要协助受检者整理被检物品。（　　）

26．安检人员穿安检制服执勤时，应按规定配套着装，着装应当整洁，按规定佩戴国家和上级部门统一制发的证章、证件和工号。（　　）

27．安检人员在执勤中应自觉使用文明执勤用语，热情有礼，不说服务忌语。（　　）

28．安检人员在执勤中，如与受检者发生冲突，应立即汇报领导出面调停。（　　）

29．安检人员在接待受检者时，要用握手、微笑、注目礼迎送。（　　）

二、单项选择题（选择一个正确的答案，将相应字母填入题内的括号中）

1．安全检查是指为了防止炸弹爆炸以及枪击、行凶、伤害等事件的发生，安全检查的对象不包括（　　）。

A．人身　　B．吸毒者　　C．法院　　D．车辆

2．为防止恐怖行为的发生，可以利用安全检查的仪器，在除（　　）外场所实施防爆安全检查。

A．机场　　B．火车站　　C．大剧场　　D．重要会场

3．20 世纪中期以来，各国警方为打击日趋猖獗的恐怖活动行为，利用安全检查的仪器，在重要场所实施防爆安全检查，但不包括（　　）。

A．地铁车站　　B．码头　　C．公安分局　　D．法院

4．传统的安全检查设备，能发现金属武器和普通炸药等危险物品，在安全检查工作中发挥了重要作用，其中不包括（　　）。

A. X光安检仪　　B. 金属武器检测门
C. X光透视仪　　D. 车底安全检查扫描系统

5. 传统的安全检查设备，如X光安检仪、金属武器检测门等，能发现除（　　）外的危险物品，在安全检查工作中发挥了重要作用。

A. 普通炸药　　B. 液体化妆品　　C. 子弹　　D. 枪支

6. 近年来恐怖分子配备的武器越来越先进，但其中不包括（　　）。

A. Semtex可塑炸药　　B. 高精度炸弹
C. GPS定位仪　　D. Glock17塑料枪

7. 安全检查工作要求在较短时间内，对所有进入安保区域的人员及其携带物品完成安全技术检查工作，一旦出现失误，后果严重。安检具有的特点中不包括（　　）。

A. 责任性强　　B. 主观性强　　C. 政策性强　　D. 专业性强

8. 安全检查工作要求在较短时间内，完成对所有进入安保区域的人员及其携带物品的安全技术检查工作，一旦出现失误，后果严重，它具有的特点中不包括（　　）。

A. 时间性强　　B. 风险性大　　C. 随意性强　　D. 政策性强

9. 实施恐怖和破坏的犯罪分子，不择手段，残忍凶暴，为达到他们的罪恶目的，不惜杀人、纵火、爆炸，因此为防止恐怖和破坏活动而设立的安全检查工作具有极强的（　　）。

A. 责任性　　B. 策略性　　C. 预见性　　D. 规范性

10. 一些并没有破坏动机的人员，因怕麻烦或缺乏应有的安全常识，有意无意地藏匿携带危险物品，这就要求安检人员具有一定的（　　）。

A. 政策性　　B. 规范性　　C. 责任性　　D. 风险性

11. 安检工作的特点之一是（　　），表现为安检人员在处理问题时决不能带有随意性，处理每一个问题都要有依据，符合国家的法规和上级的有关规定。

A. 责任性强　　B. 专业性强　　C. 政策性强　　D. 严肃性强

12. 安检人员在处理问题时决不能带有随意性，处理每一个问题都要有依据，因此安全检查工作具有很强的（　　）。

A. 专业性　　B. 政策性　　C. 严肃性　　D. 责任性

13. 安全检查口人员集中，客流量大，而安全检查必须始终如一地严查细验，因此需要检查人员要有强烈的（　　），确保安检工作的高质高效。

A. 责任意识　　B. 时间观念　　C. 承受能力　　D. 敌情观念

14. 安全技术检查工作是一项专业性、技术性较强的工作，需要有一定的综合知识技能才能胜任，其中不包括（　　）。

A. 操作技能　B. 排爆技术　C. 维修技能　D. 外语对话

15. 安全检查工作是同（　　）而图谋破坏的犯罪分子进行斗争，犯罪分子在其阴谋败露时，就会铤而走险，孤注一掷，行凶肇事，对安检人员人身构成威胁。

A. 以旅客身份出现　B. 假冒军人身份出现

C. 以公开的身份出现　D. 以隐蔽的身份出现

16. 安检工作中，犯罪分子在其阴谋败露时，就会采用除（　　）以外的行动，对安检人员人身构成威胁。

A. 铤而走险　B. 蒙混过关　C. 孤注一掷　D. 行凶肇事

17. 安全检查的（　　）是对所有进入安保区域的人员及其携带物品进行安全技术检查，将一切可能危及安全的危险、违禁品消除或控制在安保区域以外。

A. 目标　B. 初衷　C. 任务　D. 计划

18. 安全检查的任务是对（　　）进行安全技术检查，将一切可能危及安全的危险、违禁品消除或控制在安保区域以外。

A. 拟似违禁品

B. 所有进入安保区域的人员及其携带物品

C. 拟似危险品

D. 拟似违禁品和危险品

19. 安全检查工作的原则不包括（　　）。

A. 严肃教育　B. 安全第一　C. 严格检查　D. 文明执勤

20. （　　）不属于安全检查工作的原则。

A. 热情服务　B. 安全第一　C. 追究责任　D. 严格检查

21. 严格检查，就是要牢牢把好安全技术检查各关口，以确保人员和财产的安全。以下的“不放过”不包括（　　）。

A. 切实做到证件不符不放过　B. 安全门报警不排除疑点不放过

C. X 光图像判断不清不放过　D. 开箱包检查不彻底不放过

22. 安全技术检查的职能不包括（　　）。

A. 预防和制止企图犯罪活动的职能

B. 排除爆炸装置的危险

C. 保护人员生命财产安全的职能

D. 在保障安全的前提下，不能因检查影响正常工作的服务职能

23．对人员使用仪器检查或手工检查直至搜身检查，对行李物品使用仪器检查或手工开箱包检查，是安检人员行使（　　）。

A．拒绝进入权　B．控制权　C．检查权　D．没收权

24．在安全技术检查过程中，对手续不符和拒绝接受检查的人员，安检部门有权不准其进入安保区域，这是行使（　　）。

A．违禁物品控制权　B．检查权　C．拒绝进入权　D．违禁物品没收权

25．安全检查所指的违禁物品不包括（　　）。

A．爆炸装置　B．放射性物品　C．枪支　D．民用陶瓷刀

26．安全检查所指的违禁物品不包括（　　）。

A．子弹　B．液体化妆品　C．管制刀具　D．易燃易爆物品

27．枪支是利用管状器具发射金属弹丸或者其他物质，足以致人伤亡或者丧失知觉的各种手持武器，它的动力不包括（　　）。

A．火药　B．炸药　C．压缩气体　D．弹簧弹力

28．枪支是以火药或者压缩气体等为动力，利用（　　），足以致人伤亡或者丧失知觉的各种手持武器。

A．准星瞄准发射　B．扣击板机发射

C．管状器具发射金属弹丸　D．管状器具内的膛线制导

29．（　　）不属于仿制枪类型。

A．钢珠枪　B．电击枪　C．气枪　D．微型防卫器

30．弹药不包括（　　）。

A．炸弹　B．信号弹　C．气枪铅弹　D．催泪弹

31．弹药不包括（　　）。

A．气枪铅弹　B．爆破剂　C．手榴弹　D．导爆索

32．被公安机关严格控制和管理，对社会治安威胁较大的刀具，同时还包括只能在少数民族自治地方因民族生活习惯而佩带的各类民族刀具，都被列为（　　）之列。

A．违禁刀具　B．被公安没收范围

C．禁止使用　D．管制刀具

33．管制刀具是指被公安机关严格控制和管理，对社会治安威胁较大的刀具，但不包括（　　）。

A．匕首

B．机械加工用的三棱刮刀

C. 未开刃且刀尖侧面半径大于 2.5 mm 的武术刀

D. 带有自锁装置的弹簧刀

34. 易燃易爆化学危险物品是具有易燃易爆性质的液体、固体、气体等物质的总称，其中不包括（　　）。

A. 各种助燃剂　　B. 惰性气体　　C. 可燃气体　　D. 各种氧化剂

35. 凡具有易燃易爆性质的液体、固体、气体以及各种助燃剂和氧化剂等都称为（　　）。

A. 化学危险物品　　B. 易燃易爆化学危险物品

C. 易燃易爆危险品　　D. 易燃易爆违禁品

36. 违禁品中的爆炸物品不包括（　　）。

A. 打火机　　B. TNT 炸药　　C. 雷管　　D. 导火索

37. 违禁品中的爆炸物品不包括（　　）。

A. 烟花爆竹　　B. 火柴　　C. 硝酸铵炸药　　D. 雷管

38. 易燃液体不包括（　　）。

A. 乙烷　　B. 双氧水　　C. 甲苯　　D. 乙醇

39. 易燃液体不包括（　　）。

A. 汽油　　B. 乙醛　　C. 5%的酒精溶液　　D. 乙醚

40. 国家明文规定的禁运毒品中不包括（　　）。

A. 可卡因　　B. 冰毒

C. 用于癌痛治疗的杜冷丁　　D. 海洛因

41. 安检法规就是国家立法机关和国家行政机关依据宪法、法律和国家政策制定的、实施安全技术检查的规范性文件总称，其中不包括（　　）。

A. 法律　　B. 条例　　C. 规定　　D. 国际公约

42. 安检法规就是（　　）依据宪法、法律和国家政策制定的、实施安全技术检查的法律、条例、规章、规定、办法、规则等规范性文件的总称。

A. 国家立法机关和国家行政机关　　B. 公安部

C. 国家安全部　　D. 民航公司

43.（　　）不属于安检法规的特点。

A. 规范性　　B. 强制性　　C. 专业性　　D. 原则性

44. 安检法规的特点不包括（　　）。

A. 国际性　　B. 强制性　　C. 可塑性　　D. 规范性

45. 安检工作是一项政策性很强的工作，处理问题需要有法律依据，不能随心所欲，更不能感情用事。安检法规的制定，使安检工作有法可依，有章可循。它体现了安检法规的（　　）。

A. 专业性　　B. 规范性　　C. 强制性　　D. 法律效应

46. 在安检工作中，处理问题需要有法律依据，不能随心所欲，更不能感情用事。安检法规的制定，使安检工作有法可依，有章可循。它体现了安检工作是一项（　　）很强的工作。

A. 强制性　　B. 规范性　　C. 政策性　　D. 专业性

47. 安检法规的特点是（　　），安检法规是国家机关制定，以国家权力为基础，凭借国家机关的强制力来保证实施的行为规则，对所有人员都有法律效力和约束力。

A. 国际性　　B. 专业性　　C. 强制性　　D. 规范性

48. 安检法规的特点是（　　），安检法规属于业务工作规则性质，它就安检专业工作规定了工作范围、方针原则，处罚处置的管理措施等。

A. 专业性　　B. 强制性　　C. 国际性　　D. 规范性

49. 安检法规的特点是专业性。安检法规属于（　　）性质，它就安检专业工作规定了工作范围、方针原则，处罚处置的管理措施等。

A. 国家法规　　B. 安检工作规定　　C. 行业法规　　D. 业务工作规则

50. 非法携带枪支、弹药或者弩、匕首等国家规定的管制器具的，（　　）；情节较轻的，处警告或者二百元以下罚款。

A. 处五日以下拘留，可以并处五百元以下罚款

B. 处十日以下拘留，可以并处八百元以下罚款

C. 可以处一千元以下罚款

D. 处十日以下拘留

51. 非法携带枪支、弹药或者弩、匕首等国家规定的管制器具的，（　　）。

A. 情节较轻的，处警告处罚

B. 情节较轻的，处警告或者一百元以下罚款

C. 情节较轻的，处警告或者二百元以下罚款

D. 情节较轻的，处警告或者五百元以下罚款

52. （　　）不属于安检人员的礼节礼仪基本规范。

A. 仪容仪表规范　　B. 个人风度　　C. 着装规范　　D. 语言行为规范

53. 安检人员的（　　）主要有仪容仪表规范、着装规范、语言行为规范和礼节

礼貌规范。

A. 礼仪规范　　B. 礼节礼仪基本规范

C. 礼节规定　　D. 执勤规范

54. 安检人员执勤规范中不包括（　　）。

A. 执勤前不吃有异味食物　　B. 执勤前不喝酒

C. 执勤期间用餐　　D. 执勤期间不吸烟

55. 安检人员执勤规范中不包括（　　）。

A. 执勤前不吸烟　　B. 执勤前不喝酒

C. 执勤期间不吃零食　　D. 执勤期间应举止端庄

56. 安检人员应尊重受检者的（　　），对受检者的穿戴打扮不取笑、不评头论足，遇事不围观。

A. 风俗习惯　　B. 隐私　　C. 行为举止　　D. 个人嗜好

57. 安检人员应爱护受检者的行李物品，检查时轻拿轻放，不乱翻、乱扔，检查完后（　　）。

A. 主动协助受检者整理好被检物品　　B. 请受检者自行整理好被检物品

C. 帮助女士整理好被检物品　　D. 不要接触被检物品以避嫌疑

58. 安检人员执勤时，在安检制服的着装规定中不包括（　　）。

A. 按规定佩戴安检标志　　B. 天冷可戴与制服同色的围巾

C. 冬、夏制服不得混穿　　D. 着黑色、棕色皮鞋

59. 安检人员在执勤中应自觉使用文明执勤用语，热情有礼，不说服务忌语。不对受检者外貌举止进行议论，这些都是安检人员在执勤中的（　　）。

A. 肢体行为规范　　B. 语言行为规范

C. 礼貌规范　　D. 执勤态度规范

60. 安检人员在迎送外宾及重要受检者时，要热情得体，落落大方，通常用握手、鞠躬、微笑、注目礼迎送，这是（　　）。

A. 注目礼　　B. 迎送礼　　C. 迎宾礼　　D. 鞠躬礼

本章测试题答案

一、判断题

1. √　　2. ×　　3. ×　　4. ×　　5. √　　6. ×　　7. √　　8. ×

9. × 10. √ 11. √ 12. × 13. × 14. √ 15. × 16. ×
17. × 18. √ 19. × 20. × 21. × 22. √ 23. √ 24. ×
25. × 26. √ 27. √ 28. × 29. ×

二、单项选择题

1. B 2. C 3. C 4. C 5. B 6. C 7. B 8. C
9. A 10. C 11. C 12. B 13. B 14. B 15. D 16. B
17. C 18. B 19. A 20. C 21. B 22. B 23. C 24. C
25. D 26. B 27. B 28. C 29. C 30. C 31. A 32. D
33. C 34. B 35. B 36. A 37. B 38. B 39. C 40. C
41. D 42. A 43. D 44. C 45. B 46. C 47. C 48. A
49. D 50. A 51. C 52. B 53. B 54. C 55. A 56. A
57. A 58. B 59. B 60. B

第2章

安检设备和操作方法

- 2.1 安检工作的前期准备
- 2.2 手持式金属探测器
- 2.3 金属探测门
- 2.4 执行人身检查
- 2.5 X光安检仪
- 2.6 危险液体检测仪
- 2.7 爆炸物/毒品检测仪
- 2.8 其他安检设备和器材

2.1 安检工作的前期准备

安检的前期准备是很重要的，因为它构成了一天工作的基础。必须遵循适当的程序以确保无任何事件被忽略。设备必须进行检测，以确保它们处于正常的工作状态。安全检查工作应当坚持安全第一，严格检查，文明执勤，热情服务的原则。

2.1.1 整理个人仪容

强调所有安检人员拥有高水准的个人仪容是非常重要的，这将提高安检人员和所属组织的形象。这包括：整洁、熨烫平整的制服；正确佩戴姓名标签；干净的鞋子；头发短而平整（包括面部毛发）；适当的个人卫生等。

2.1.2 厘清部署的细节

在每个工作日的开始，主管人员需以部署表的形式给出工作分配的细节及简要的提示等，以明确位置、时间、部署等细节，这对工作人员是至关重要的。安检人员必须澄清任何的疑问，如果有问题应及时向主管人员询问。

2.1.3 领取/移交的程序

务必牢记，领取任何设备都必须进行文档记录。在任何情况下，必须遵循以下程序进行：领取（项目所需的仪器）；检查（外观的任何损坏）；测试（以确保运行状态）；建档（在身份、时间和设备状态上签字）。

1．领取和移交设备时的两种状况

（1）设备不在使用中或在锁柜中。大件设备，如X光安检仪和金属探测门通常放置在现场并且电源被关闭，而便携式设备，如手持式金属探测器则放置于现场的锁柜中或者不在现场。一般在这种情况下，安检人员需要在去执勤地点之前领取放置设备锁柜的钥匙（如果有的话），取得设备并检测设备的状态。

（2）设备被外出执勤团队使用中。在这种情况下，设备通常在现场被移交给外出团队。即使在此之前设备运作正常，也要遵循领取设备的四项程序和原则。在这种情况下，文档记录要包括外出人员的身份。

2．领取程序

（1）到达锁柜的地点。

（2）领取钥匙，检查钥匙是否有损坏后签名。

（3）领取手持式金属探测器，检查其运作状态后签名。

（4）领取检测物品。

（5）领取其他设备，如对讲机等。

（6）到达工作地点。

（7）确保现场设备可用。

2.1.4 测试安检设备

领取所需的仪器后，在使用之前，安检人员必须为这些仪器做出自检。做出自检是为了确保仪器能够安全及有效的使用，并使安检的结果更加准确。

1．金属探测门

每日，在扫描第一位受检者之前，安检人员必须检测金属探测门，如图2—1所示。由门板通过一个已知的金属物体来测试金属探测门是否正常工作。

需执行以下的程序来检测金属探测门：

（1）启动金属探测门（主电源和电源开关）。

（2）等待电源或准备就绪指示灯亮起。

（3）用已知的金属物体由门板通过。

（4）如果警报响起或者指示灯亮起，说明已经探测到金属物品。

（5）也可以通过一件已知的非金属物品（例如木块）来检测金属探测门（金属探测门不应该发出警报声或者亮起指示灯）。

2. 手持式金属探测器

手持式金属探测器的检测必须在领取的同时进行，以保证时间和资源不被浪费。如有问题，当下解决。安检人员可通过扫描一件已知金属物品来进行检测，如果扫描过金属物品后，手持式金属探测器显示微弱或者无警报发出的话就可能意味着需要更换电池，如图 2—2 所示。

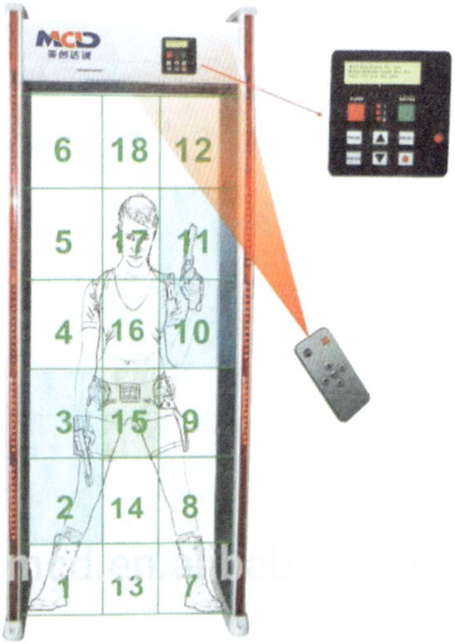

图 2—1　金属探测门

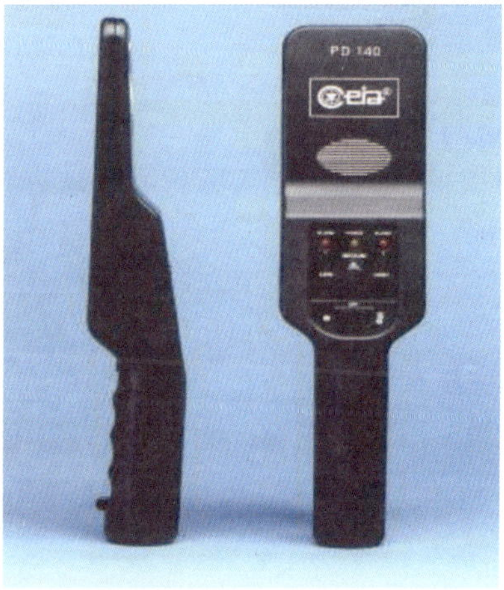

图 2—2　手持式金属探测器

执行以下的程序来检测手持式金属探测器：

（1）启动手持式金属探测器。

（2）有必要的话，调节敏感度控制。

（3）等待电源指示灯或者准备就绪灯亮起。

（4）扫描一件已知的金属物品，例如皮带扣。

（5）如果警报响起或者指示灯亮起，说明检测到检测品。

3. X 光安检仪

即使在基础的控管中，X 光安检仪（见图 2—3）都会被上锁。务必记得要领取钥匙并检查仪器是否有损坏，损坏的钥匙不能启动 X 光安检仪。

执行以下的程序来检测 X 光安检仪：

（1）解锁控制面板并且启动机器。

（2）确保准备就绪的状态显示在显示器或者控制面板上。

（3）在传送带上摆放被检测的物品。

（4）启动传送带。

（5）观察传送带将检测物品送入检查厢。

（6）确保“X 光辐射”灯亮起。

（7）观察显示器上检测物品的图像。

（8）调整色彩、对比度等的控制按钮，以确保相对应的图像清晰可辨。

（9）启动传送带，让物品从滑道退出安检机。

4．通信设备——对讲机

在紧急事件发生时，通信设备是至关重要的，完善的通信能够迅速地把信息传达给相关的部门。对讲设备须在任何时候保持正常运作。

执行以下的程序来检测对讲设备（见图 2—4）：

（1）启动设备。

（2）确保电池指示已满或没有迹象表明电池弱。

（3）如果有必要，调整频道。

（4）与控制室做一个“信号测试”。

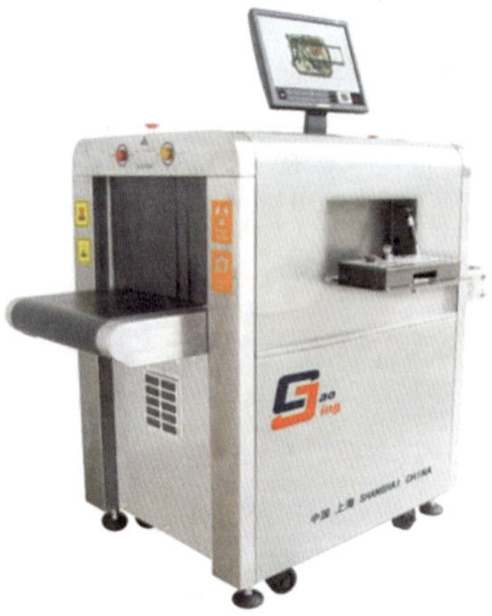

图 2—3　X 光安检仪

图 2—4　对讲设备

2.2　手持式金属探测器

手持式金属探测器（也称手探）是一种探测小型金属物品的仪器。由于它小巧轻便，易于携带，因此作为安全检查中人身检查必不可少的工具而被广泛使用。

2.2.1 手持式金属探测器的构成

手持式金属探测器由三部分组成：机身部分、环形部分和报警部分。

1. 机身部分

手持式金属探测器的机身是仪器的主要部分，它装有仪器的主要电子元件、电源，报警部分也在其中。

2. 环形部分

环形部分要产生恒频率磁场。通过金属切割磁场，破坏恒定频率的原理，确定有无金属物及其位置所在。

3. 报警部分

当探测器接近金属物品时，小喇叭发出报警声，以提示探测器操作人员。

手持式金属探测器被安检人员和执法人员使用于非接触式的搜身检查，以发现受检者藏匿的金属物品和武器。执行安检时，使用者在距离被检者身体几厘米处进行扫描，以正确的方式扫过整个身体和潜在的区域以探测被藏匿的金属物品或武器。

2.2.2 手持式金属探测器的工作原理

手持式金属探测器和金属探测门的工作原理是一样的，它们只能检测到金属物品。启动后，手持式金属探测器会产生磁场，所产生的磁场是不均匀的，因此，首次使用手持式金属探测器时，最好能找到其最佳的磁力区，如图2—5所示。

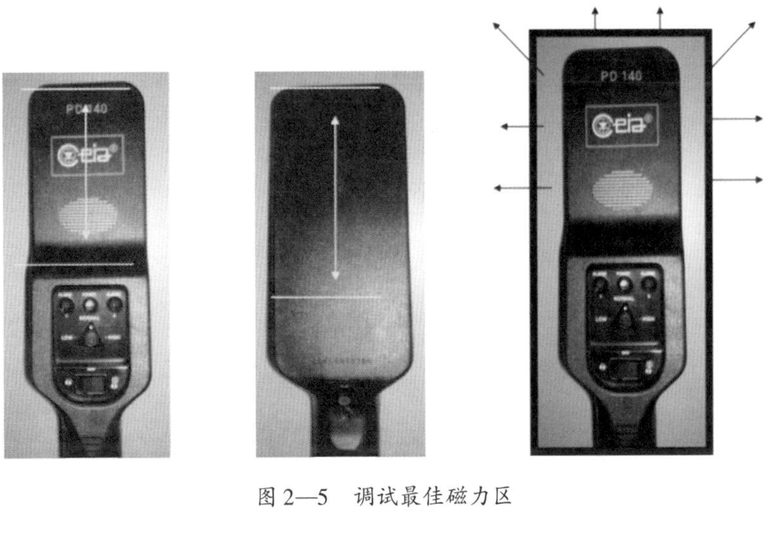

图2—5 调试最佳磁力区

当金属物品经过手持式金属探测器时，手持式金属探测器会发出警报声或闪烁指示灯，如图 2—6 所示。

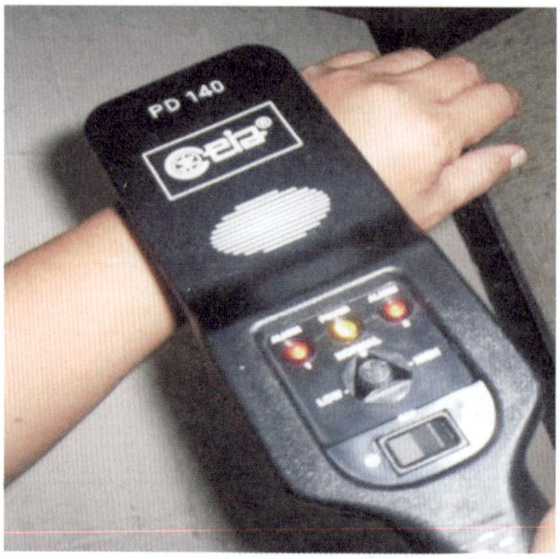

图 2—6　手持式金属探测器报警

2.2.3　手持式金属探测器的使用规则

1. 握住手持式金属探测器，用平坦的一侧接近受检者的身体，距离身体约为 3 至 7 cm，如图 2—7 所示。

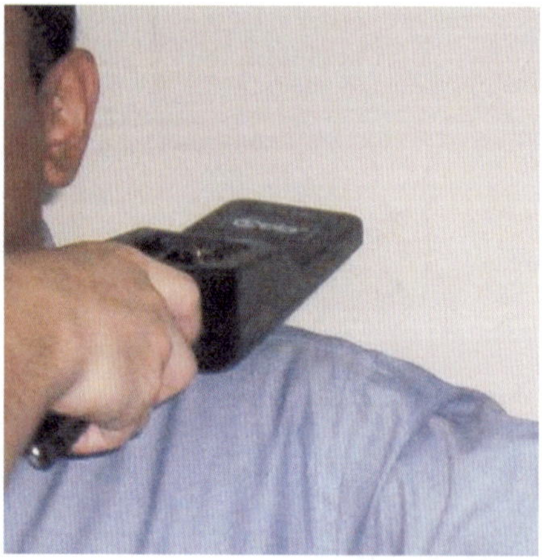

图 2—7　与身体的距离控制

2. 若手持式金属探测器发出警报，必须停止扫描并解除警报，之后再继续扫描，如图 2—8 所示。

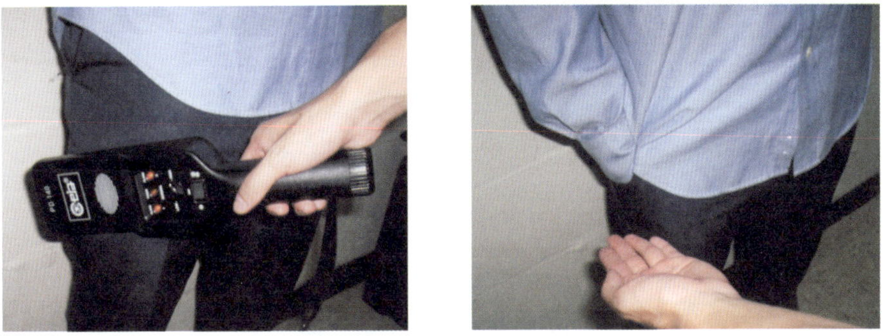

图 2—8　解除警报

3. 在最后引发警报的地方继续扫描——这个地方可能藏匿了第二件物品，如图 2—9 所示。

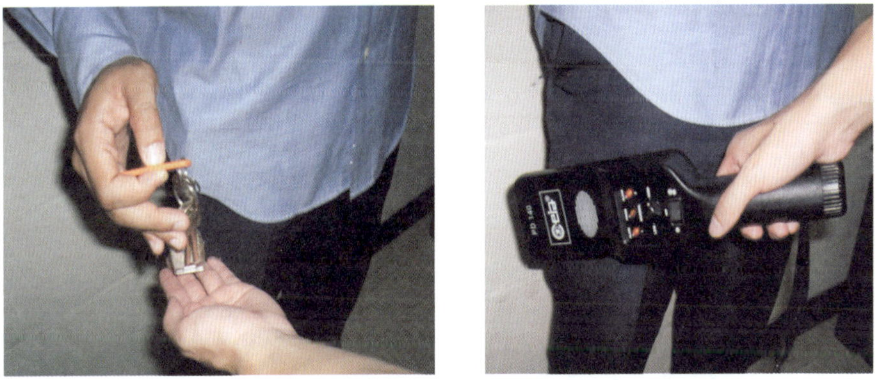

图 2—9　扫描藏匿的第二件物品

2.2.4　手持式金属探测器的操作

1. 受检者的安检

（1）向受检者解释扫描的程序，并得到其许可。

（2）要求受检者脱下外套并送交 X 光安检仪扫描（手持式金属探测器对厚重及折叠的衣物无效）。

（3）让受检者站在适当的位置，使其能看到却无法接触其箱包或外套。

（4）要求受检者以双脚稍微分开及双臂向两侧伸展开的姿势站立。

（5）在扫描受检者之前，必须通过扫描已知的金属物品来测试手持式金属探测器。

2. 扫描程序的三个阶段

（1）身体轮廓的扫描（身体的外部）。身体轮廓的扫描程序如图 2—10 所示。

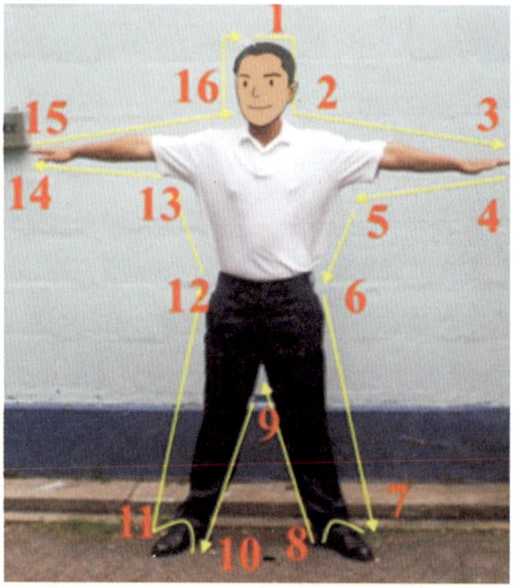

图 2—10 身体轮廓的扫描程序

1）从耳朵位置开始，以顺时针方向进行扫描，如图 2—11 所示。

2）扫描至受检者头部的左侧，越过左肩，如图 2—12 所示。

图 2—11 扫描程序 - 1

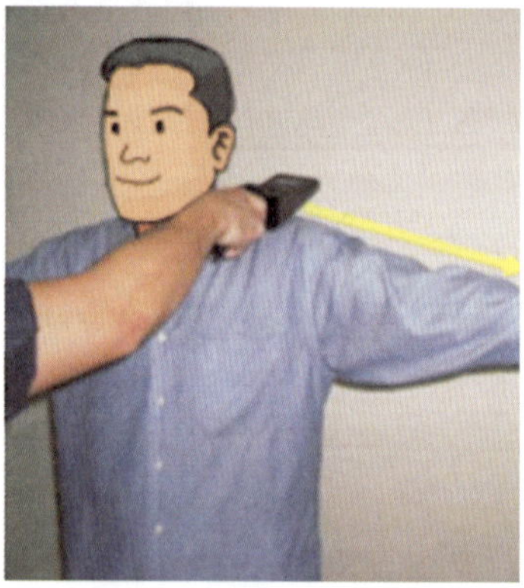

图 2—12 扫描程序 - 2

3）顺着左手臂外侧由左肩顶扫描到手指尖，然后再顺势扫描手臂的内侧，如图 2—13 所示。

4）扫过身体的左侧，由上而下经过腰部，如图 2—14 所示。

5）继续往下，扫过左腿、脚踝、脚和脚趾，如图 2—15 所示。

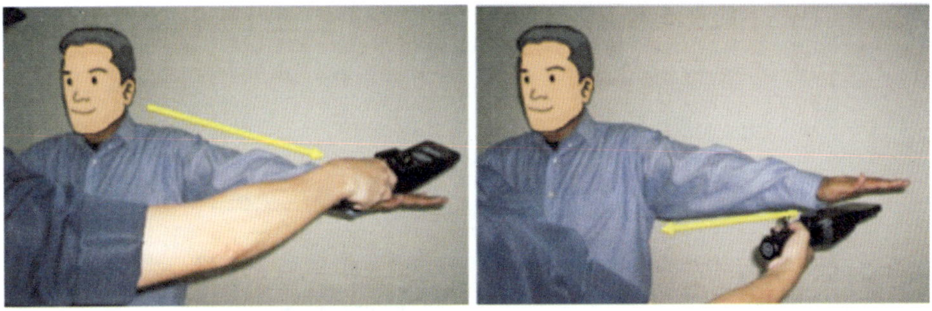

图 2—13　扫描程序 -3

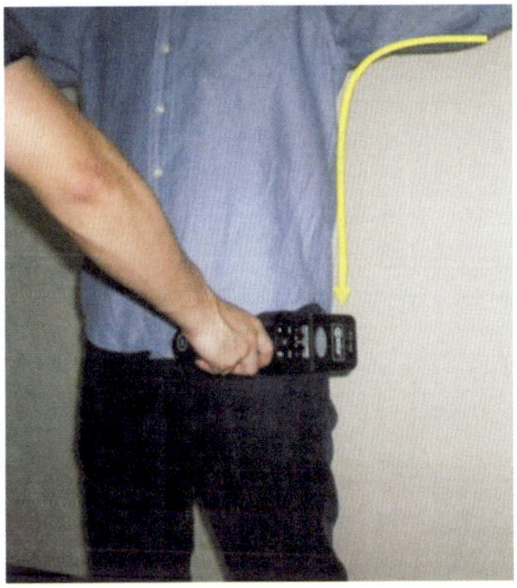

图 2—14　扫描程序 -4

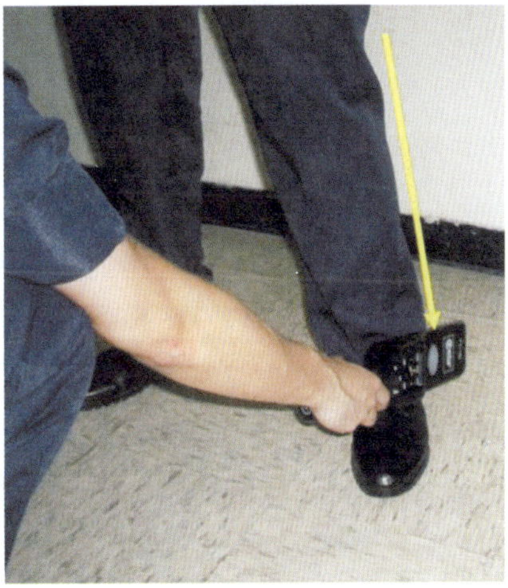

图 2—15　扫描程序 -5

6）顺着左边裤腿向上，再顺着右边裤腿向下，扫至右脚踝、脚和脚趾，如图 2—16 所示。

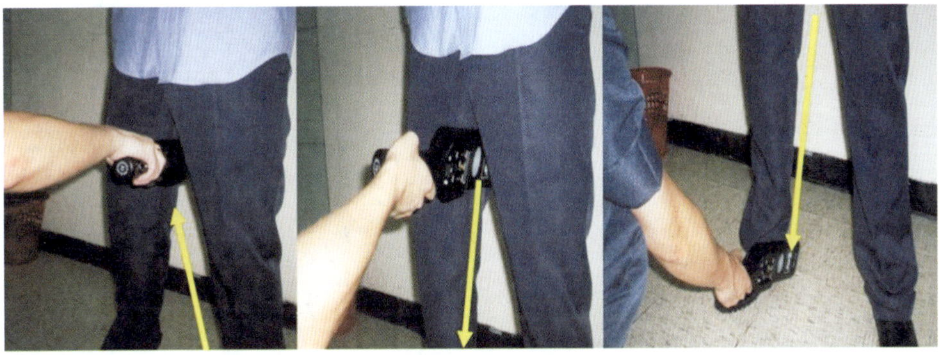

图 2—16　扫描程序 -6

7）顺着受检者的右腿和身体右侧到右手臂，如图 2—17 所示。

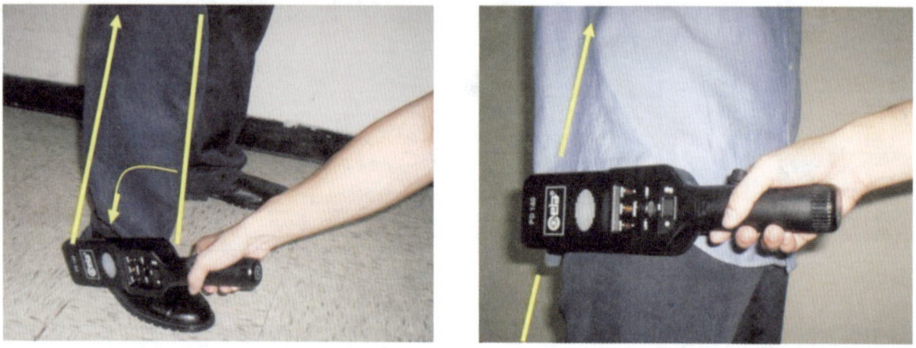

图 2—17　扫描程序 -7

8）顺着右手臂底部扫到手指尖，然后回到手臂外侧的顶部，如图 2—18 所示。

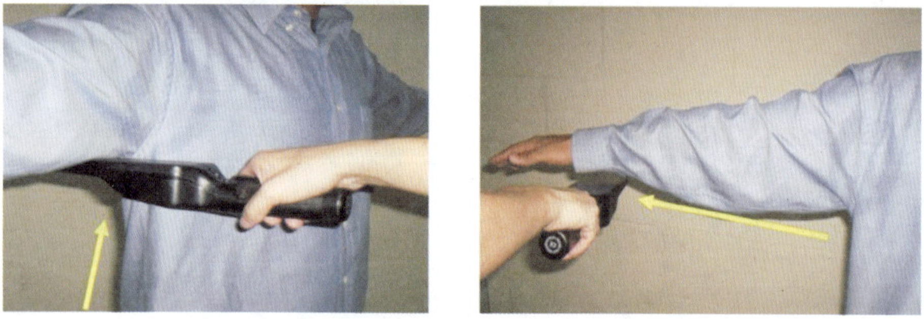

图 2—18　扫描程序 -8

9）最后，顺着颈部右侧扫至头部，如图 2—19 所示。

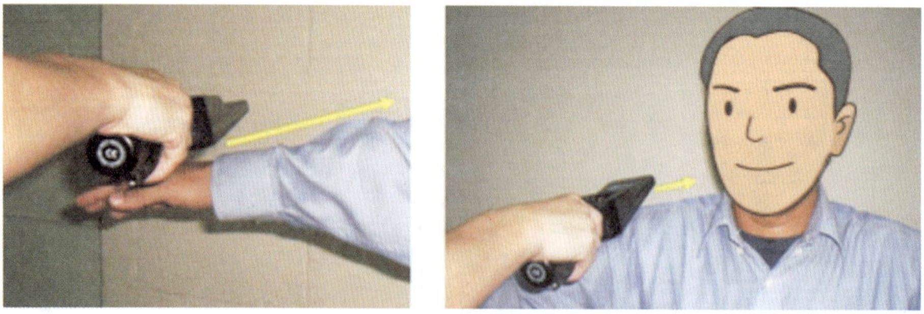

图 2—19　扫描程序 -9

（2）身体的前部。保持手持式金属探测器平行于身体，从头部到脚部，以 5 ~ 8 cm 宽度的带状上下扫描，如图 2—20 所示。

图 2—20　身体前部的扫描程序

（3）身体的后部。像扫描身体的前部一样，从头部到脚趾依次扫描身体的后部，如图 2—21 所示。

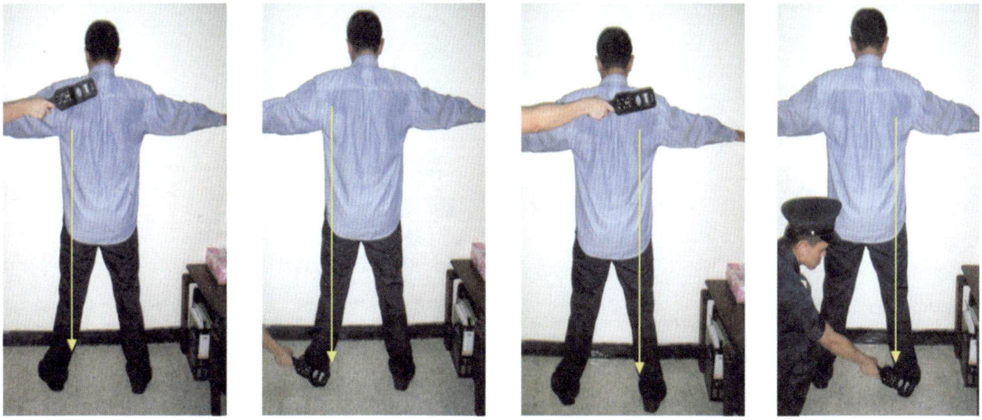

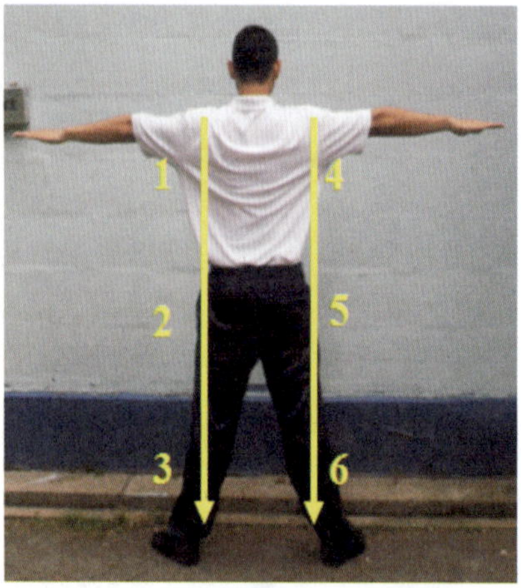

图 2—21　身体后部的扫描程序

2.3　金属探测门

金属探测门（也称安全门）能够检查出一切具有一定重量金属成分的物品，包括磁性金属材料和非磁性金属材料。利用安全门对金属物品发生报警，探测通过安全门的人员是否随身携带枪支、子弹、管制刀具以及其他金属性危险物品。通过报警和显示，提示安检人员对通过安全门的人员实施进一步检查。安全门能探测到以一元硬币为标准的金属，最高灵敏度可以检测回形针大小金属。但如物体分散，如粉状金属、线状金属等则不易探测，如图 2—22 所示。

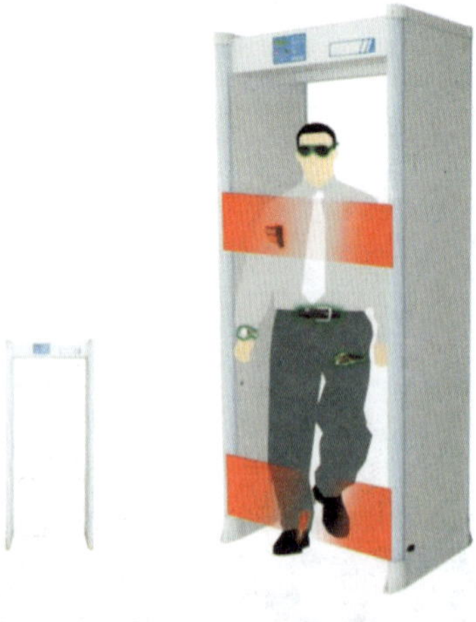

图 2—22　安全门对金属物品的报警

安全门发射的磁场厚度很低，对心脏起搏器佩带者、体弱者、孕妇、磁性媒质和其他电子装置无害，符合国内外主要安全标准和客户安全标准，如图 2—23 所示。

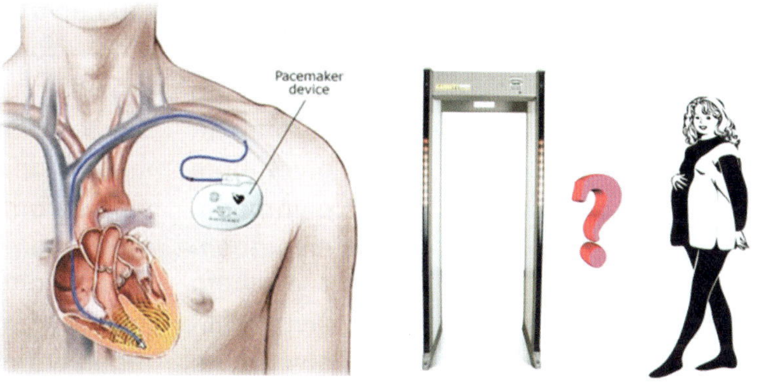

图 2—23　安全门的安全标准

安全门以微电脑控制和对金属感应报警为核心，除对铁等黑色金属信号极强之外，通过技术的改进和创新，目前对金、银、铜等有色金属也能准确查出。产品设计占地面积小，便于拆装移动，操作简单，可远程控制，适用于机场、海关、车站、法院、监狱、展览馆、体育场馆，以及五金、电子、造币等重要工矿企业、大型娱乐场所等。

安全门往往是安检的第一道防线，让安检人员在活动和某些设施中对受检者进行保护的使用也可使用于其他各种情况。金属探测设备的使用只有一个目的——通过扫描受检者，检测到金属物品、武器和走私物品，以确保人员和场所安全，如图 2—24 所示。

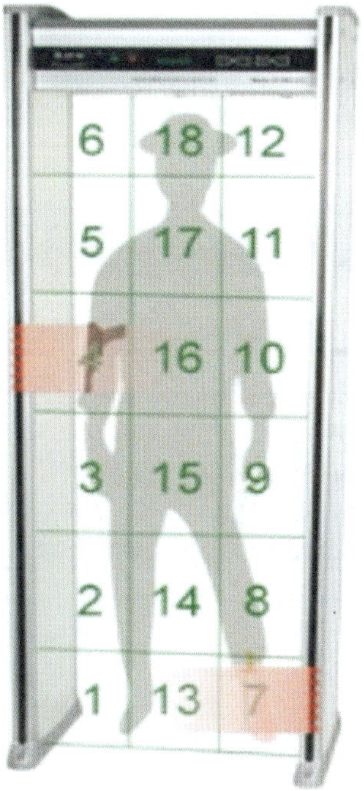

图 2—24　安全门探测的区域划分

2.3.1　金属探测门上的指示灯和按钮

金属探测门（安全门）会在其门板之间产生一个强大的磁场，不间断地探测区域内所有金属物品。如果受检者携带任何金属物品进入门板，安全门就会发出警报，如图 2—25 所示。

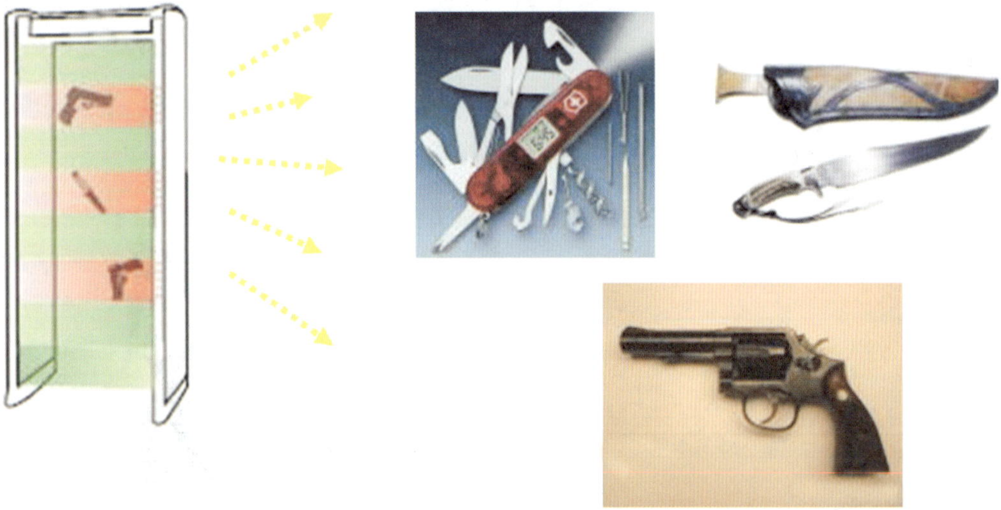

图 2—25　安全门对金属物品发出警报

1. 常用按钮和指示灯

绝大多数金属探测门上都有按钮和指示灯，具体包括：

（1）启动指示灯（见图 2—26）。

（2）警报指示灯（见图 2—27）。

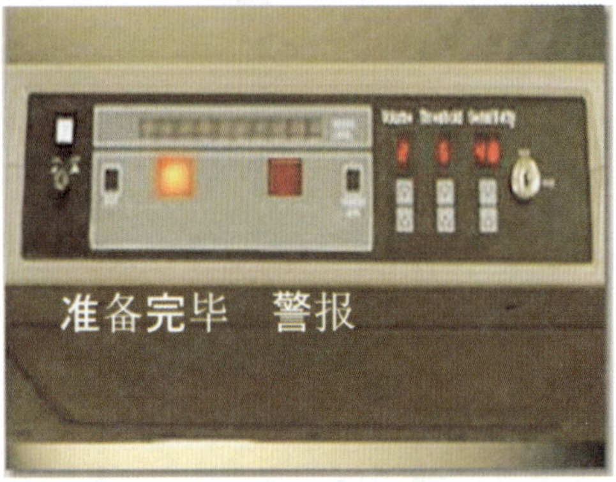

图 2—26　启动指示灯

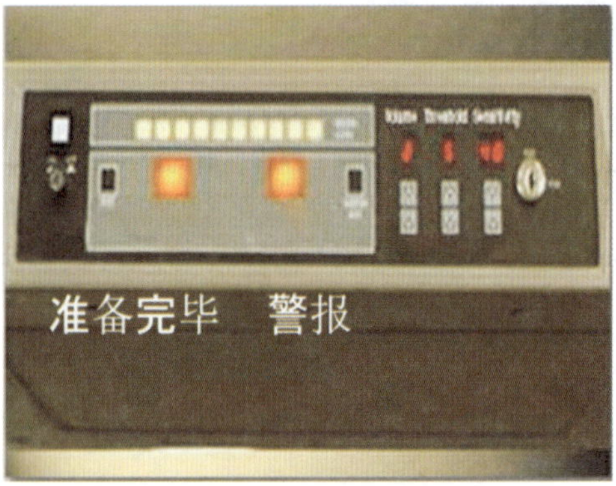

图 2—27　警报指示灯

（3）报警器的音量控制钮（见图 2—28）。

（4）敏感度控制钮（见图 2—29）。

（5）警报阈值控制钮（见图 2—30）。

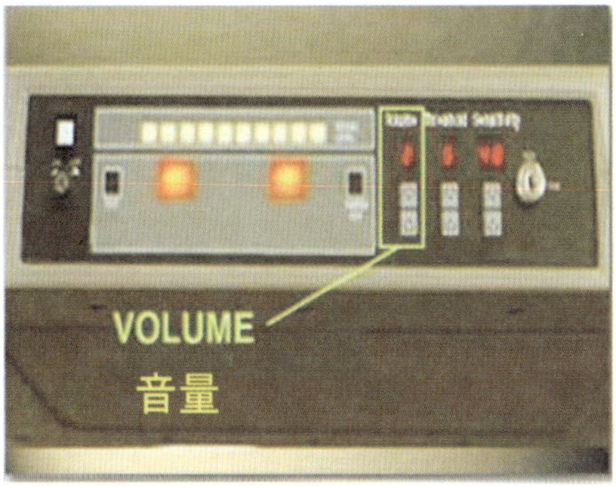

图2—28　音量控制钮

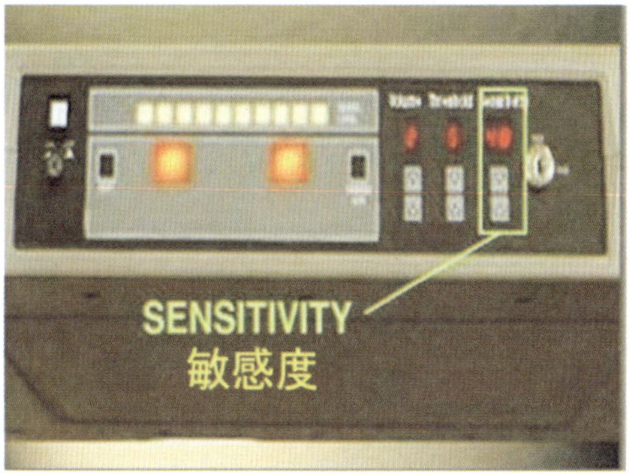

图2—29　敏感度控制钮

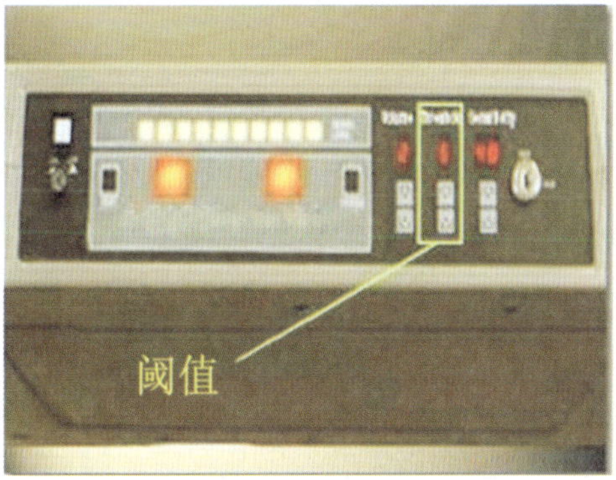

图2—30　警报阈值控制钮

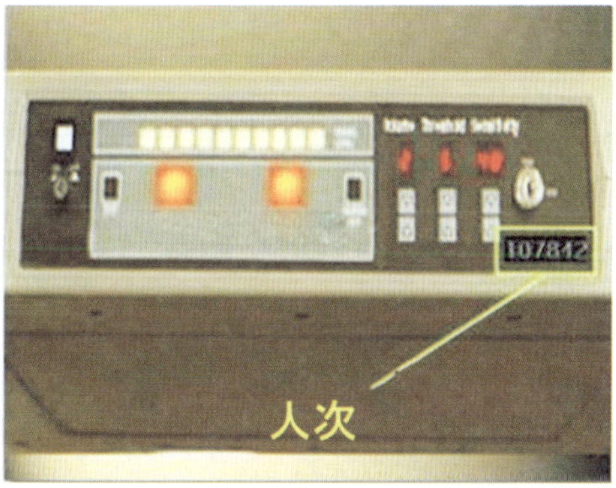

图2—31　受检者人次统计

2. 其他指示与控制按钮

其他指示与控制按钮包括：

（1）受检者人次统计（见图2—31）。

（2）门板内的金属量和身体上藏匿金属的一般位置指示（见图2—32）。

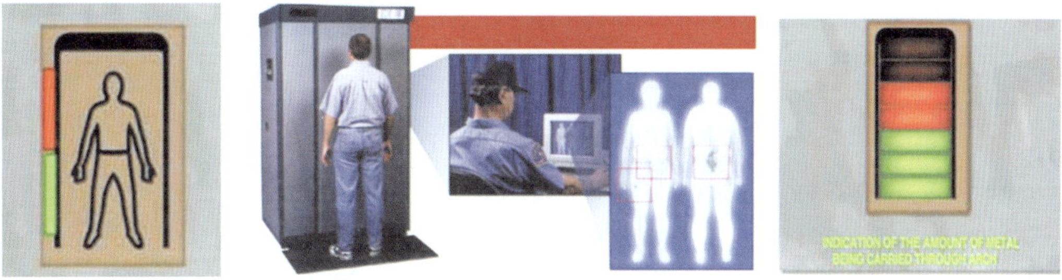

图2—32　藏匿金属的一般位置指示

（3）校准按钮。许多金属探测门的密闭面板内都有校准按钮，只有具备资格的技术人员可以调校这些按钮，不能自行打开密闭面板并改变按钮的设置（见图2—33）。

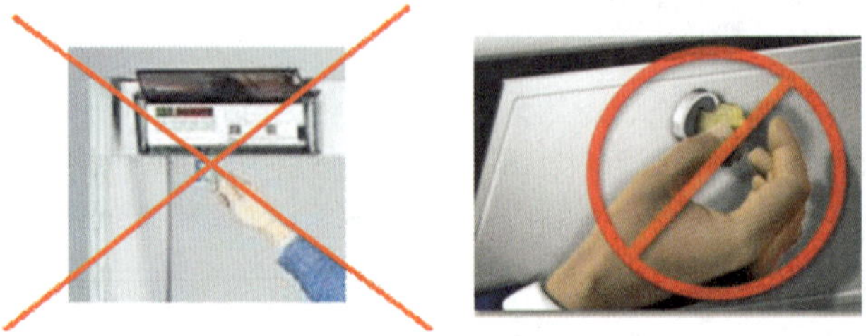

图2—33　校准按钮操作规定

2.3.2　金属探测门的安检程序

1. 金属探测门操作前的检测

在开始安检工作前，要检测金属探测门。可以通过一件已知的金属物品来检测金属探测门。如果电源出现问题，必须在继续扫描前再次检测金属探测门。

2. 金属探测门的安检操作

（1）礼貌地要求受检者取出身上所有金属物品并放进所提供的托盘内，如图2—34所示。

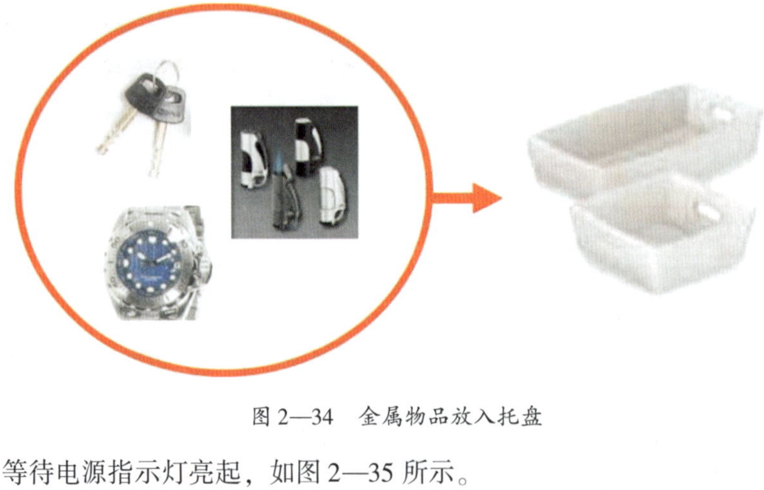

图2—34　金属物品放入托盘

（2）等待电源指示灯亮起，如图2—35所示。

（3）要求受检者以正常速度步行通过门板，如图2—36所示。

（4）如果金属探测门有警报响起，则要求受检者接受手持式金属探测器检查，如图2—37所示。

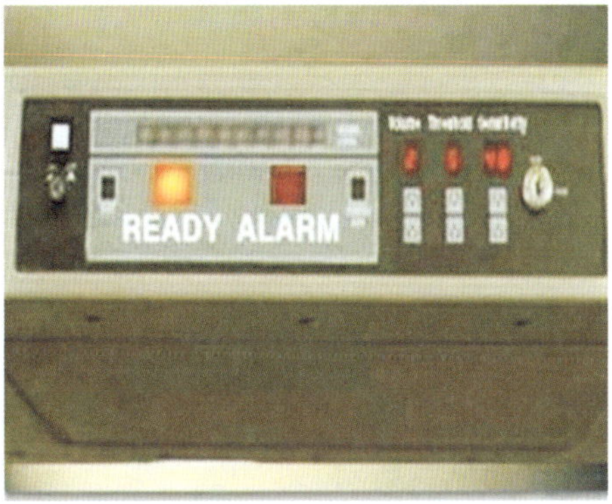

图 2—35　指示灯亮起

图 2—36　受检者步行通过门板

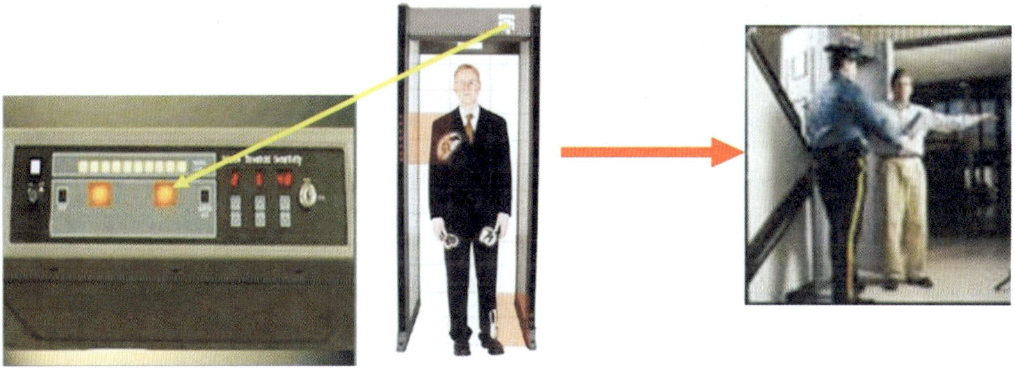

图 2—37　警报响起后受检者接受手检

金属探测门对无害金属物品比较敏感，因此可能很容易引发假警报。产生报警可能的因素如下：X 光安检仪、电源出现电涌、地板下方的电线、金属栏杆、手持式金属探测器、便携式半导体设备、手提电话等，以及受检者太靠近金属探测门。应该要求等待通过的受检者站在距离金属探测门至少 2.5 m 处。

2.4　执行人身检查

人身检查就是采用公开的仪器和手工相结合的方式，对受检者人身进行安全检查。

目的是为了发现受检者身上藏匿的危险、违禁物品，保障交通运输工具和特定场所及活动等的安全。人身检查是安检工作中最为普遍，也最为重要的一个环节。

受检者如未能正常通过金属探测门、手持式金属探测器或 X 光安检仪时，人工搜身检查是强制性的。因此，为了确保所有人员的安全，安检人员必须对受检者的身体进行接触性检查。

2.4.1 接触性检查——局部性搜身检查

安检人员只搜查触发手持式金属探测器警报的身体部位，如图 2—38 所示。

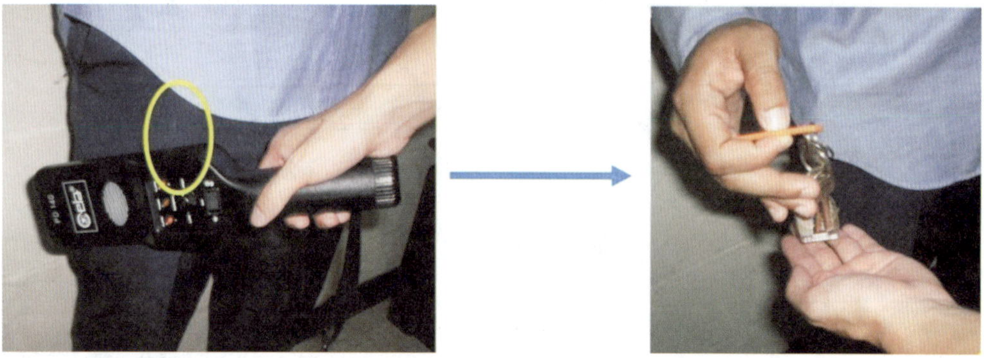

图 2—38 搜查报警的身体部位

1. 搜身检查前准备

(1) 如果受检者是异性，找另一名异性安检人员来执行，如图 2—39 所示。

(2) 如果条件允许，找另一名安检人员做搜身检查的目击证人。

(3) 解释搜查程序，并请求得到受检者的许可。

(4) 询问受检者，其是否携带任何锋利或者尖锐的物品。

2. 对受检者的要求

(1) 脱下所有厚重的大衣、外套或者帽子并送交 X 光安检仪扫描，如图 2—40 所示。

(2) 清出受检者口袋里的物品，并放进托盘内，如图 2—41 所示。

图 2—39 异性受检者安检规定

图 2—40　大衣（外套或帽子）送交 X 光安检仪扫描

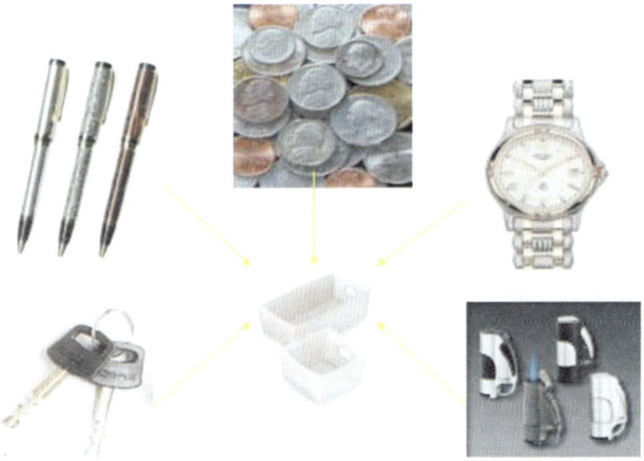

图 2—41　口袋内须检的物品

（3）在搜查过程中，让托盘处于受检者的视野范围内。

（4）要求受检者将手臂往两侧伸展开，并以两脚分开的姿势站立，如图 2—42 所示。

3. 搜身检查的操作常规

（1）使用手背对敏感部位进行搜查，并且严格遵守搜查程序，如图 2—43 所示。

（2）局部性搜身检查的程序

1）只搜查触发金属探测器警报的部位。

2）如果感觉到口袋里有任何东西，询问受检者是什么物品，然后要求受检者取出该物品。

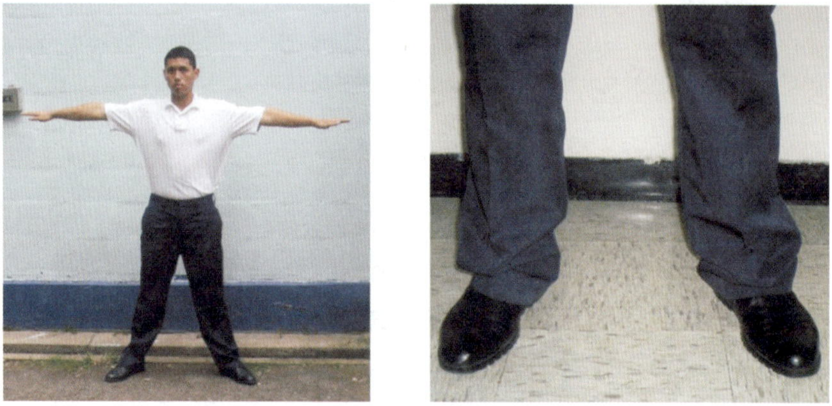

图 2—42　接受安检的站姿

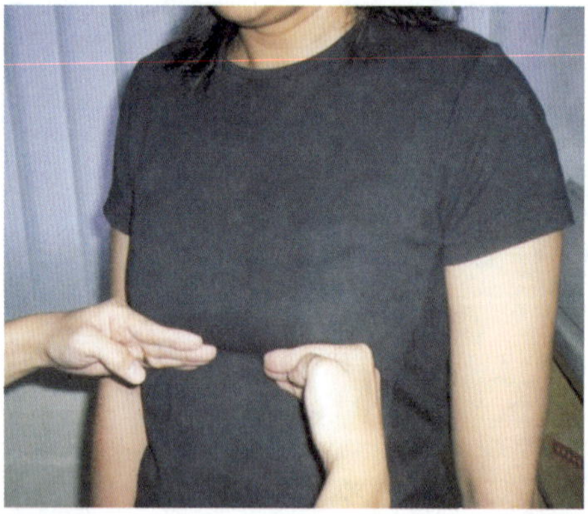

图 2—43　对敏感部位搜查的规定

3）检查鞋子、皮带扣或假肢的可疑区域，如图 2—44 所示。

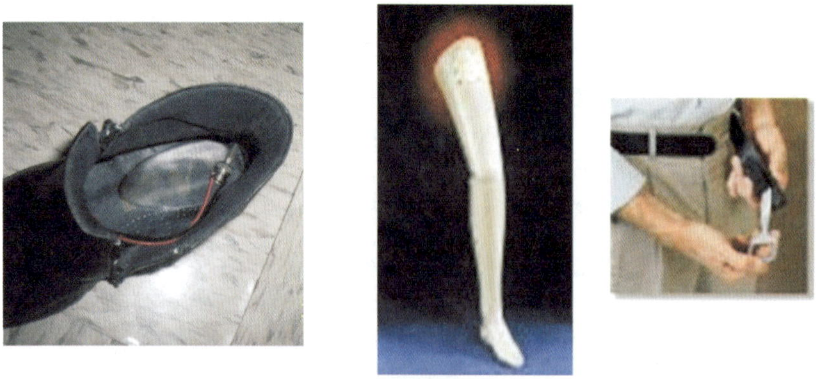

图 2—44　检查可疑区域

2.4.2 接触性检查——全身性搜身检查

从头部和左肩膀开始进行全身性搜身检查。如果受检者是长发或者披肩散发，须搜查颈部，如图2—45所示。

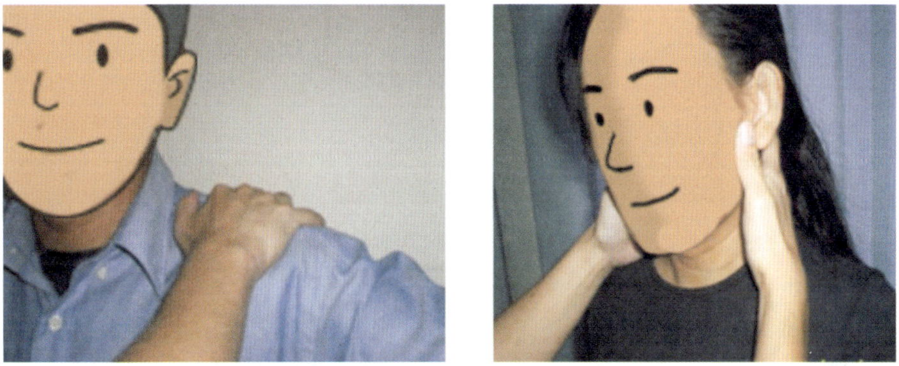

图2—45 全身性搜身程序-1

然后，搜查左肩膀，接着移至左手臂。

用手和手指环绕受检者的左手臂，然后顺着手臂移至手腕，如图2—46所示。

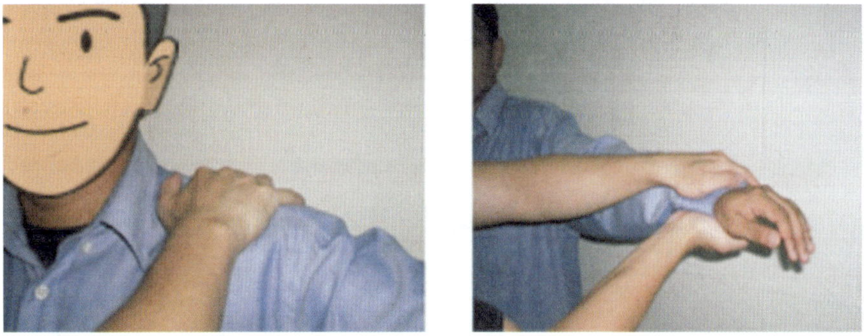

图2—46 全身性搜身程序-2

如果受检者是女性，需要由女性安检人员来搜查，如图2—47所示。

接着，把拇指放在受检者腰带和腰部之间，顺着腰部绕一圈，同时搜查腰的后部，如图2—48所示。

从腰部开始向下移至裤腿。对于女性的裙子，向下移至裙子的底部，如图2—49所示。

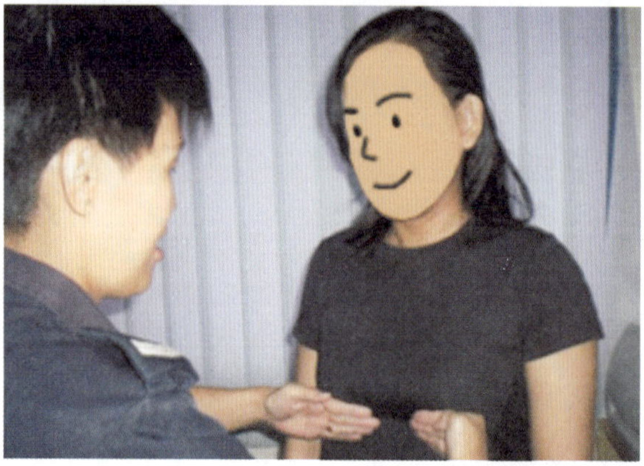

图 2—47　全身性搜身程序 -3

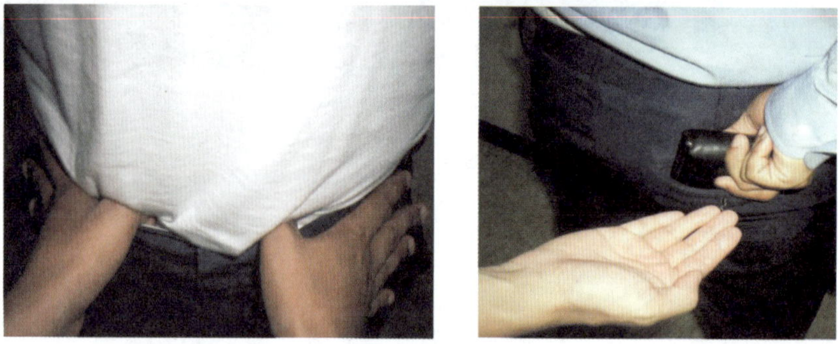

图 2—48　全身性搜身程序 -4

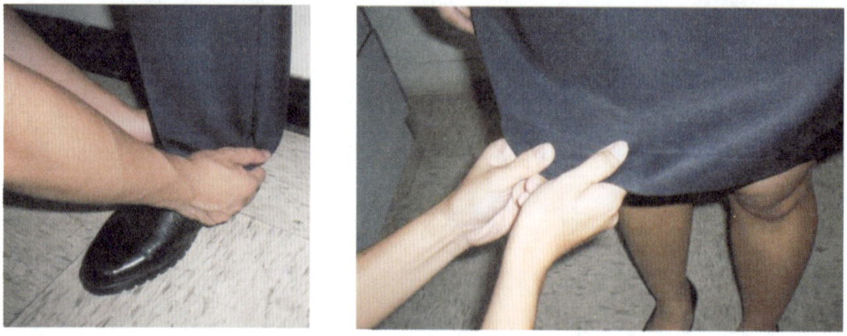

图 2—49　全身性搜身程序 -5

检查鞋子和靴子的上部和底部。在大多数情况下，并不需要受检者脱去鞋子。如果怀疑鞋子内藏匿物品，可以要求受检者脱下鞋子送交 X 光安检仪扫描，如图 2—50 所示。

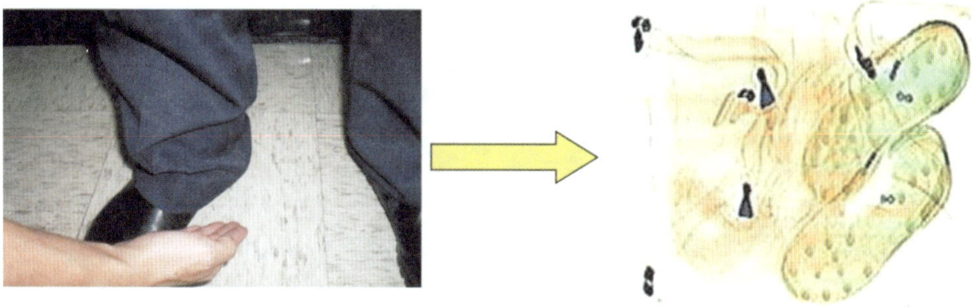

图2—50　全身性搜身程序 –6

接着，使用手持式金属探测器来检查裆部，如图2—51所示。

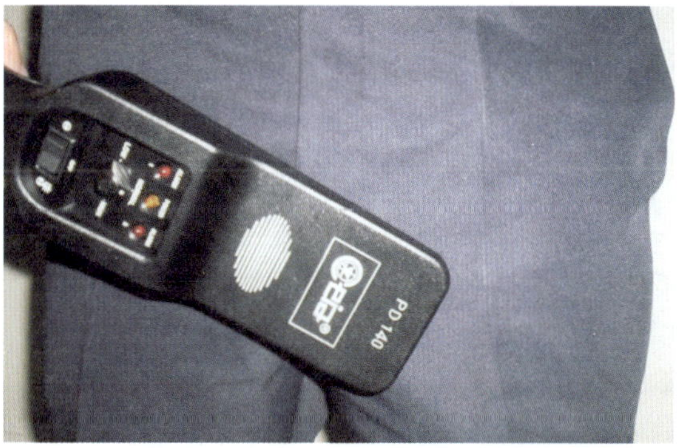

图2—51　全身性搜身程序 –7

然后，从裤腿或者裙子的底部开始，向上移至右侧腰部，如图2—52所示。

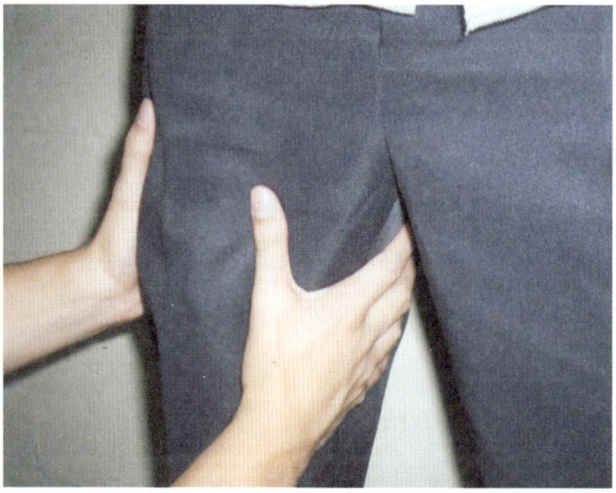

图2—52　全身性搜身程序 –8

双手环绕受检者的右手臂，从肩膀移至手腕，如图 2—53 所示。

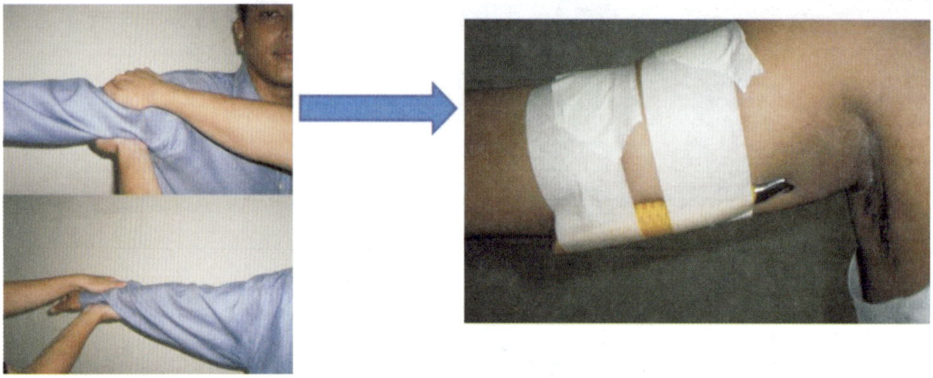

图 2—53　全身性搜身程序 - 9

最后，顺着背部，从肩膀向下移动到腰部（双手重叠移动），如图 2—54 所示。

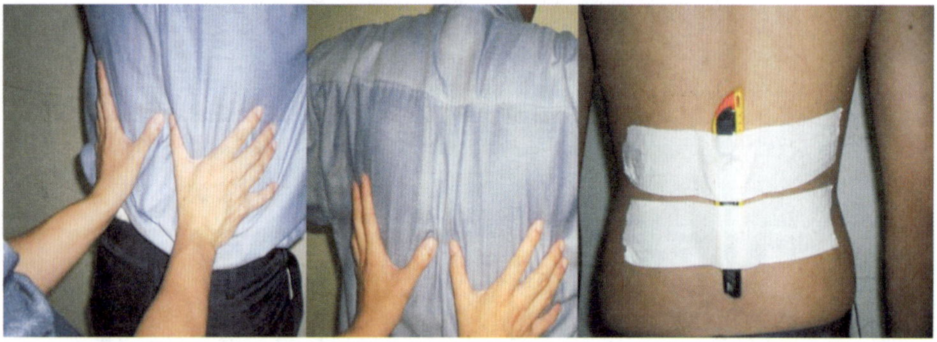

图 2—54　全身性搜身程序 - 10

2.4.3　箱包搜查的原则和操作

1. 箱包搜查的原则

箱包搜查最重要的原则就是要遵循程序。这是为了确保搜查的一致性、工作的高效性以及避免出现漏查的区域。

（1）在搜查前，找另一名安检人员做搜查的目击证人。

（2）解释搜查程序，并请求得到受检者的许可，如图 2—55 所示。

（3）询问受检者箱包中是否有任何锋利、尖锐或者易碎的物品。

（4）让箱包的位置朝向检查人员，避免箱包内的物品暴露于公众的视线范围内，如图 2—56 所示。

图 2—55　向受检者解释搜查程序

图 2—56　箱包位置的朝向

（5）允许受检者见证搜查的过程。

（6）安全原则——要求受检者保持距离直到检查人员放行被检查的箱包，在接触箱包内的物品前，一定先观察清楚物品。

2．箱包搜查的操作

（1）在搜查箱包前，查看可疑区域或物品的 X 光扫描图像，可让 X 光安检人员协助再次通过仪器，对可疑区域再次搜查，如图 2—57 所示。

（2）提起箱包——如箱包过重则可能有暗格藏匿物品，如图 2—58 所示。

（3）检查箱包的外部，如图 2—59 所示。

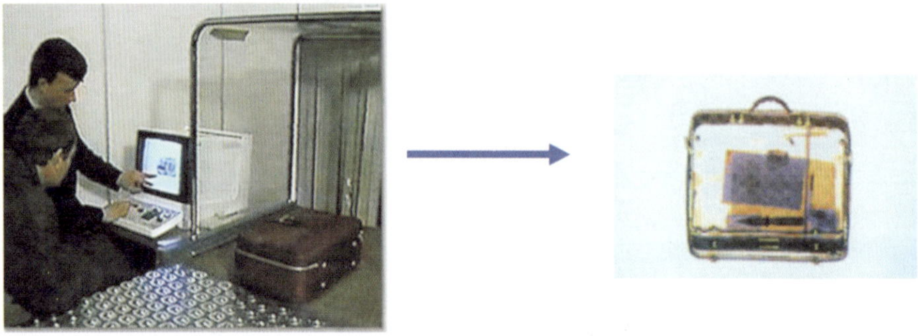

图 2—57　查看 X 光扫描图像

图 2—58　提超重箱包检查

图 2—59　检查箱包外部

（4）检查箱包的插销、锁头、螺栓、螺钉或铆钉，如图 2—60 所示。

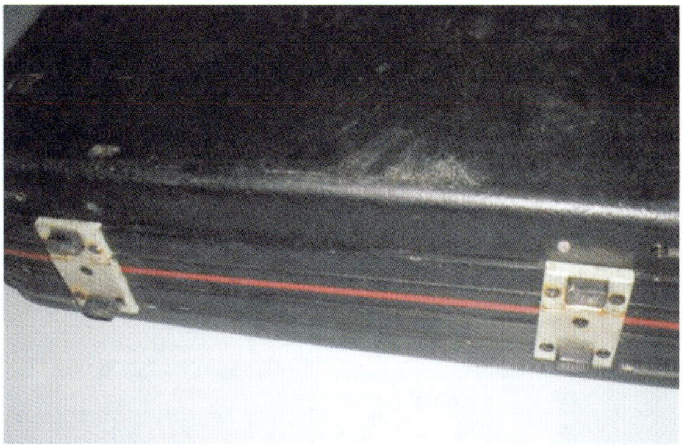

图 2—60　箱包小部件检查

（5）寻找与箱包不匹配的装置，如图 2—61 所示。

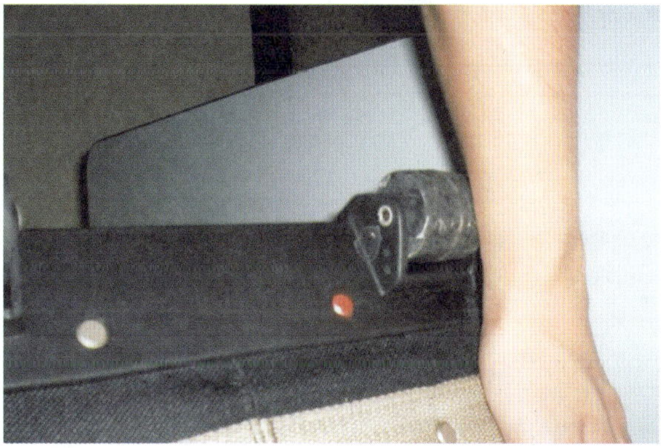

图 2—61　寻找与箱包不匹配的装置

（6）检查箱包接缝和口袋，查看是否被重新缝合或重新粘合，如图 2—62 所示。

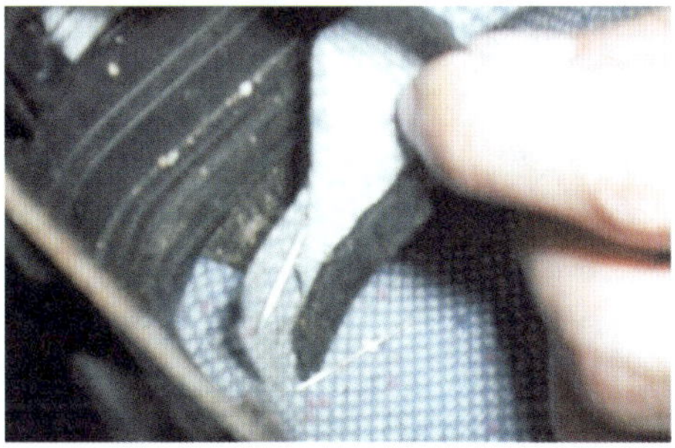

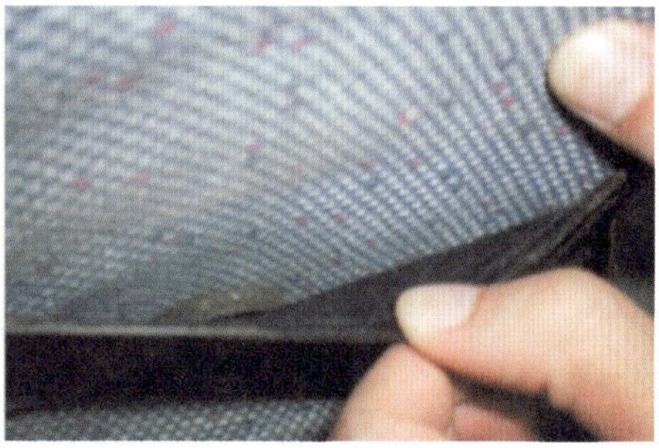

图 2—62　检查箱包接缝和口袋

（7）检查软质箱包的外表面，如图 2—63 所示。

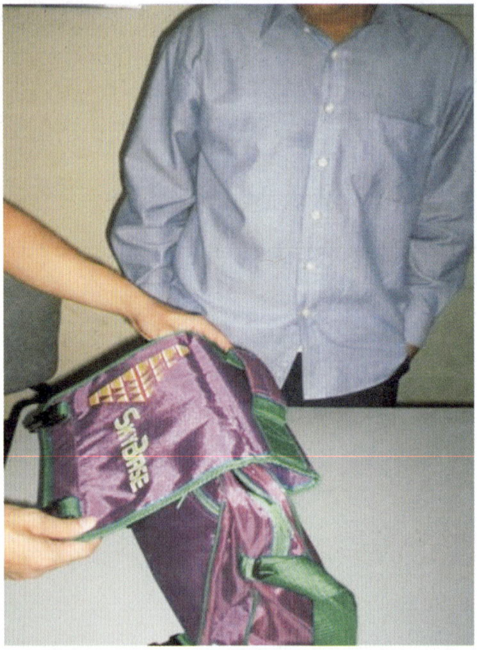

图 2—63　检查软包 -1

（8）检查软质箱包任何凸起、结块或者附加部分，如图 2—64 所示。

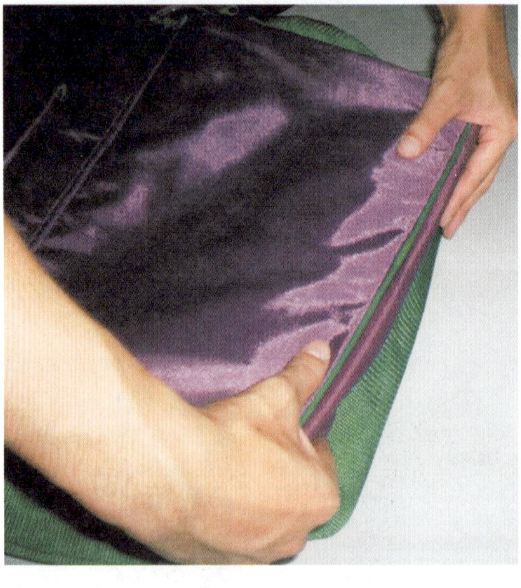

图 2—64　检查软包 -2

（9）打开所有外部口袋和隔层进行检查，如图 2—65 所示。

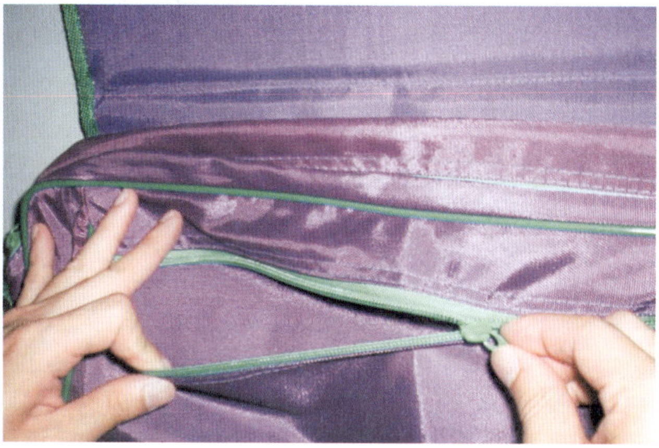

图 2—65　检查软包 -3

（10）检查箱包的内表面，如图 2—66 所示。

图 2—66　检查软包 -4

（11）寻找硬块、凸起、重新缝合或者重新粘合以及暗格（这些地方可能藏匿武器）。

（12）检查箱包内的物品，如图 2—67 所示。

（13）箱包内如果有衣服，展开并对其挤压，如图 2—68 所示。

（14）对有可能藏匿犯罪物品却不太可能被搜查到的对象进行检查，如毛绒玩具等，如图 2—69 所示。

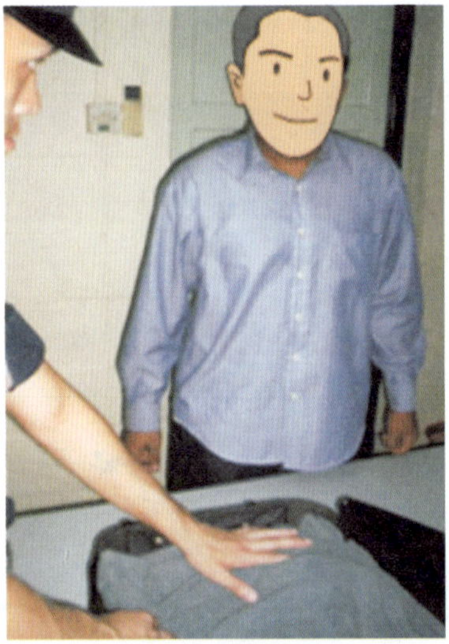

图 2—67　检查箱包内物品

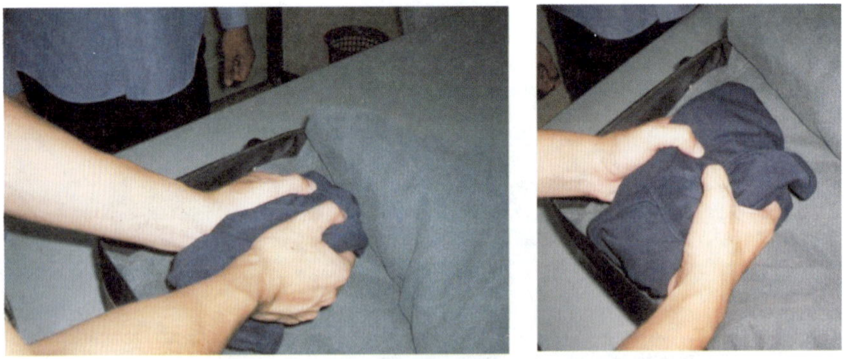

图 2—68　挤压衣服检查

图 2—69　检查毛绒玩具

（15）翻查所有的书页，查看是否夹带任何武器或者简易爆炸装置，如图2—70所示。

图2—70　检查书页夹带

（16）检查所有的喷雾剂，因其可能含有爆炸物质。

（17）检查一切包裹在牛皮纸或者礼品包装内的物品。寻找任何炸弹包裹的迹象，例如油渍、外露的电线、无标注回邮地址过多的邮票等，如图2—71所示。

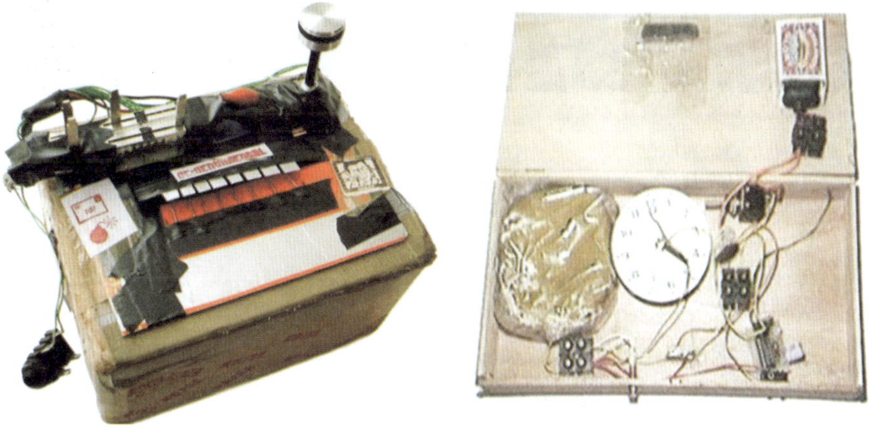

图2—71　检查牛皮纸包裹或礼品包装内的物品

大多数包裹炸弹都带有触控装置，打开包装就会引爆炸弹。如果安检人员怀疑某物品为炸弹，切勿打开包装，应寻求相关部门的援助。

2.4.4　轮椅或婴儿车的搜查程序

对轮椅或婴儿车的搜查最好在没有受检者坐在上面时进行，应首先检查轮椅的底面，如图2—72所示。

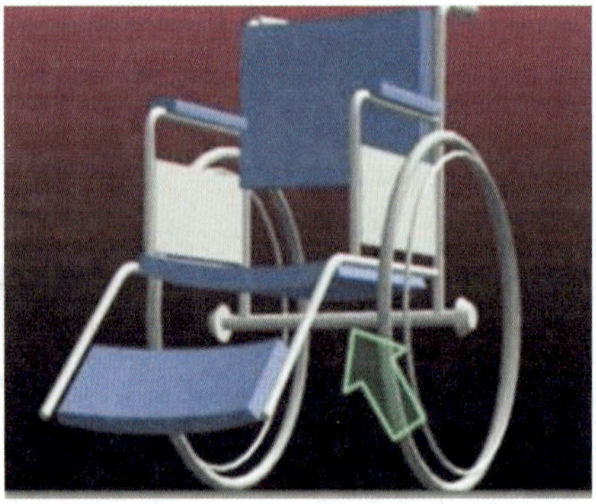

图 2—72　轮椅检查 -1

查看改装的螺钉、螺母和螺栓，搜查所有的口袋，如图 2—73 所示。

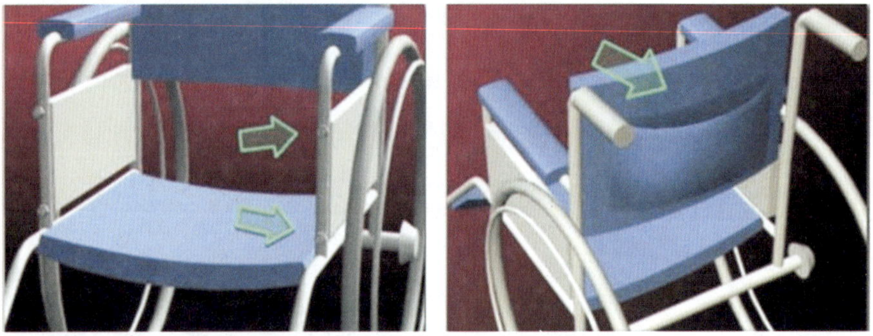

图 2—73　轮椅检查 -2

遵循同样的程序搜查婴儿推车，查看推车的下方，搜查车厢和口袋，如图 2—74 所示。

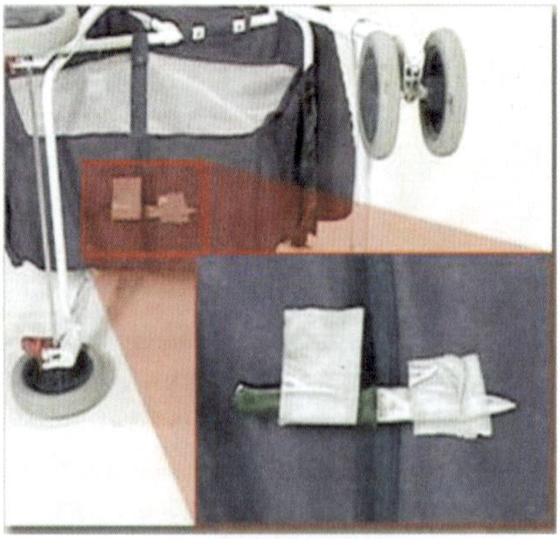

图 2—74　婴儿推车检查

2.5 X光安检仪

X光安检仪主要用于政府机关、大使馆、机场、车站、码头、会议中心、博览中心、旅游景点、体育文化场所、邮局、商场、酒店、学校等安全检查场合的入口处，用于检测行李中的违禁物品，能够高效率、高质量地完成安全检查任务。

检测对象包括：包裹、邮件、小型箱包、手提箱、拎包等小型物件。不同厂家生产的X光安检仪在使用与操作上会有所不同，但基本的操作程序如下：

2.5.1 X光安检仪的组成

1. X光安检仪的主要组成部分

（1）控制面板。X光安检仪由控制面板操控（见图2—75）。

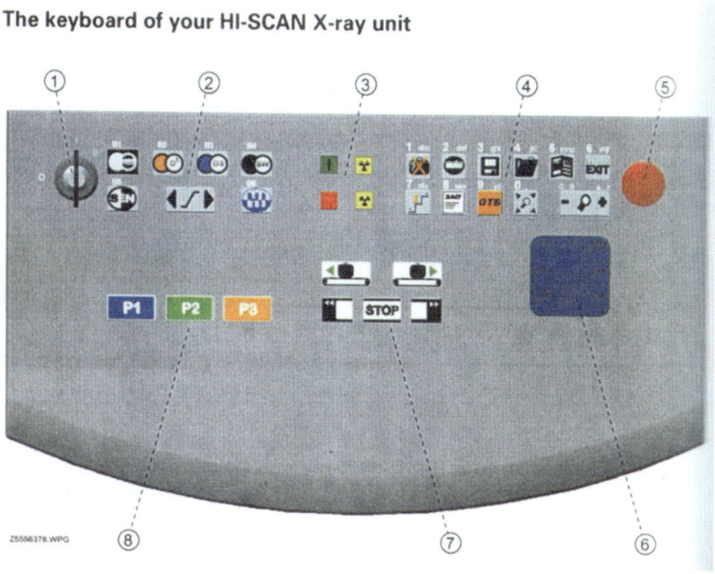

图2—75 X光安检仪的控制面板

（2）检验厢（见图2—76）。

（3）X光发射器（X光发射器照射箱包并转化成X光能量）（见图2—77）。

图 2—76　X 光安检仪的检验厢

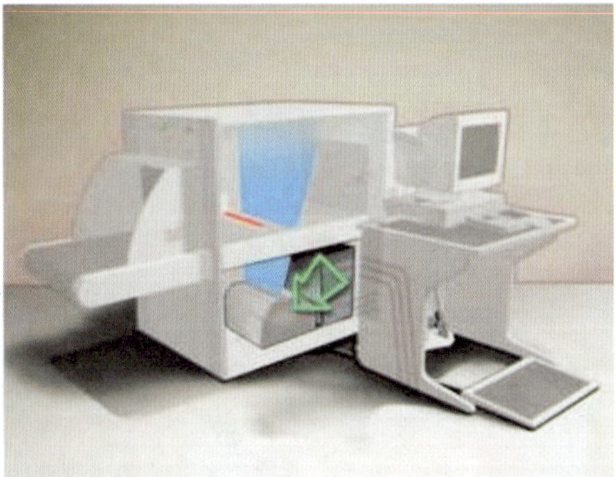

图 2—77　X 光发射器

（4）显示器（显示器呈现箱包的 X 光图像）（见图 2—78）。

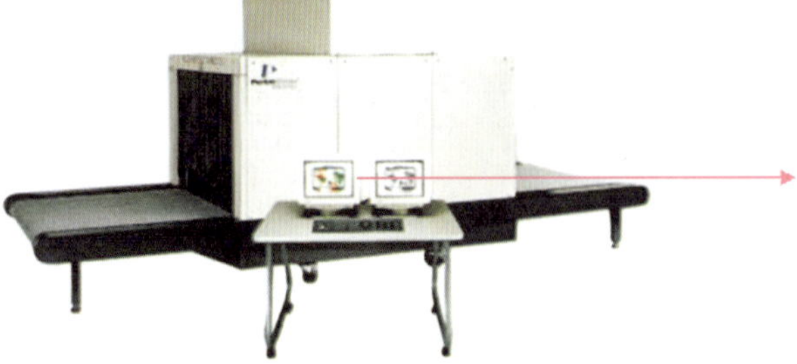

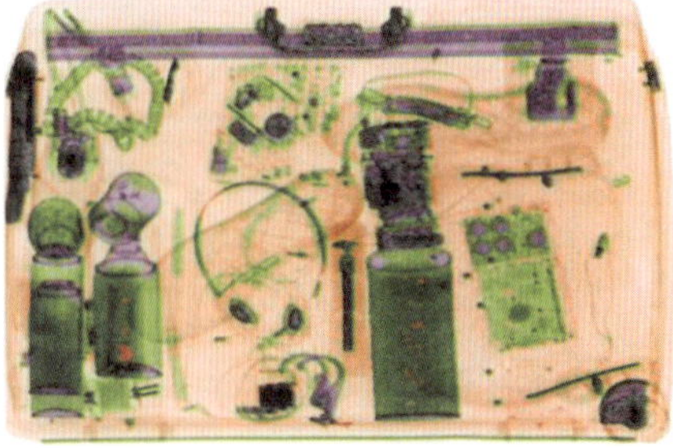

图 2—78　X 光安检仪的显示器

2. X光安检仪的其他组成部分

(1）传送带，移动箱包进入X光安检仪（见图2—79)。

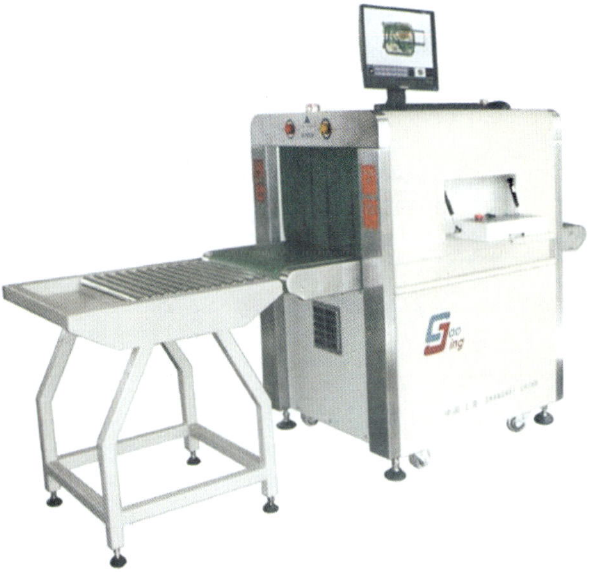

图2—79　X光安检仪的传送带

(2）一个或者多个紧急停止按钮（见图2—80)。

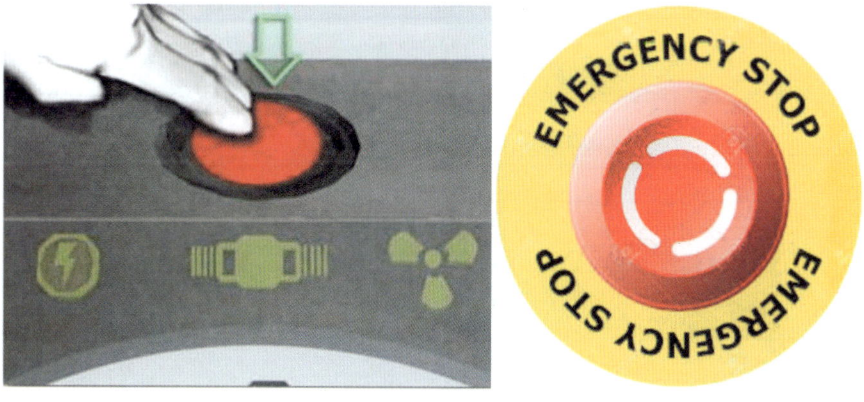

图2—80　紧急停止按钮

(3）塑料安全防护帘，防止受检者从机器中取出箱包（见图2—81)。

(4）行李滑道，让箱包离开传送带（见图2—82)。

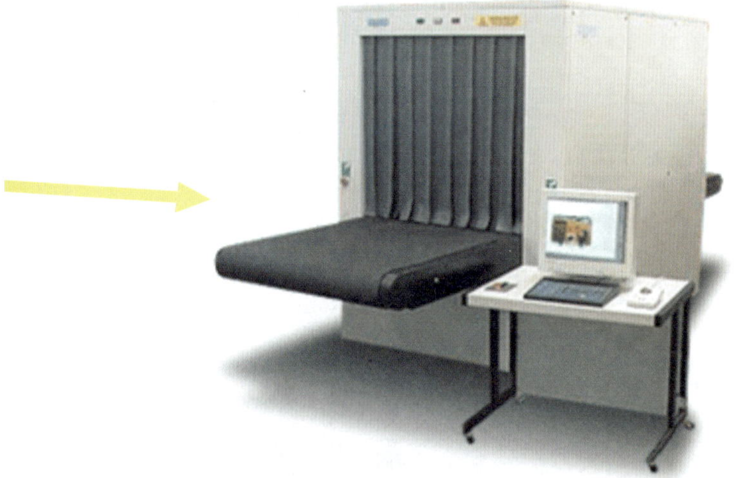

图 2—81　塑料安全防护帘

图 2—82　行李滑道

2.5.2　X 光安检仪开机前的准备

1. 开机前的检查

(1) 检查三个紧急按钮，确保按钮都朝上（见图 2—83）。

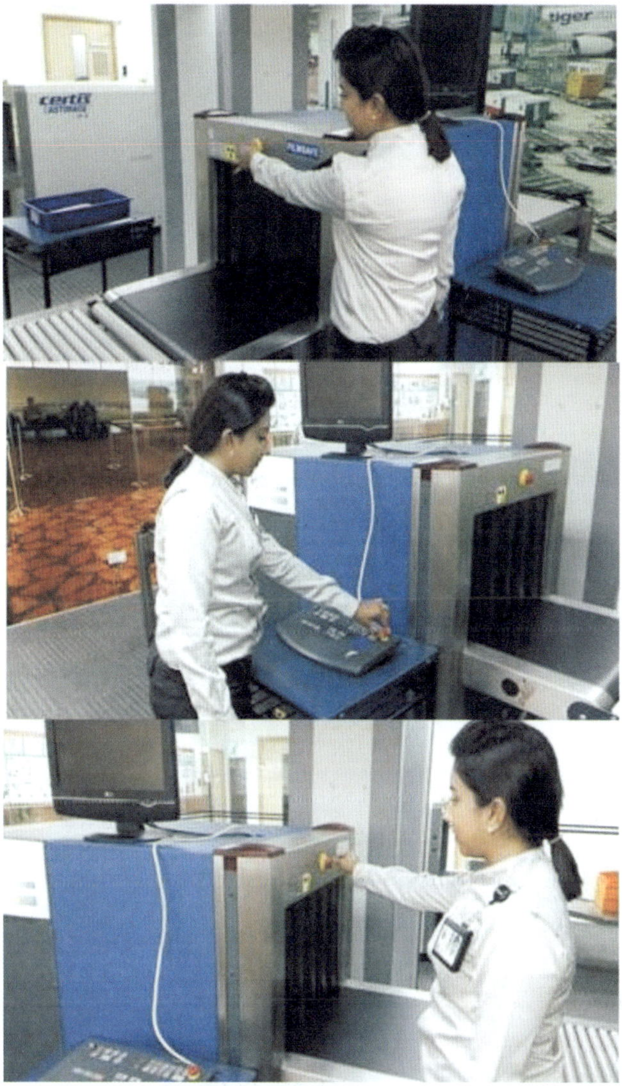

图 2—83　开机前检查紧急按钮

（2）确保通道无任何物品（见图 2—84）。

（3）确保 X 光安检仪周围没有任何物品（见图 2—85）。

2. 开机检查

（1）开机。接上电源后，将钥匙插入钥匙开关中，顺时针旋转 90°，按下通电按钮整机上电。将准备自检用的箱包放入 X 光安检仪，并检测所有按钮是否能正常使用。等待系统自动检测程序完毕，即可正常使用，如图 2—86 和图 2—87 所示。

图 2—84　检查通道

图 2—85　检查 X 光安检仪周边

（2）检查。将物品平整地放在传送带上，按下前进键启动传送带，物品进入通道并遮住光障，X 光开始发射，对物品进行扫描，然后形成 X 光图像，该图像在显示器屏幕上出现，如图 2—88 所示。

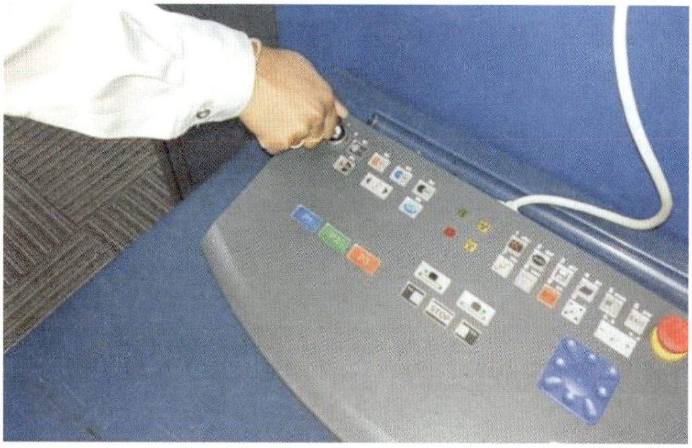

图 2—86　开机操作 - 1

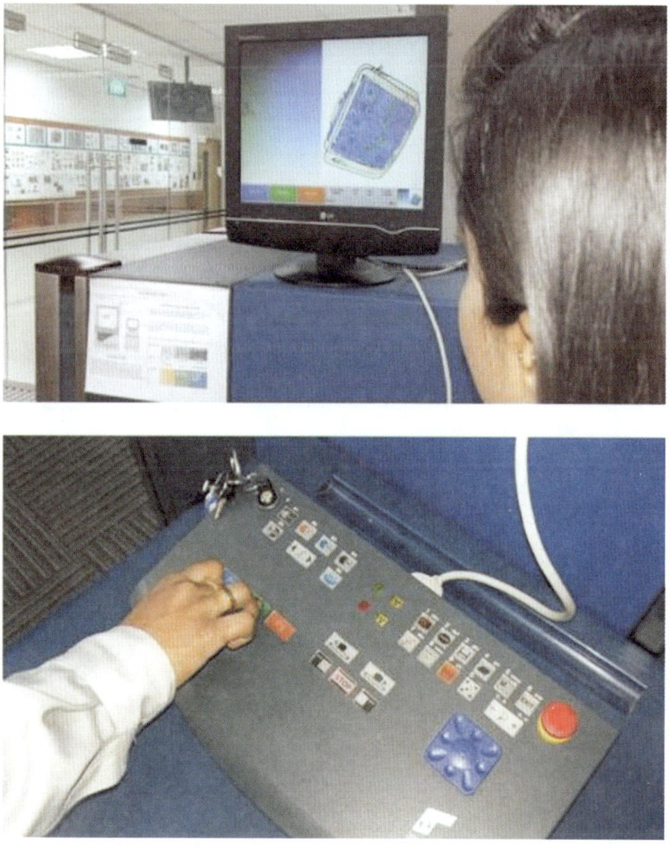

图 2—87　开机操作 - 2

图 2—88　检查

在下一个物品进入通道之前，该物品图像即保留在显示器屏幕上。

2.5.3　X 光安检仪图像的具体识别方法

1. 整体判读法

整体判读法具体来说就是由四周到中间整幅图像进行判读。观察图像的每个细节，判读图像中的物品是否相联系，有无电源、导线、定时装置、起爆装置和可疑物品。

2. 颜色分析法

颜色分析法即根据 X 光安检仪对物质颜色的定义，通过图像呈现的颜色来判断物体的性质。

3. 形状分析法

形状分析法即通过图像中物体的轮廓判断物体。有些物品虽然 X 光穿不透，但轮廓清晰，可直接判断其性质。

4. 功能键分析法

功能键分析法具体来说就是充分利用图像键的分析功能对图像进行综合分析比较。反转键有利于看清颜色较浅物品的轮廓；有机物/无机物剔除键有利于判断物品的性质。

5. 重点分析法

重点分析法具体来说就是抓住图像中难以判明性质、射线穿不透的物体，对有疑点的地方重点分析，主要针对于液体、配件、电子产品的检查。

6. **对称分析法**

对称分析法具体来说就是根据图像中箱包结构特点找对称点，主要针对箱包结构中不对称的点状物体或线状物体进行分析比较，发现可疑物。

7. **共性分析法**

共性分析法即举一反三法，是抓住某个物体的结构特征来推断其他同类物品。

8. **特征分析法**

特征分析法即结构分析法，是抓住某个物体的结构中的一些特征进行判断。

9. **联想分析法**

联想分析法即通过图像中一个可判明的物品来推断另一个物品。

10. **观察分析法**

观察分析法即通过观察受检者来判断其所携带物品。

11. **常规分析法**

常规分析法即分析图像中显示的物品是否违反常规。

12. **排除法**

排除法即排除已经判定的物品，对其他物品重点分析检查。

13. **角度分析法**

角度分析法即联想物品各种角度的图像特征，据此加以分析判断。

14. **综合分析法**

综合分析法即利用上述方法中的几种同时对图像进行判断。

以上各种方法只是从理论上对识别方式的一种分类，在实际工作中，安检人员不会也不可能仅仅使用一种方法。具体图像识别过程中，往往是多种方法的综合运用，这样才能保证危险物品和违禁物品的检出率。

2.5.4 扫描箱包的操作过程

1. 将箱包平坦的一面摆放在传送带上，如图2—89所示。

2. 箱包之间预留20 cm左右的空间，如图2—90所示。

3. 让传送带将箱包送入检查厢，切勿强行推动箱包，如图2—91所示。

4. 当箱包进入检查厢中，X光安检仪会估算通过箱包的X光量，并把这些信息转化成图像呈现在显示器上。检查人员可以使用控制面板来细化或者增强图像，如图2—92所示。

图 2—89　扫描箱包操作－1

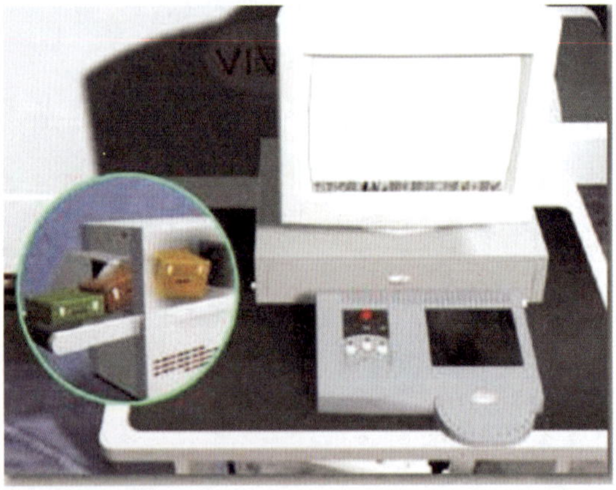

图 2—90　扫描箱包操作－2

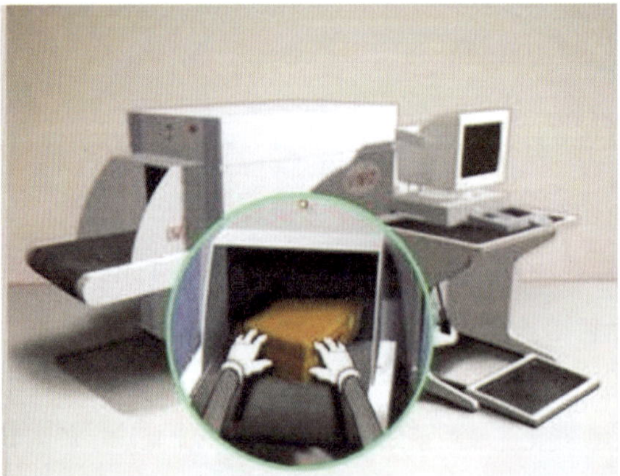

图 2—91　扫描箱包操作－3

图 2—92　扫描箱包操作 -4

5. 解释图像以便确定采取何种行动

(1) 箱包通过（没有威胁——释放箱包）。

(2) 扣留箱包（明显的威胁）。

(3) 搜查箱包（潜在的威胁——下达箱包搜查令）。

6. 让传送带把箱包送出检查厢。确保没有任何人试图从机器内部接触箱包。只允许受检者在箱包滑出滑道时取回自己的箱包。

2.5.5　X 光图像的解析

1. X 光图像中的寻找目标

(1) 寻找有辨识度的对象，如图 2—93 所示。

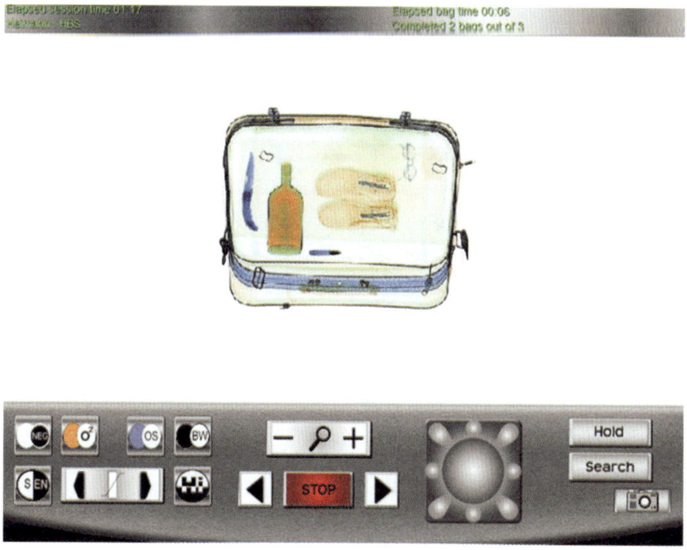

图 2—93　寻找有辨识度的对象

（2）寻找突兀的高密度、暗色的物体，如图 2—94 所示。

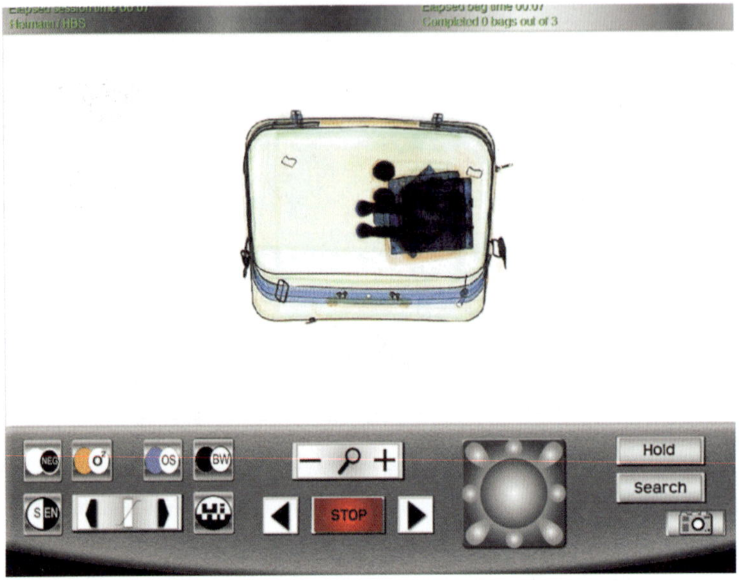

图 2—94　寻找突兀的高密度、暗色的物体

（3）查看物体的排位，如图 2—95 所示。

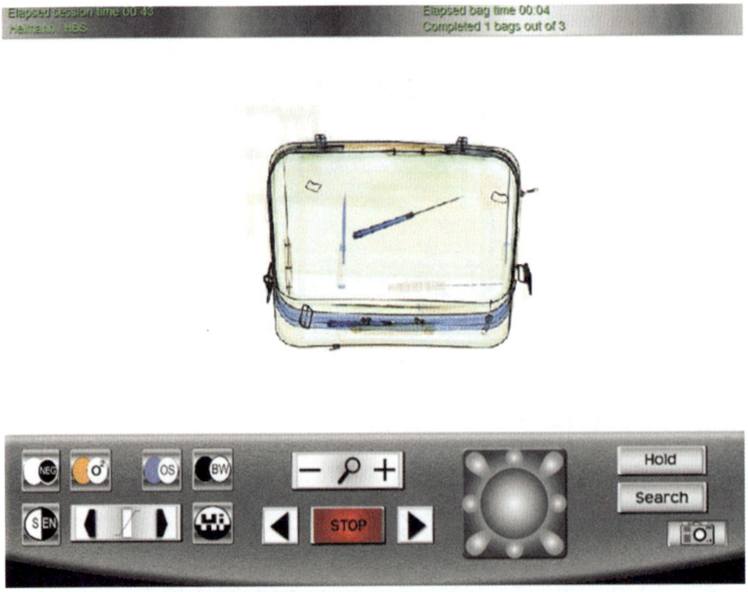

图 2—95　查看物体的排位

（4）查看物体的形状，如图2—96所示。

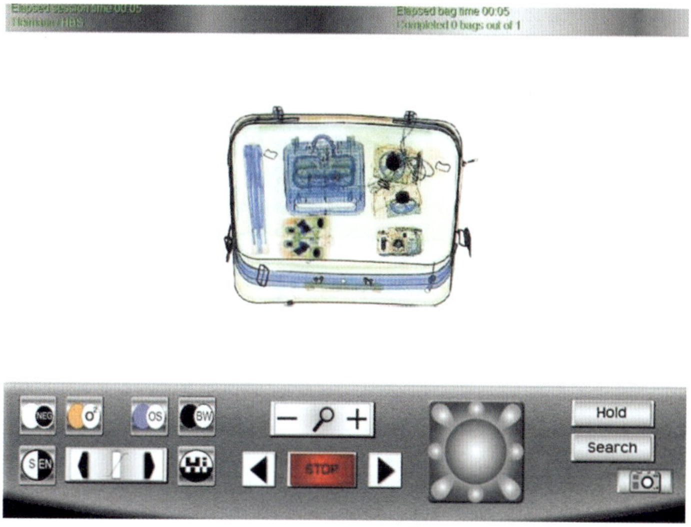

图2—96 查看物体的形状

（5）查看物体的颜色。大多数的X光安检仪可以轻易地从黑白图像切换成彩色图像，彩色图像可以显示被黑白图像隐藏的细节。X光安检仪可以用不同的颜色标示箱包里物品的不同材质，这三种基本颜色是：

1）橙色——标示有机材料，如木材、纸张、塑料、服装、汽油、炸约等，如图2—97所示。

2）蓝色——标示无机材料，如金属、玻璃、石材项目和陶器等，如图2—98所示。

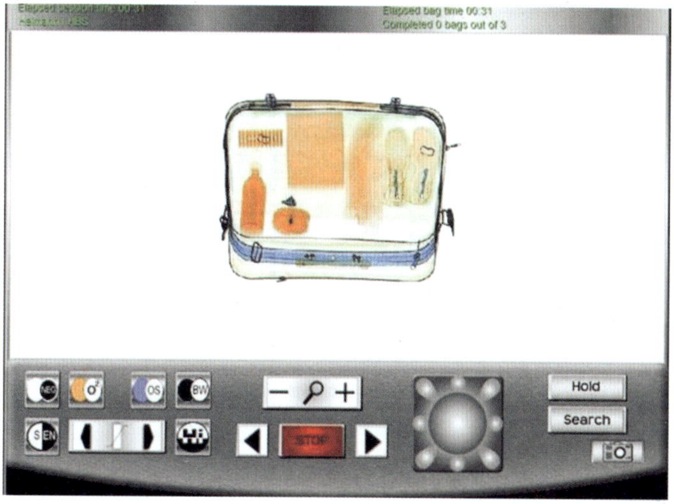

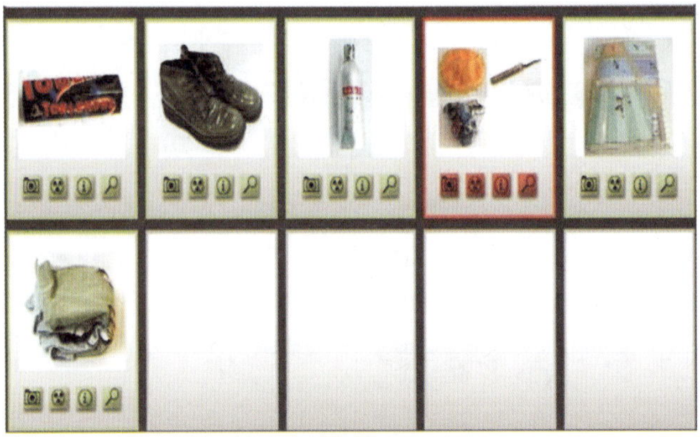

图 2—97　查看橙色物体

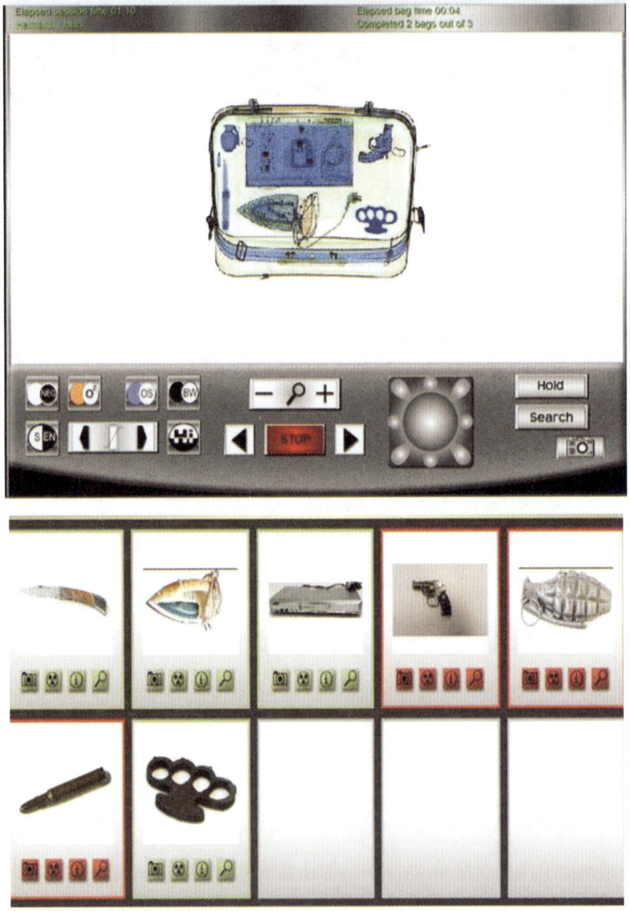

图 2—98　查看蓝色物体

3）绿色——标示混合物或有机及无机混合材料，如电池、轻质合金材料、高密塑料材质等，如图 2—99 所示。

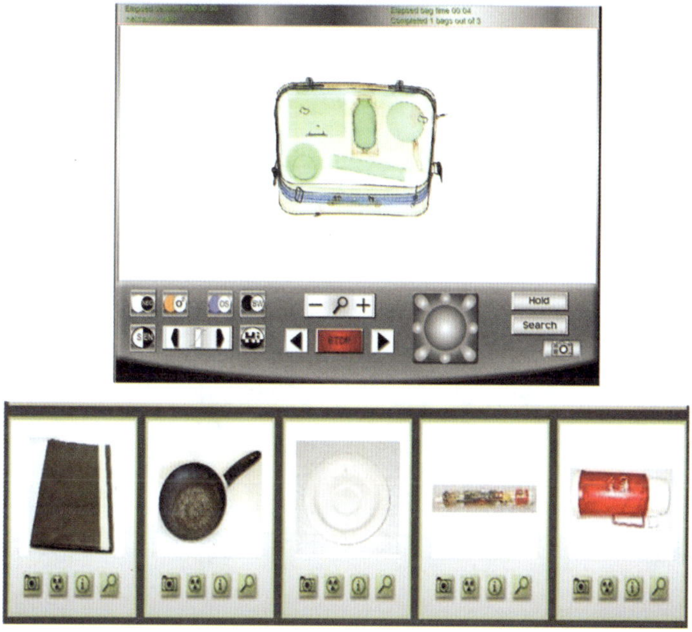

图 2—99　查看绿色物体

2. 常见违禁品 X 光安检仪图像特征

（1）枪支类图像特征

“手枪”实物	正放	直放	斜放

	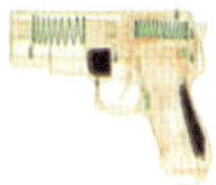		

续表

“仿真枪”实物	正放	直放	斜放

（2）军（警）用械具类图像特征

“电击器”实物	正放	直放	斜放

“拇指拷”实物	正放	直放	斜放

“手拷”实物	正放	直放	斜放

续表

“瓦斯”实物	正放	直放	斜放

(3）子弹类图像特征

“子弹”实物	正放	直放	斜放

“散弹”实物	正放	直放	斜放

“气枪弹”实物	正放	直放	斜放

（4）管制类刀具图像特征

“弹簧刀”实物	正放	直放	斜放

“匕首”实物	正放	直放	斜放
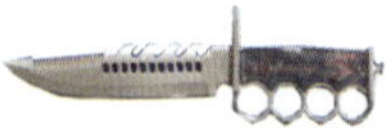			

“民族刀”实物	正放	直放	斜放

续表

“民族刀”实物	正放	直放	斜放

（5）爆炸物品类图像特征

“塑性炸药”实物	正放	直放	斜放

“柱状TNT”实物	正放	直放	斜放

“块状TNT”实物	正放	直放	斜放
	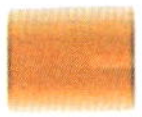		
“按键线控爆炸装置”实物	正放	直放	斜放
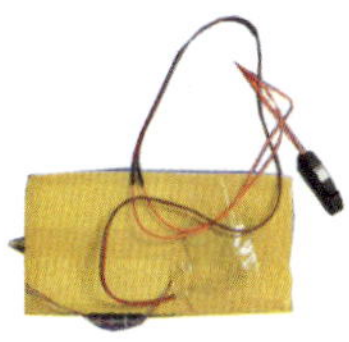	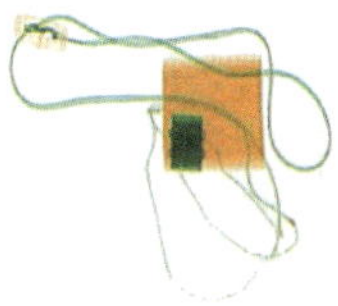	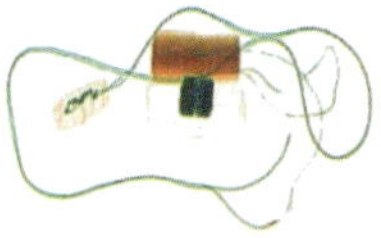	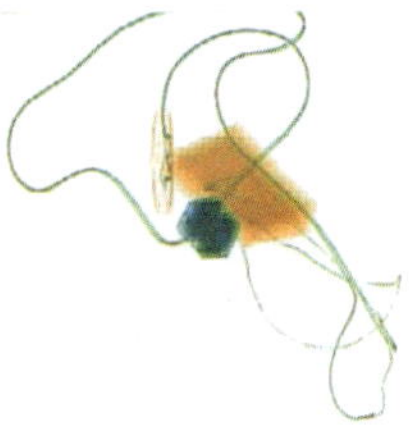

续表

“书本式爆炸装置”实物	正放	直放	斜放
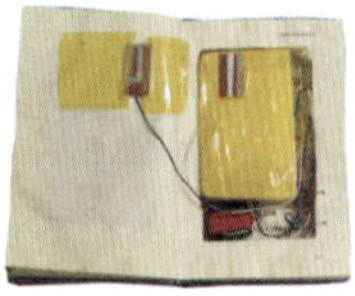		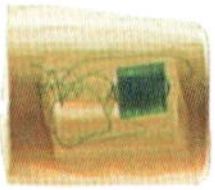	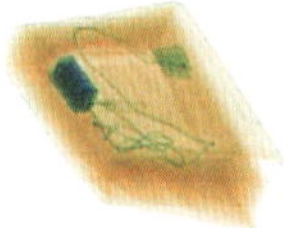
“饼干盒式爆炸装置”实物	正放	直放	斜放
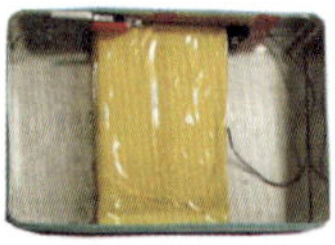	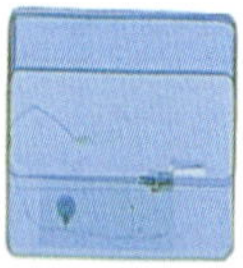		
“定时爆炸装置”实物	正放	直放	斜放
	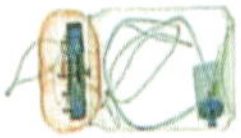		
“遥控爆炸装置”实物	正放	直放	斜放

“模拟爆炸装置”实物	正放	直放	斜放
	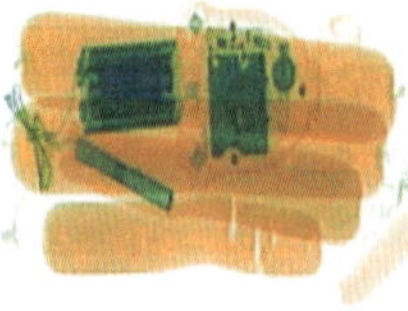	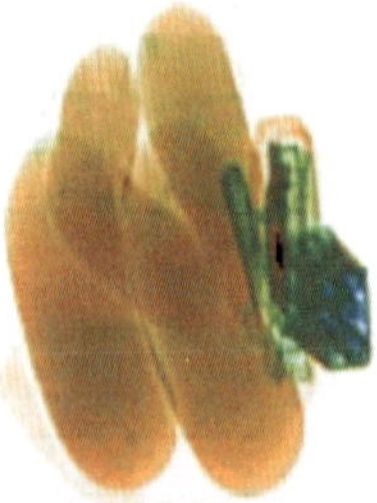	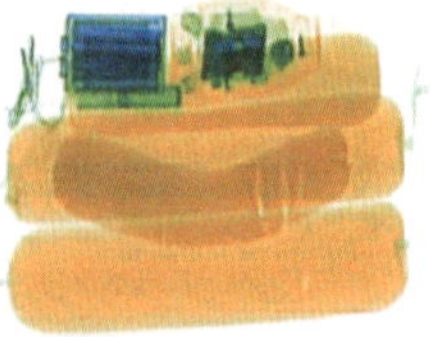

续表

“雷管”实物	正放	直放	斜放

（6）导火索类图像特征

“导火索”实物	正放	直放	斜放

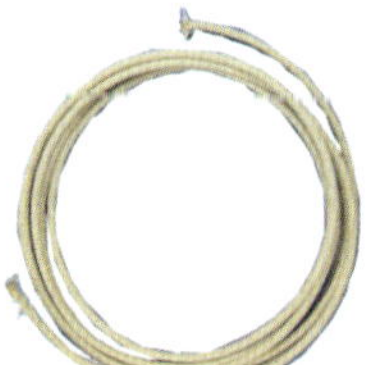			

（7）烟花和鞭炮类图像特征

“烟花”实物	正放	直放	斜放

续表

“烟花”实物	正放	直放	斜放

“鞭炮”实物	正放	直放	斜放

（8）易燃易爆类物品图像特征

“石油气”实物	正放	直放	斜放
	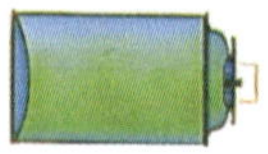		
“打火机气体”实物	正放	直放	斜放

“酒精”实物	正放	直放	斜放

续表

“液化石油气”实物	正放	直放	斜放

“固体酒精”实物	正放	直放	斜放
	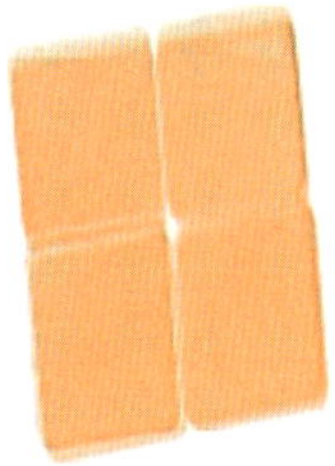		
“火柴”实物	正放	直放	斜放
	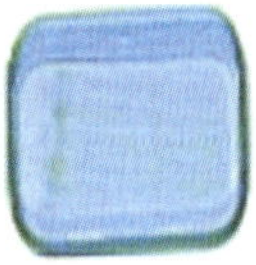		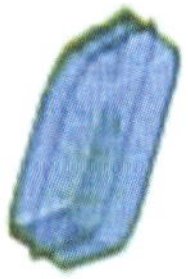

(9) 利器、钝器类图像特征

“水果刀”实物	正放	直放	斜放

续表

“裁纸刀”实物	正放	直放	斜放

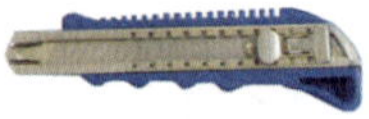			
“剪刀”实物	正放	直放	斜放

“多节鞭”实物	正放	直放	斜放
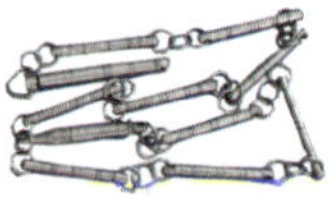			

3. 常见违禁品的图像特征实例图示

(1) 枪支

1) 枪支的形状（见图2—100）

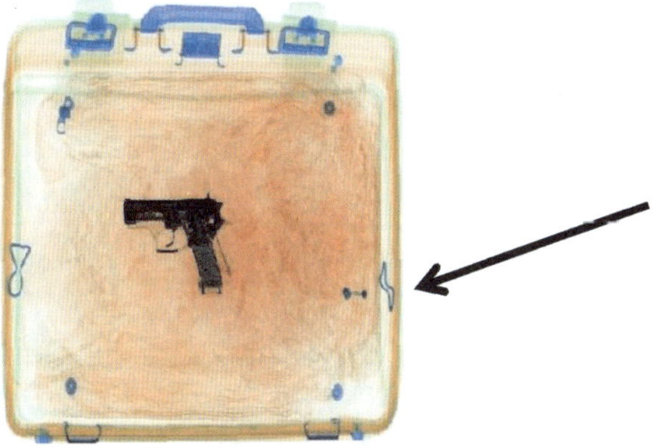

图2—100　枪支的X光图像形状

2) 枪支的排位（见图2—101）

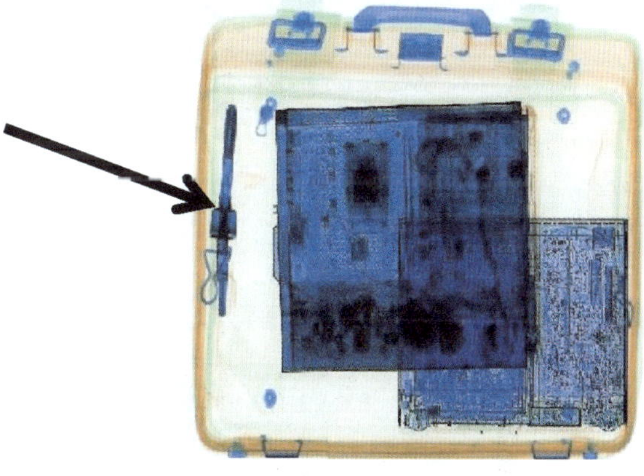

图2—101　枪支的X光图像排位

3) 枪支的颜色（见图2—102）

4) 枪支的密度（见图2—103至图2—105）

5) 枪支的种类（见图2—106和图2—107）

(2) 管制刀具

1) 管制刀具的形状（见图2—108）

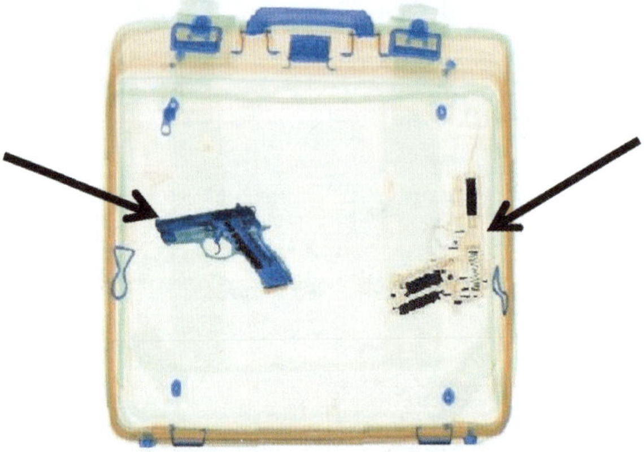

图 2—102　枪支的 X 光图像颜色

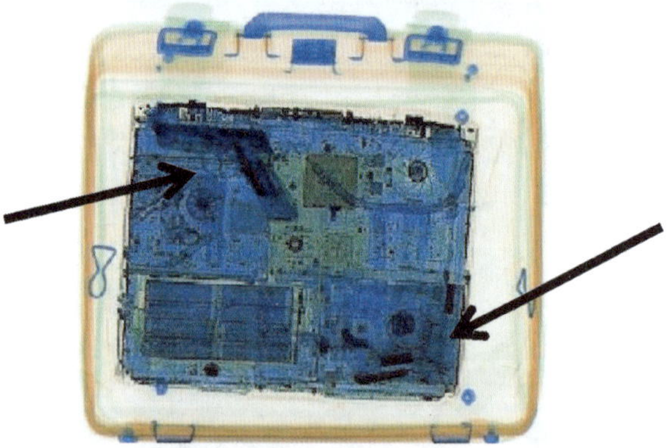

图 2—103　枪支的 X 光图像密度 – 1

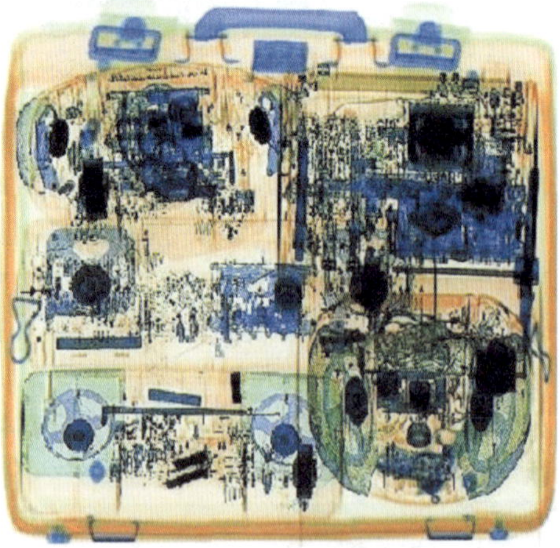

图 2—104　枪支的 X 光图像密度 – 2

图 2—105　枪支的 X 光图像密度 – 3

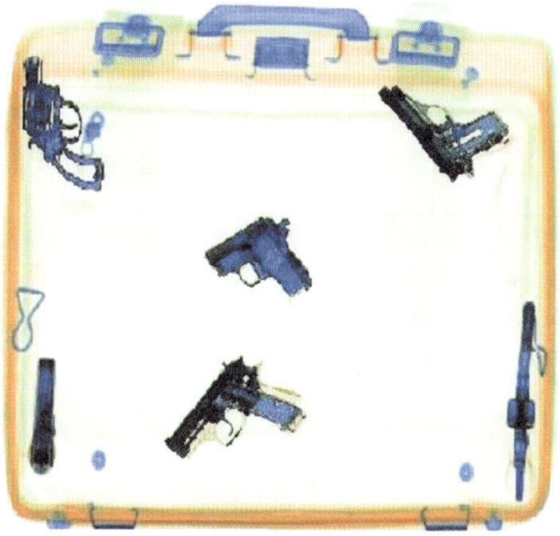

图 2—106　各种枪支的 X 光图像 – 1

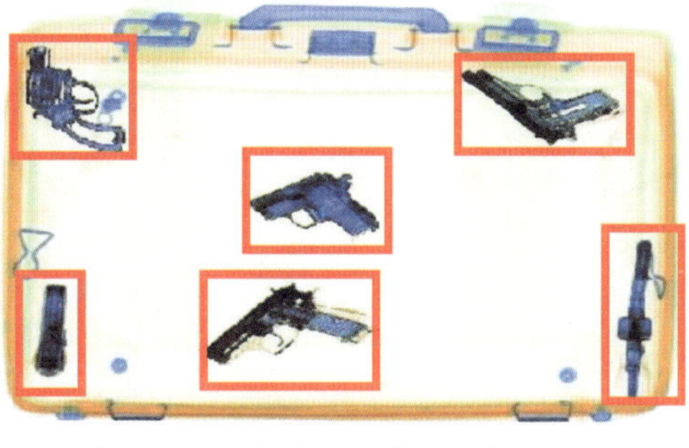

图 2—107　各种枪支的 X 光图像 – 2

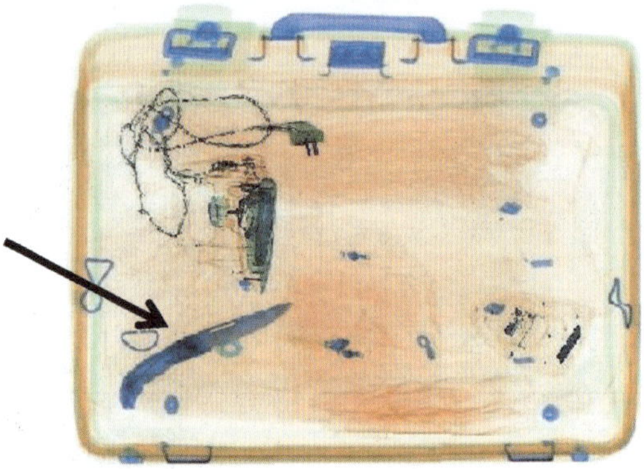

图 2—108　管制刀具的 X 光图像形状

2）管制刀具的排位（见图 2—109）

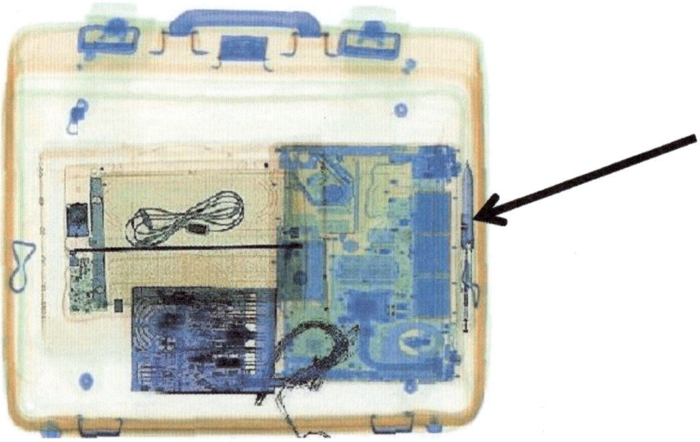

图 2—109　管制刀具的 X 光图像排位

3）管制刀具的颜色（见图 2—110）

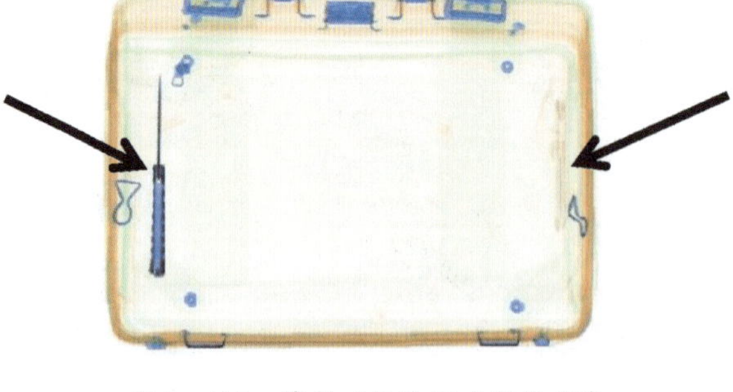

图 2—110　管制刀具的 X 光图像颜色

4）管制刀具的密度（见图2—111至图2—113）

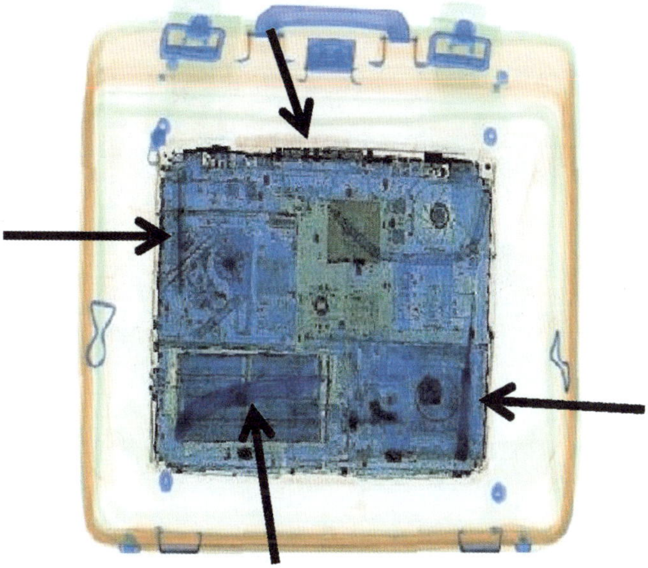

图2—111　管制刀具的X光图像密度-1

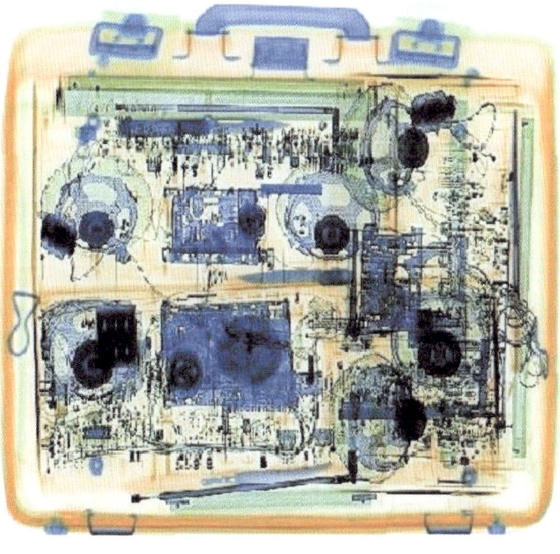

图2—112　管制刀具的X光图像密度-2

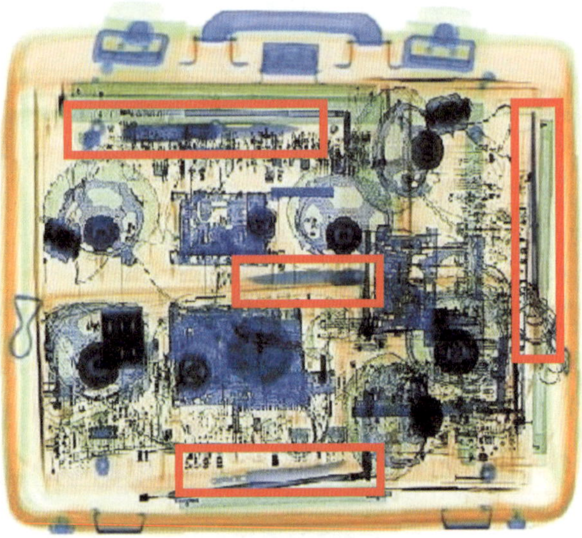

图 2—113 管制刀具的 X 光图像密度 - 3

5）管制刀具的种类（见图 2—114 和图 2—115）

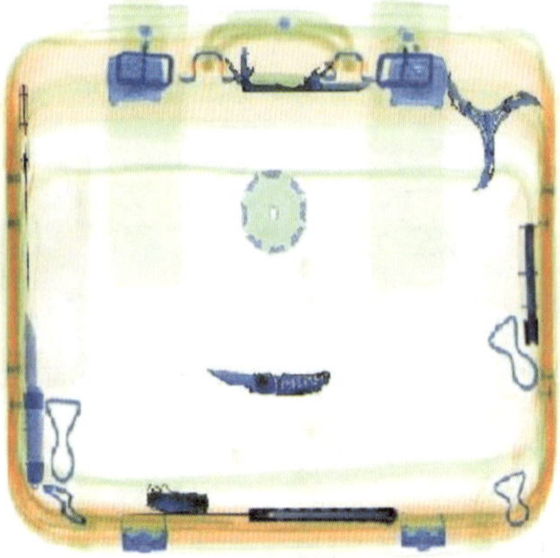

图 2—114 各种管制刀具的 X 光图像 - 1

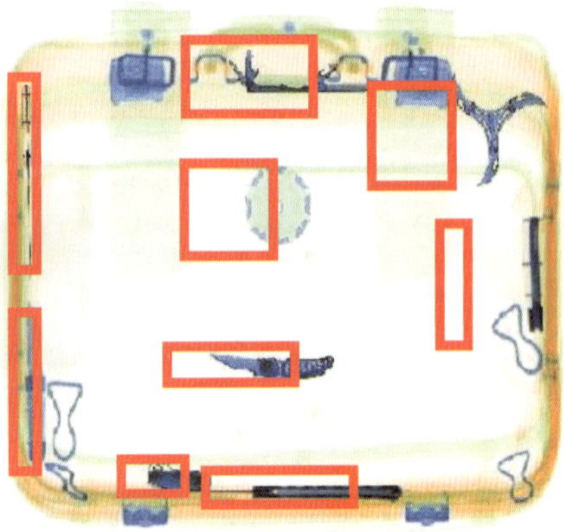

图 2—115 各种管制刀具的 X 光图像 - 2

（3）手榴弹

1）手榴弹的形状（见图 2—116）

2）手榴弹的排位（见图 2—117）

3）手榴弹的颜色（见图 2—118）

4）手榴弹的密度（见图 2—119 至图 2—121）

5）手榴弹的种类（见图 2—122 和图 2—123）

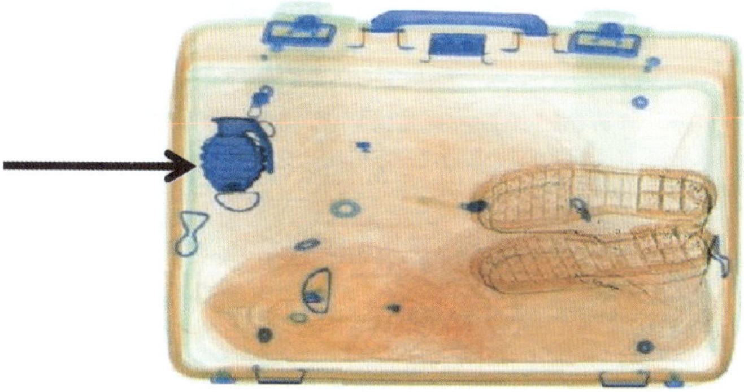

图 2—116　手榴弹的 X 光图像形状

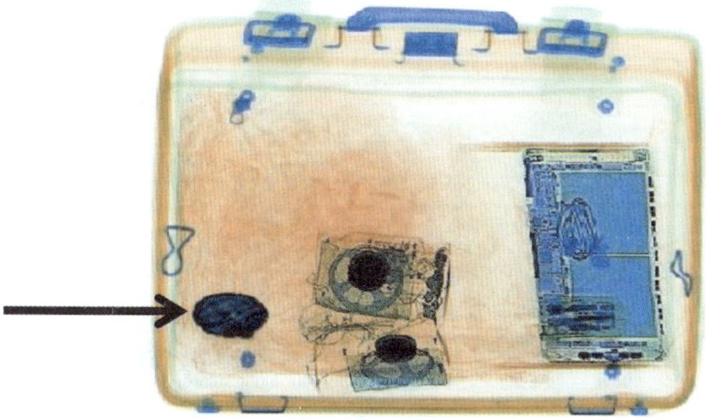

图 2—117　手榴弹的 X 光图像排位

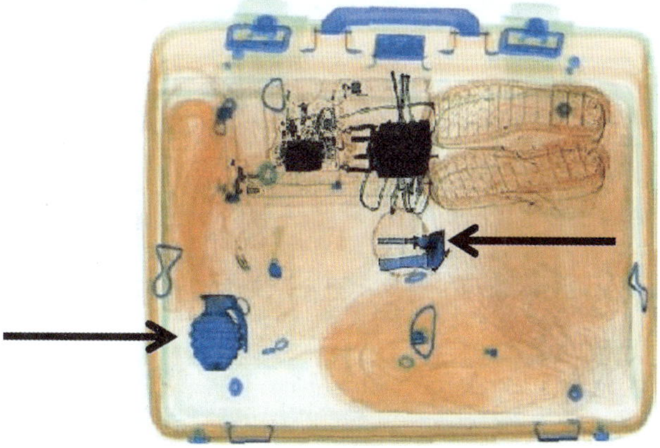

图 2—118　手榴弹的 X 光图像颜色

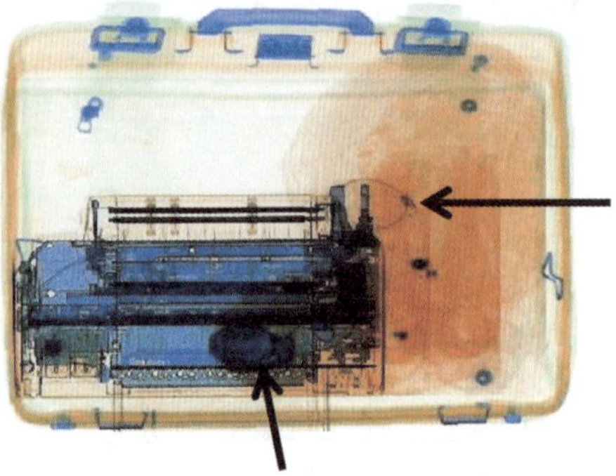

图 2—119　手榴弹的 X 光图像密度－1

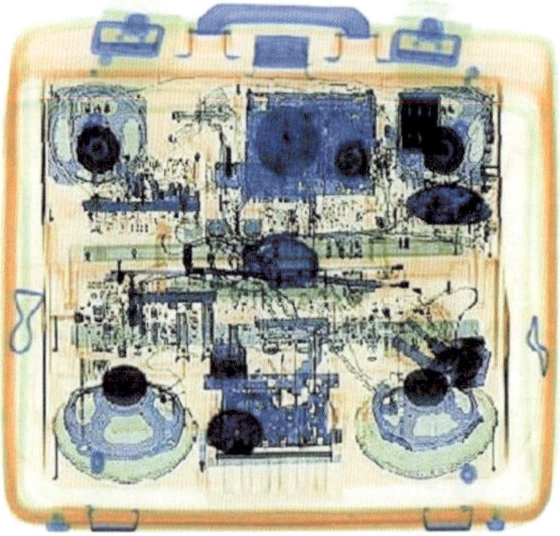

图 2—120　手榴弹的 X 光图像密度－2

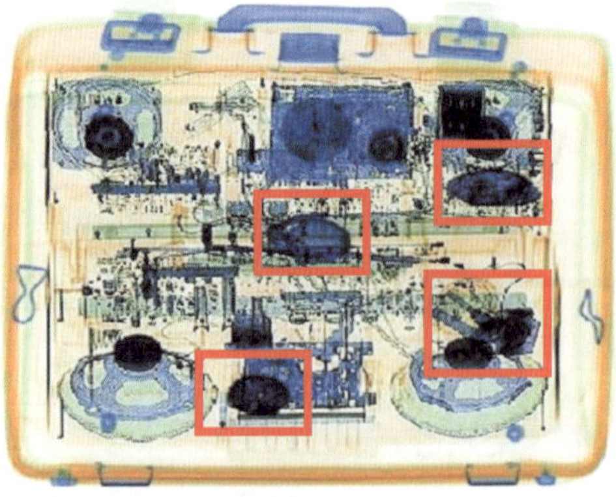

图 2—121　手榴弹的 X 光图像密度－3

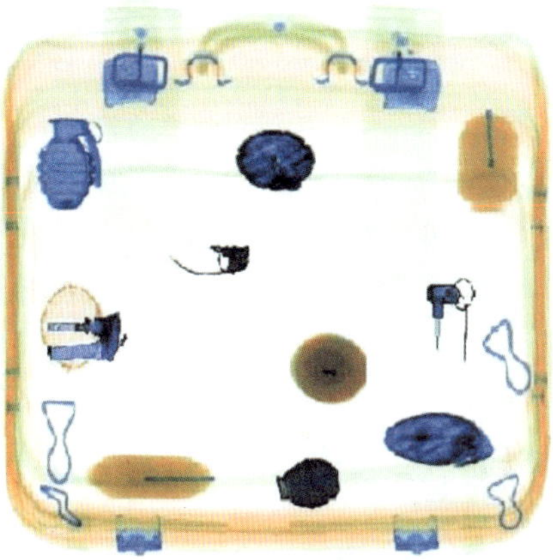

图 2—122　各种手榴弹的 X 光图像 - 1

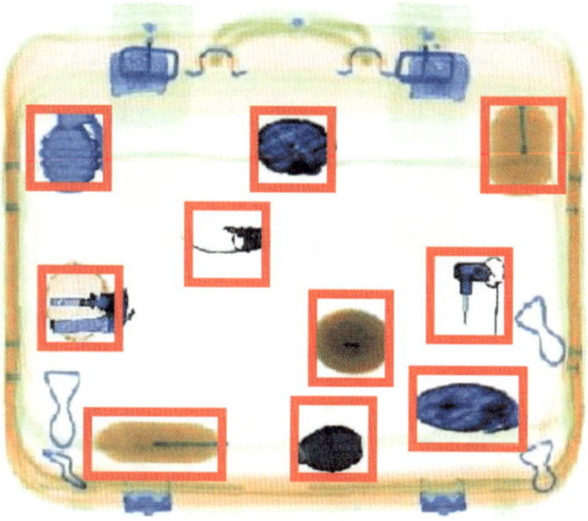

图 2—123　各种手榴弹的 X 光图像 - 2

(4) 枪弹

1) 枪弹的形状（见图 2—124）

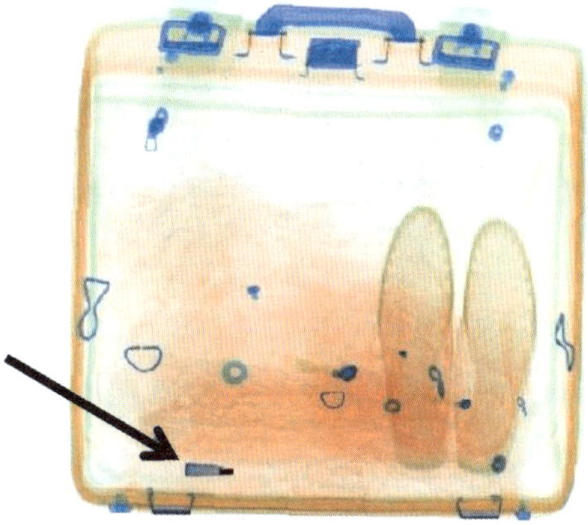

图 2—124　枪弹的 X 光图像形状

2) 枪弹的排位（见图 2—125）

3) 枪弹的颜色（见图 2—126）

4) 枪弹的密度（见图 2—127 至图 2—129）

5) 枪弹的种类（见图 2—130 和图 2—131）

(5) 土制炸弹

1) 土制炸弹的形状（见图 2—132）

2) 土制炸弹的排位（见图 2—133）

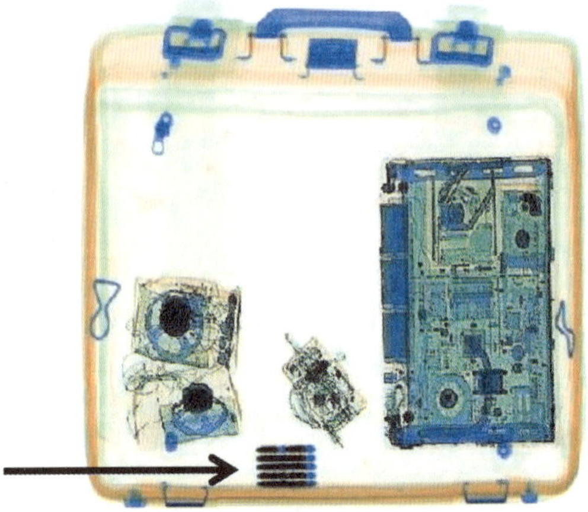

图 2—125 枪弹的 X 光图像排位

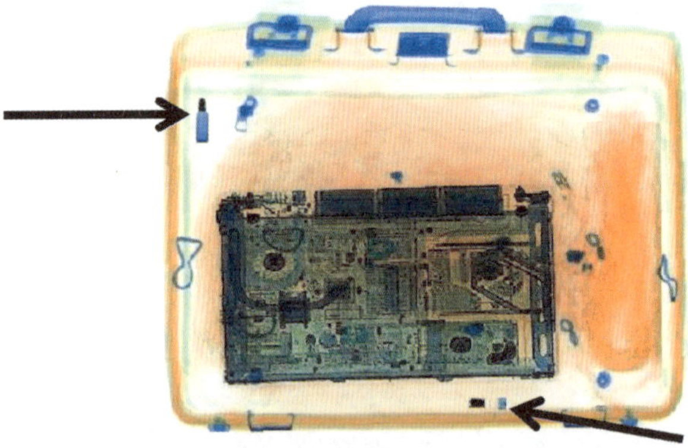

图 2—126 枪弹的 X 光图像颜色

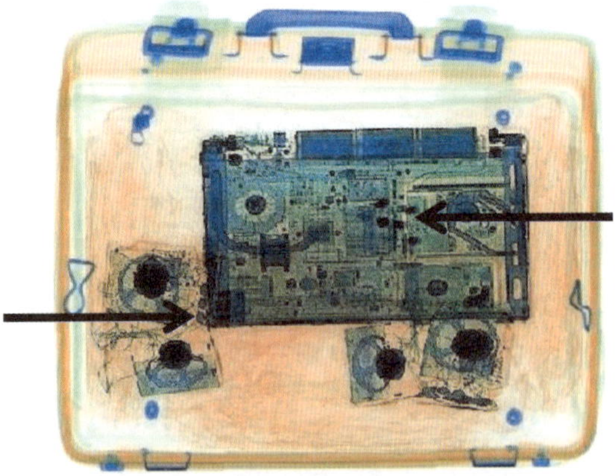

图 2—127 枪弹的 X 光图像密度 - 1

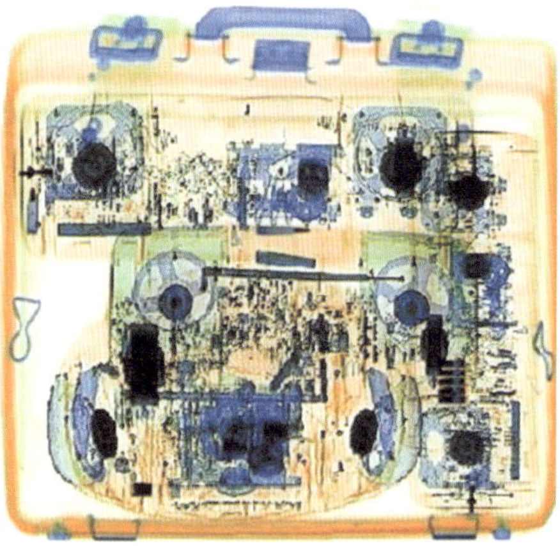

图 2—128　枪弹的 X 光图像密度 - 2

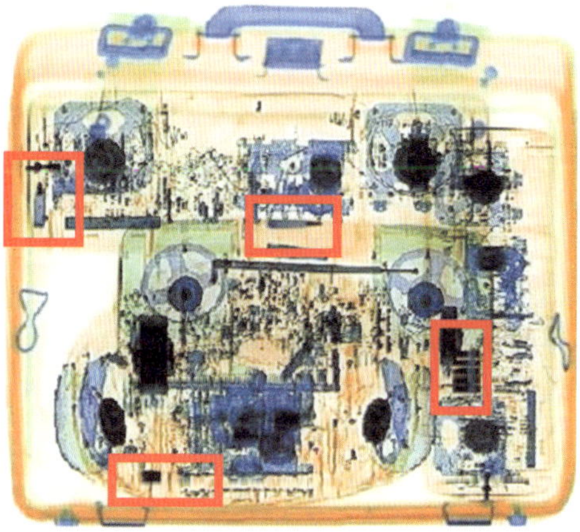

图 2—129　枪弹的 X 光图像密度 - 3

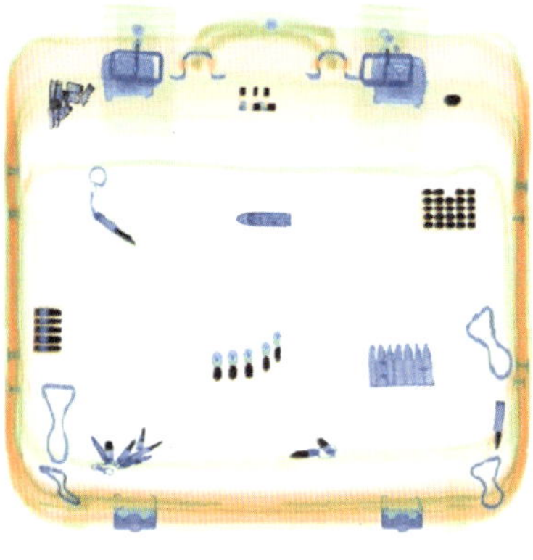

图 2—130　各种枪弹的 X 光图像 - 1

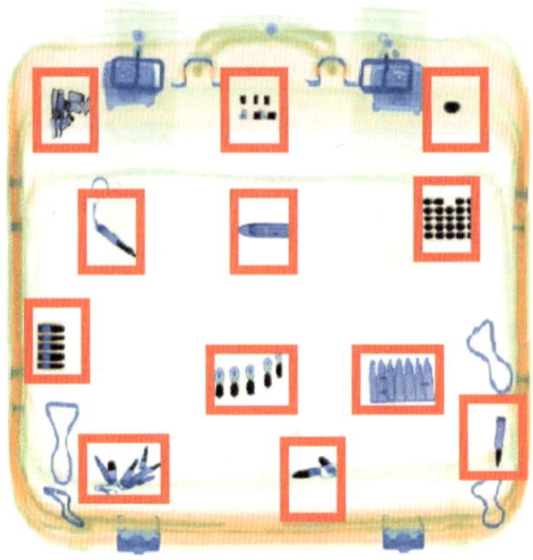

图 2—131　各种枪弹的 X 光图像 - 2

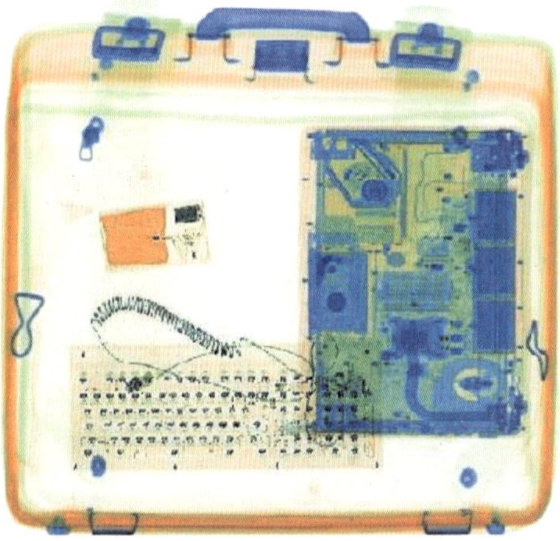

图 2—132　土制炸弹的 X 光图像形状

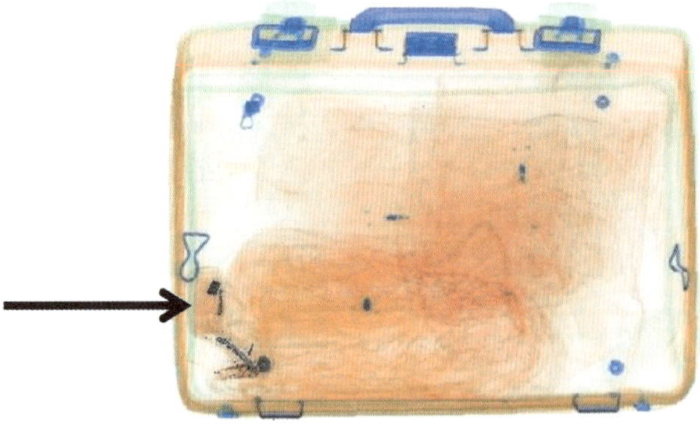

图 2—133　土制炸弹的 X 光图像排位

3）土制炸弹的颜色（见图2—134）

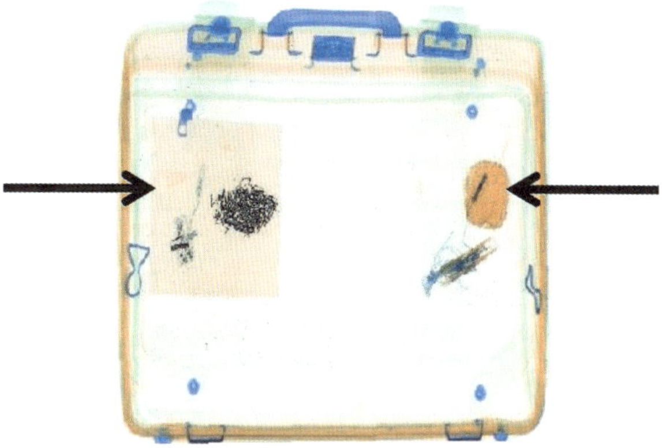

图2—134　土制炸弹的X光图像颜色

4）土制炸弹的密度（见图2—135和图2—136）

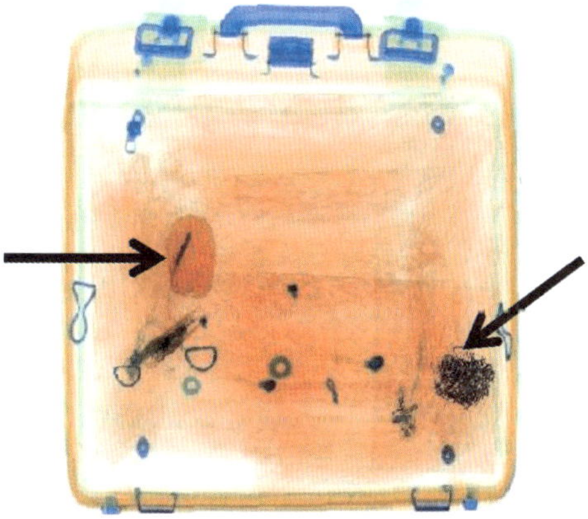

图2—135　土制炸弹的X光图像密度-1

5）土制炸弹的种类（见图2—137）

4. X光安检仪的三大状态

（1）没有威胁。箱包内没有查到任何武器或者爆炸装置的形状、尺寸和颜色，没有不可辨认的固体或者外轮廓，没有可疑的阴影，如图2—138所示。

采取的行动——把箱包归还受检者。没有威胁箱包的实例图示，如图2—139至图2—143所示。

（2）潜在的威胁。箱包内有潜在威胁的黑色不透明物体，外轮廓、阴影和颜色可能是有害的，可能装有液体或者粉末的容器，如图2—144所示。

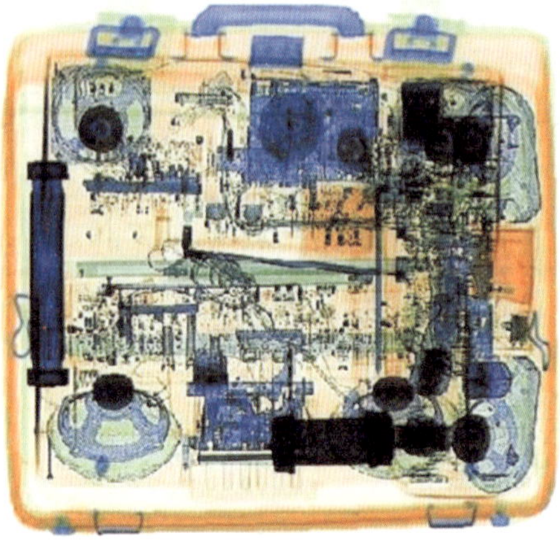

图 2—136 土制炸弹的 X 光图像密度 – 2

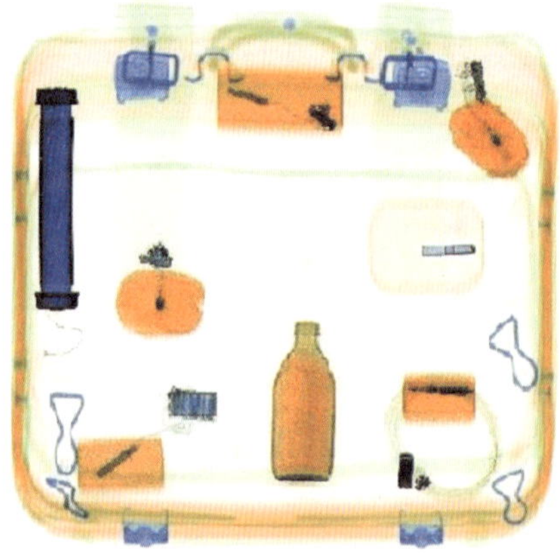

图 2—137 各种土制炸弹的 X 光图像

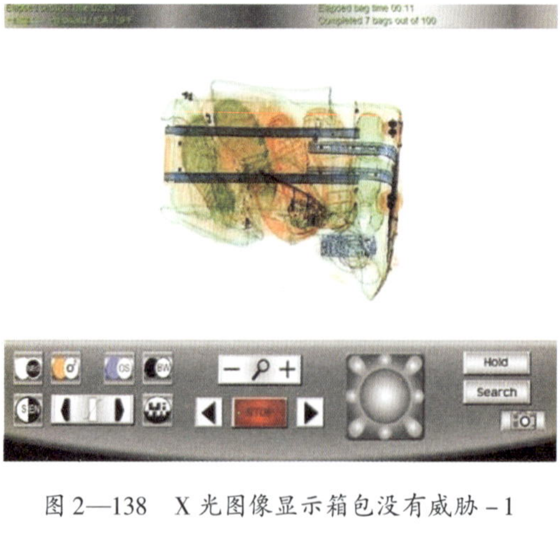

图 2—138 X 光图像显示箱包没有威胁 – 1

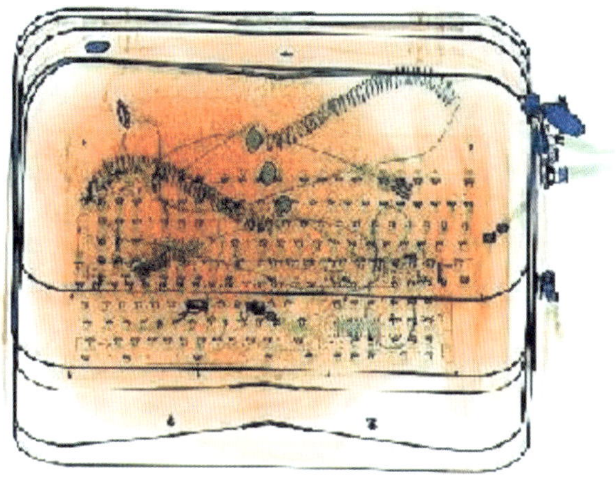

图 2—139　X 光图像显示箱包没有威胁－2

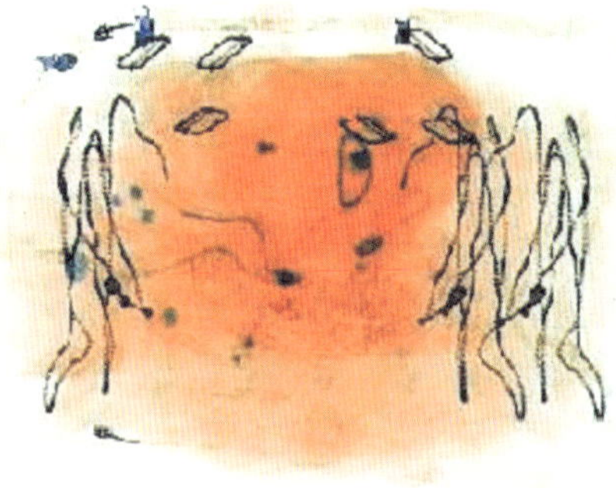

图 2—140　X 光图像显示箱包没有威胁－3

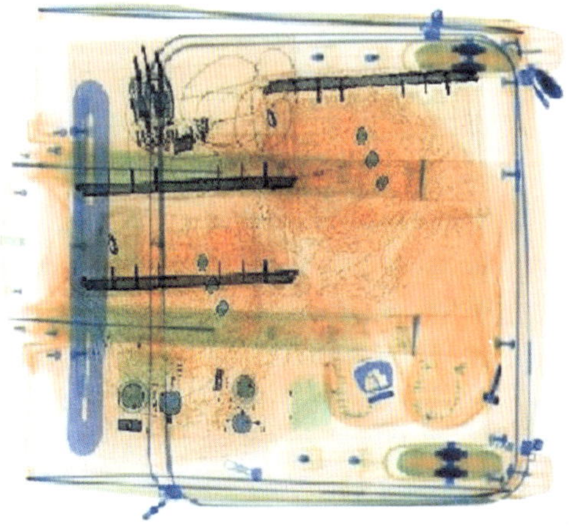

图 2—141　X 光图像显示箱包没有威胁－4

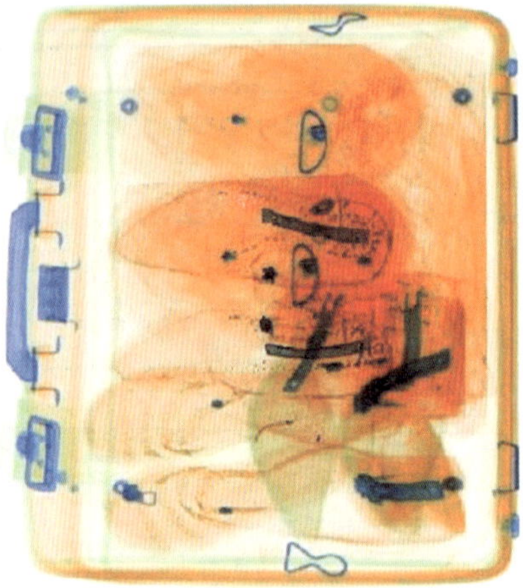

图 2—142　X 光图像显示箱包没有威胁－5

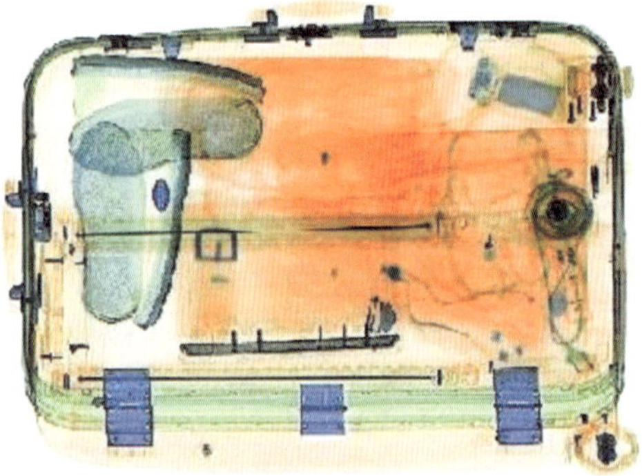

图 2—143　X 光图像显示箱包没有威胁－6

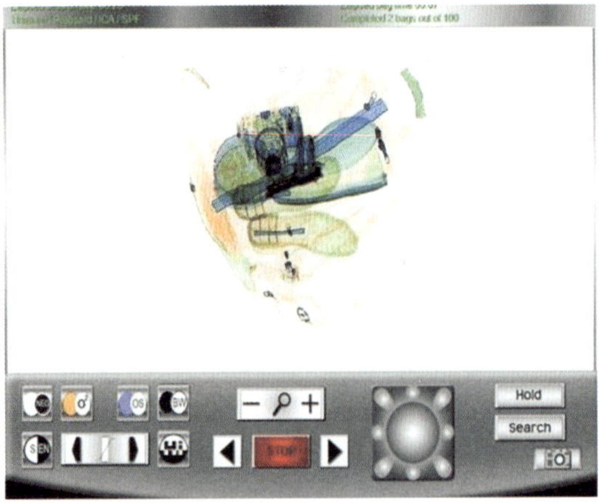

图 2—144　X 光图像显示箱包有潜在的威胁－1

采取的行动——请求局部性箱包搜查的许可。存在潜在威胁箱包的实例如图2—145至图2—149所示。

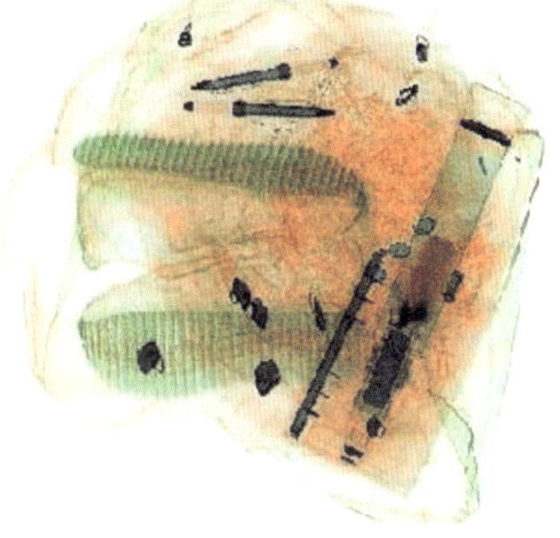

图2—145　X光图像显示箱包有潜在的威胁-2

图2—146　X光图像显示箱包有潜在的威胁-3

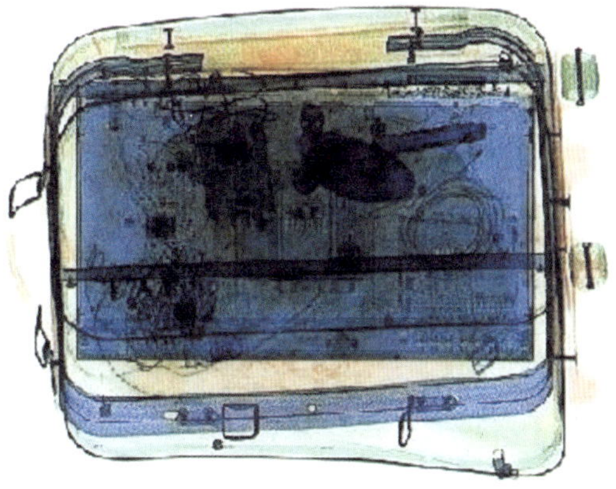

图2—147　X光图像显示箱包有潜在的威胁-4

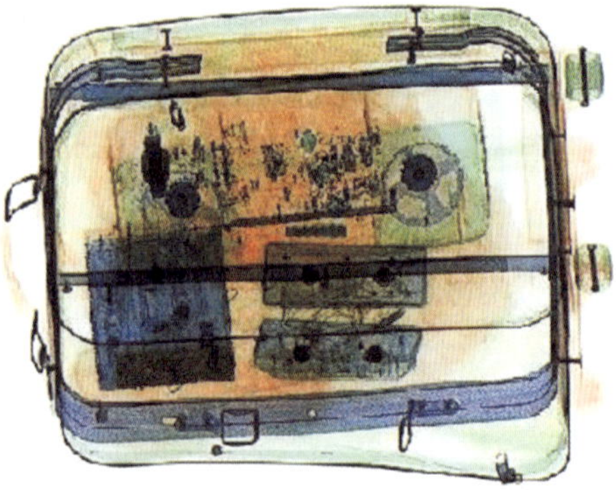

图 2—148　X 光图像显示箱包有潜在的威胁 - 5

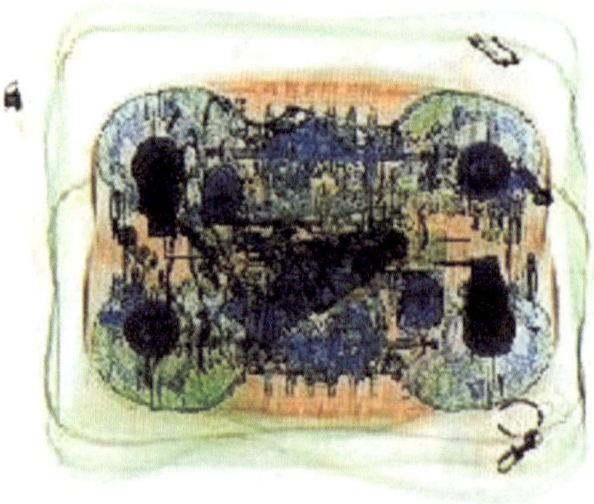

图 2—149　X 光图像显示箱包有潜在的威胁 - 6

（3）明显的威胁。箱包图像显示出清晰的外轮廓、阴影和颜色，明确提示有违禁物品，如图 2—150 所示。

图 2—150　X 光图像显示箱包有明显的威胁 - 1

采取的行动——扣留箱包并执行安检的程序来处理明显的威胁。存在明显威胁箱包的实例图示，如图2—151至图2—155所示。

图2—151　X光图像显示箱包有明显的威胁-2

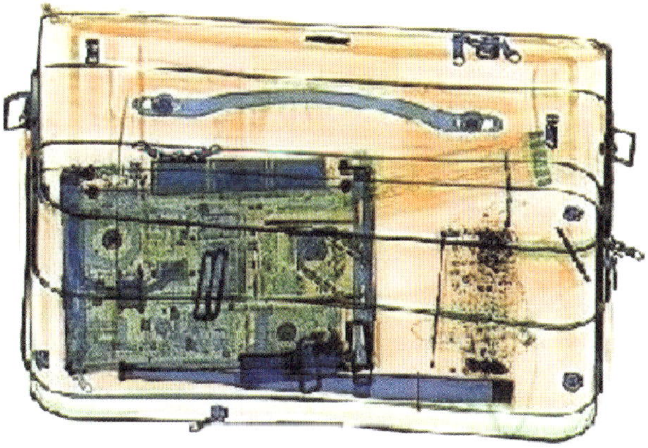

图2—152　X光图像显示箱包有明显的威胁-3

图2—153　X光图像显示箱包有明显的威胁-4

图2—154　X光图像显示箱包有明显的威胁-5

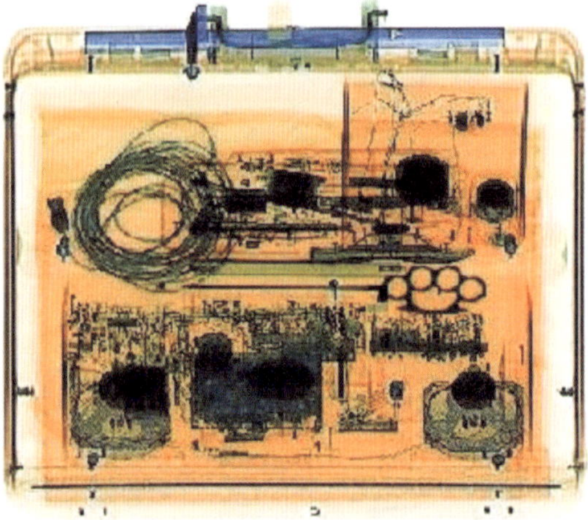

图 2—155　X 光图像显示箱包有明显的威胁 –6

2.6　危险液体检测仪

根据公安部颁布的《大型群众活动安全检查规范》规定，危险液体检测仪应在不打开包装的情况下，可实现液态物品安全检测；应能对玻璃、塑料、金属、陶瓷、软包装等各种常见包装材料中液态物品进行检测；应能对方形、圆形、椭圆形等常见形状包装的液态物品进行检测；应能对满瓶和不满瓶液态物质进行检测；应具备连续探测功能；应具有声光报警功能和不引起恐慌的隐蔽报警功能。

2.6.1　危险液体检测仪的原理

塑料/玻璃/陶瓷包装探测，利用不同物质的不同介电特性，将含有不同成分液体瓶置入两种频率的电场中后，探测其感应电场及感应电容等输出变化，以此判断液体是否危险。玻璃陶瓷塑料材质：壁厚不大于 5 mm；纸材质：壁厚不大于 0.5 mm。

金属包装探测，根据不同成分液体的导热性不同，通过从加热电源接通之时开始测量，得到温升对时间的函数，由此得出试样材料的导热系数。铝/铁等金属材质：壁厚不大于 0.2 mm。

以上两种探测方式均为非侵入式安全检查技术，所产生的误报、漏报率比其他低，对常见的各种饮用、医用、个人用液体有较好的分辨能力。同时该检测方法不产生磁场及强电场，无须打开包装接触被测液体，即可实现安全检查。

试验样瓶　Sampling Bottle

玻璃样瓶（Glass）：容量500 mL，直径82.5 mm，壁厚5 mm。

塑料样瓶（Plastic）：容量500 mL，直径78 mm，壁厚1 mm。

铝（金属）样瓶（Aluminum）：容量500 mL，直径74 mm，壁厚0.2 mm。

2.6.2　危险液体检测仪的功能

危险液体检测仪有台式危险液体检测仪（见图2—156）和便携式危险液体检测仪（见图2—157）两种。

图2—156　台式危险液体检测仪

图2　157　便携式危险液体检测仪

台式危险液体检测仪能够提供自动计数功能，对接受检测的每一件液态物品及报警液态物品分别进行计数；能够提供操作人员身份认证功能，能够通过密码验证来限制设备被非授权使用人员操作；能够提供液体检测结果存储及检索功能，存储量应不少于10 000次检测；能够检测的液态物品最大外形尺寸为高度不低于320 mm，直径不低于150 mm；开机（预热）时间不超过10 s；单件液态物品检测时间不超过10 s；对常见安全液体的误报率不高于10%；采用射线检测技术的检测装置距离装置外表面5 cm处X光泄漏射线剂量率不大于1 μGy/h。针对客流密度大的领域，台式危险液体检测仪具有检测精度高、可靠性高等优点，可以检测封闭的塑料/玻璃/陶瓷/纸质容器和金属容器中的易燃/易爆液体，且无须打开容器，安全卫生，检测速度快，适合人流量较大的场合使用。

危险液体检测仪可检测液体包括：汽油、煤油、柴油、苯、乙醇（浓度为70%及以上）、油漆、油漆稀料、香蕉水、硝基甲烷、1，2－二氯乙烷、甲苯、二甲苯、硝基苯、丙酮、甲醇、乙醛（40%）、无水乙醚、二硫化碳、环氧丙烷、异丙醇、正戊烷、正庚烷、异丙醚、正丙醇、乙二醇、松节油、乙酸、油酸。

2.6.3 危险液体检测仪的基本操作

1. 开启位于后部面板的电源开关以启动仪器。

2. 等待系统启动完毕，显示主界面及准备检测字样，说明设备已自检。

3. 将塑料/玻璃/陶瓷/纸质包装放入左侧检测区域，样品应紧贴探测器。样品内的样品液体应超过所有检测点。操作中，样瓶应平稳地放置于检测区域内，放置后手应迅速离开检测区域，以得到正确的测试结果。

4. 将金属包装放入右侧检测区域，样瓶应紧贴探测器。样瓶内的样品液体应超过探测器所在高度。操作中，样瓶应稳定地置于检测区域内，放置后手应迅速离开样瓶，以得到正确的测试结果。

5. 等待黄色指示灯亮起，示意正在检测中。

6. 检测结果：绿色指示灯亮起，表示样品液体是安全的；红色指示灯亮起并伴有蜂鸣声，表示样品液体是危险的。

7. 如果设置为自动复位，将样品从检测区域上取走，系统将记录检测时间、结果及类型，并等待下一次检测。如果设置为手动复位，并产生报警，需要先将液体取走，并按后部面板的复位开关，才能进入下一次检测。

2.6.4 设置、自检及关闭按钮

点击“设置”按钮，系统弹出设置界面对话框。

点击“自检”按钮，系统自动进行校验流程。

点击“关闭”按钮，系统关闭软件，返回 WINCE® 系统，如图 2—158 所示。

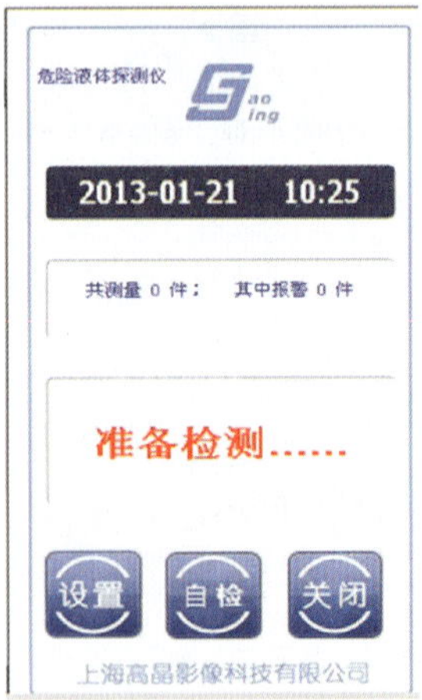

图 2—158 危险液体检测仪的自检

2.6.5 安全使用危险液体检测仪

为了安全地使用危险液体检测仪，必须注意如下要点：

——外置电源使用 100～240 V 电压；

——如发生任何异常，如样品液体泄漏入设备，冒烟

或有异味时，请立即切断电源并拔出插头；

——请勿弄湿设备，如设备或样品是湿的，请擦干后再测试；

——请勿往设备中插入其他物品，易引起短路；

——请勿私自拆卸设备；

——在设备维护期间或长时间不用时，请拔出插头。

2.7　爆炸物/毒品检测仪

爆炸物/毒品检测仪，能准确识别炸药和毒品的种类并以图谱、文字方式发出声光报警信号，用于探测室内外爆炸物及毒品等。

2.7.1　爆炸物和定时器

1. 爆炸物

爆炸物泛指能够引起爆炸物质现象的物品，如炸药、雷管、黑火药等，如图2—159所示。我国对爆炸物实施严格管制，并规定严禁携带爆炸物出入公共场所、车辆等公共地点。

图 2—159　各类爆炸物样本

犯罪分子最常使用的爆炸物，如图 2—160 所示。

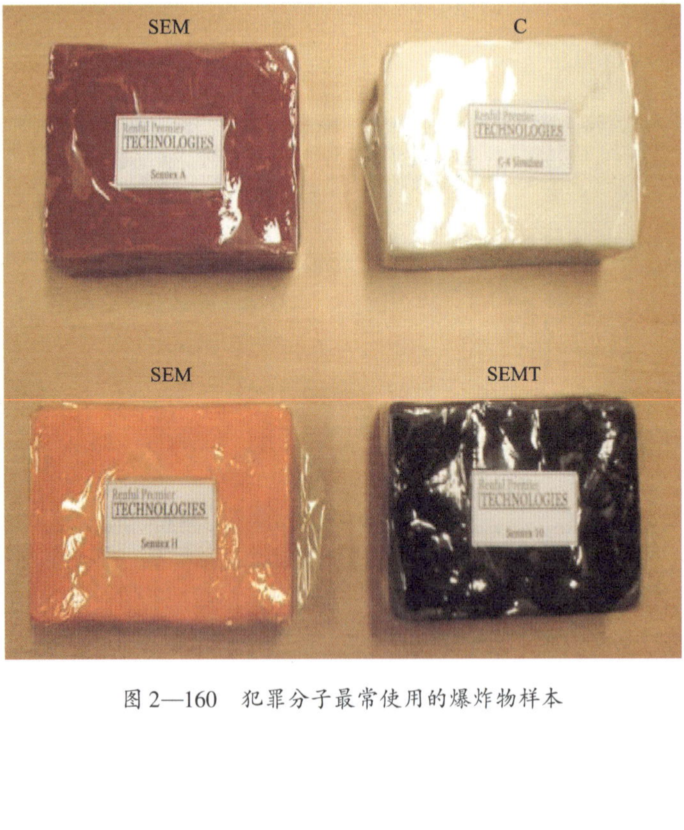

图 2—160　犯罪分子最常使用的爆炸物样本

2. 各类爆炸装置

（1）书本爆炸装置（见图 2—161）

图 2—161　书本爆炸装置

（2）香烟盒爆炸装置（见图 2—162）

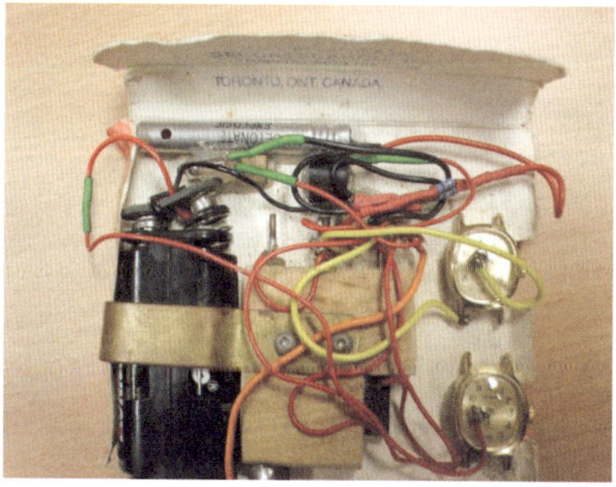

图 2—162　香烟盒爆炸装置

（3）光碟盒爆炸装置（见图 2—163）

3. 雷管（见图 2—164）

4. 定时器（见图 2—165）

2.7.2　炸药毒品检测仪的工作原理

炸药毒品检测仪的工作原理，如图 2—166 所示。

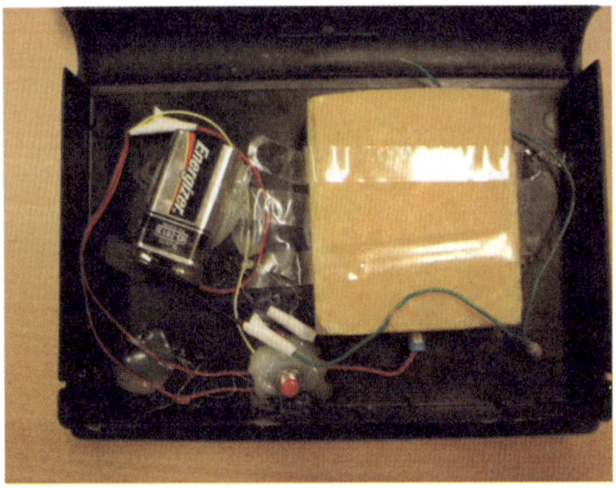

图 2—163　光碟盒爆炸装置

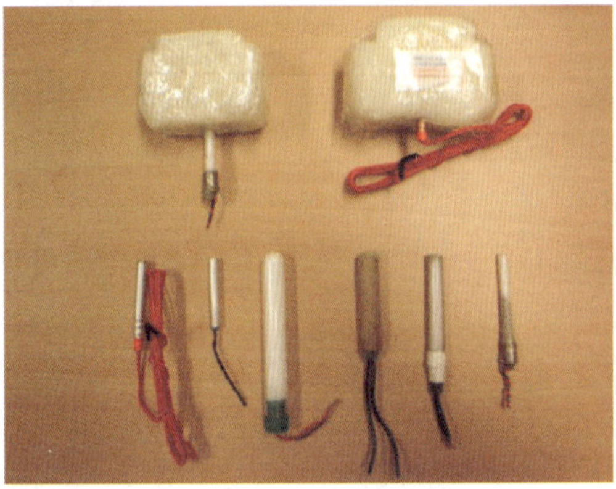

图 2—164　各类雷管

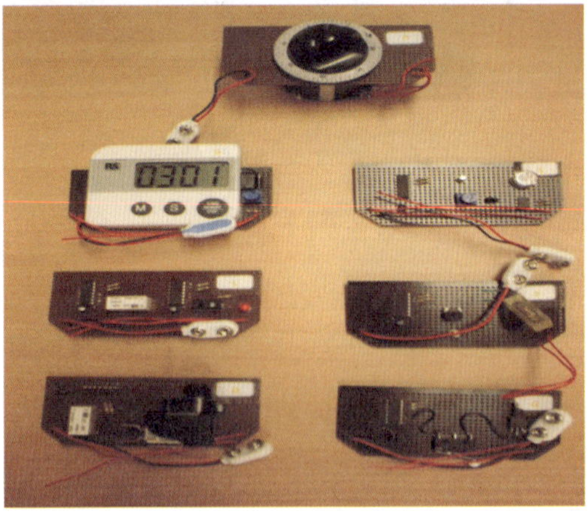

图 2—165　各类定时器

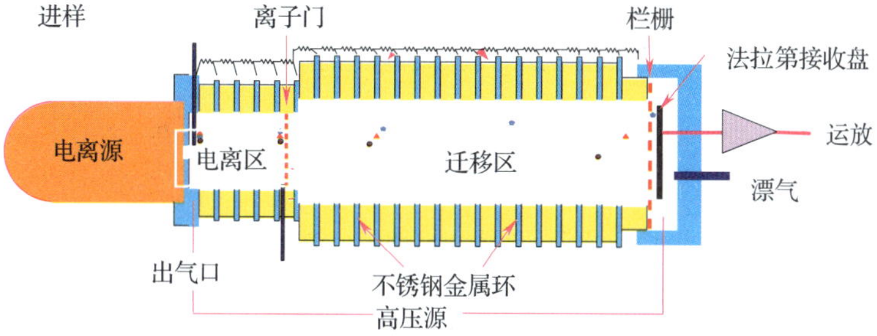

图 2—166　炸药毒品检测仪结构

不同样品分子由进样系统高温热解析后，经由进样通道进入离子迁移谱的离子迁移管电离区被电离源电离，由中性分子变成了离子；然后这些离子通过周期性开启的离子门进入离子迁移区，到达法拉第接收盘，转变成电流信号，此电流信号经运算放大器放大后，送到数据采集处理系统，此信号就是离子迁移谱检测信号。

不同样品分子形成离子的质量和所带电荷数的比值（质荷比）不同，所以在离子迁移区（恒定电场区）的运动速率也不同，进而到达接收盘的迁移时间也不相等。离子迁移谱利用这个迁移时间的差异来鉴别目标样品种类。

在大气压条件下，弱电场中离子的运动速度正比于电场强度。

2.7.3　炸药毒品检测仪的功能、性能指标和构造

1. 炸药毒品检测仪的功能

（1）独有的黑火药纳克级检测性能，包括烟花爆竹、民用土制炸药等检测分析快速，2 s 内检测结果正、负双模式，可检测爆炸物和毒品。

（2）一键式检测，操作简单。

（3）系统具有自清洗功能，可对仪器系统内部进行清洁净化。

（4）不含放射性源真空紫外光电离源，能同时准确分析出爆炸物和毒品成分。

（5）存储功能，具有良好的数据传输和控制功能。

2. 炸药毒品检测仪的性能指标

炸药毒品检测仪的性能指标见表 2—1。

表 2—1　　炸药毒品检测仪的性能指标

采用技术	光电离高分辨离子迁移谱
可检测种类	爆炸物类：各种军用、民用和土制炸药等，如黑火药（Black Powder）、TATP、硝酸铵（AN）、梯恩梯（TNT）、二硝基甲苯（DNT）、三硝基苯甲硝胺（Tetryl）、泰安（PETN）、无烟火药（Gun Power）、NG 炸药、黑索金（RDX）、Semtex 炸药、C4 等； 毒品类：可卡因、海洛因、吗啡、安非他明、四氢大麻酚、脱氢麻黄碱冰毒、摇头丸等； 并可根据需要添加新样本
采样方式	痕量颗粒吸附和试纸擦拭取样
灵敏度	ng 级
报警方式	声讯 + 显示屏信息
分析时间	≤2 s
预热时间	<20 min

3. 炸药毒品检测仪的构造

炸药毒品检测仪的构造，如图 2—167 至图 2—170 所示。

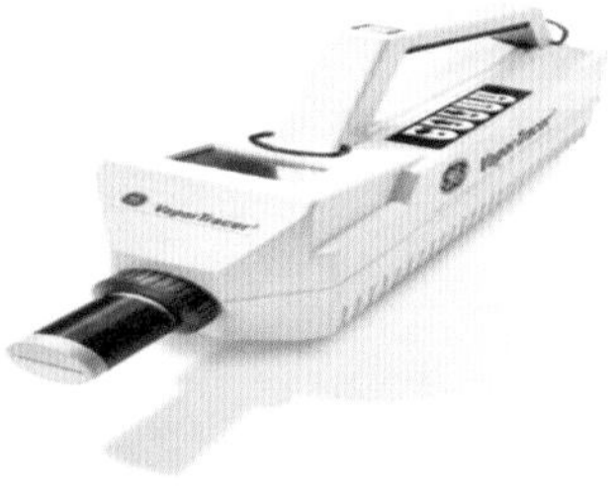

图 2—167　炸药毒品检测仪

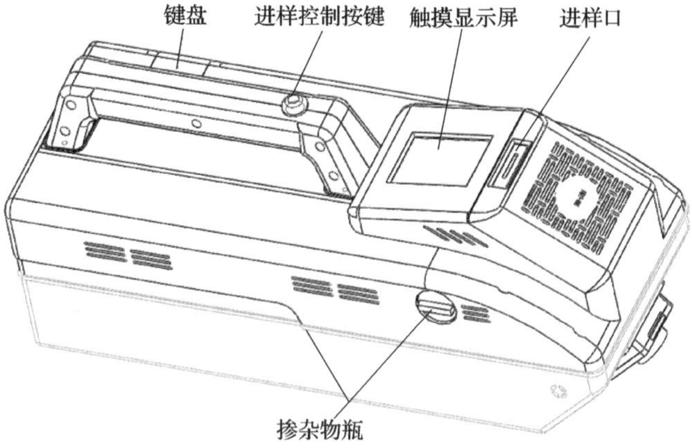

图 2—168　炸药毒品检测仪的构造 - 1

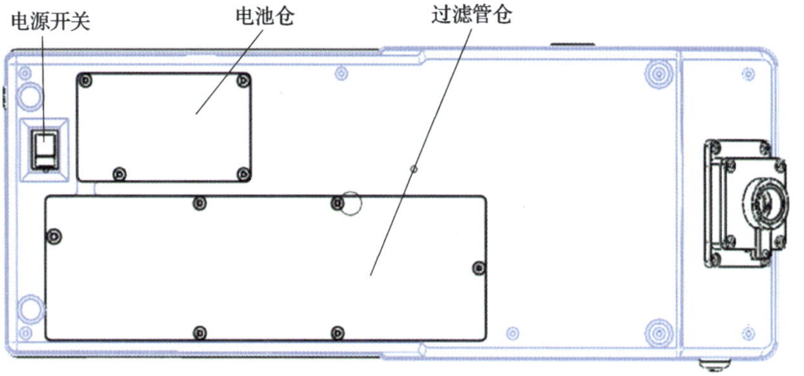

图 2—169　炸药毒品检测仪的构造 - 2

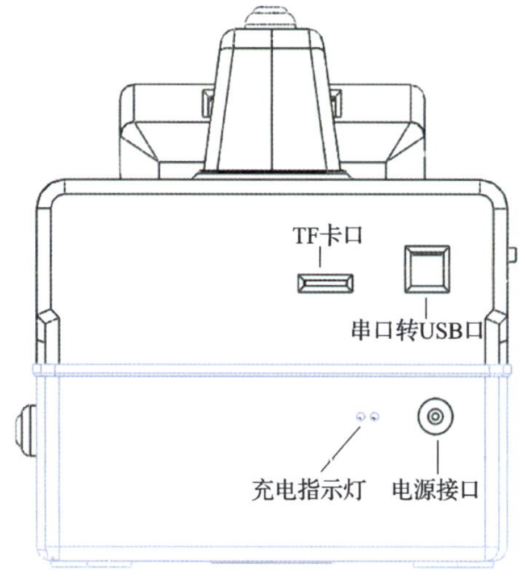

图 2—170　炸药毒品检测仪的构造 - 3

2.7.4　炸药毒品检测仪的基本操作

1．开机

手动按下仪器底板电源开关键至“O”位置，系统自动进入启动界面。

显示屏显示控制系统界面。

当系统进入控制系统界面后，仪器进入预热状态，如图 2—171 所示。

2．分析模式

单击触摸屏上的“实时图谱”，进入检测界面。

分析模式分为“检测”和“实时”两种模式。

3. 检测模式

点击终端界面的“检测”按钮，采集背景反应离子峰。

点击终端界面的“检测”按钮，将空白耐高温采样薄片插入进样器入口，连续进行两次以上的检测，未发出警报，说明采样薄片清洁可用，如图 2—172 所示。

图 2—171　炸药毒品检测仪控制系统界面

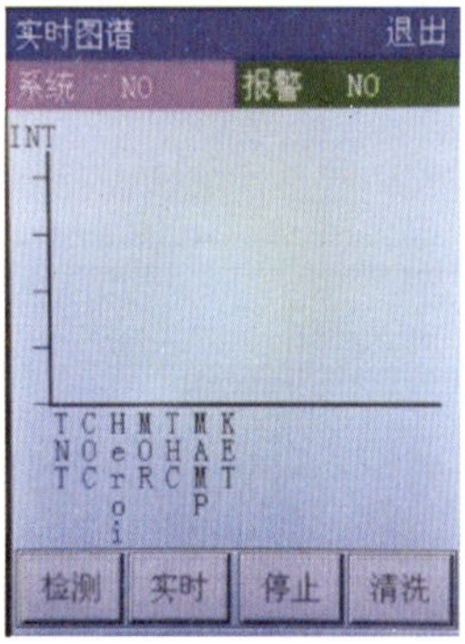

图 2—172　炸药毒品检测仪检测实时图谱

4. 安全标识（见表 2—2）

表 2—2　安全标识

	警告！ 表示：不正确使用或操作会对人身造成伤害或对仪器造成重大损害。
	小心！ 表示：不正确使用或操作会降低仪器性能，甚至使仪器不能正常工作。
	注意！ 表示：使用或操作中需注意的事项，以及提供问题的解决方法。

2.7.5　炸药毒品检测仪的安全使用

为确保安全使用该仪器，请按照以下安全指导说明进行操作：

1. 接通电源前，确保电源线使用正确。

2. 通电后，观察电源供电指示灯是否指示仪器正常供电（电源供电指示灯亮，表明仪器正常供电）。

3. 为避免人身伤害，请勿在仪器外壳开启或面板移开的情况下对仪器进行任何操作。

4. 未经研制单位授权，切勿对仪器进行维修。

5. 自行打开机盖维修仪器，可能导致仪器供电线路断开、仪器信号中断或是对操作人员造成触电、烫伤等严重伤害。

2.8 其他安检设备和器材

2.8.1 车底安全检查设备

1. 自动车底安全检查扫描系统

自动车底安全检查扫描系统主要检查各类汽车底部，能够快速准确地检测藏匿在车底的爆炸物、武器、可疑物品、违禁品等，比传统的方法（如手持镜等）更快更准确地识别，大大提高了对车辆底部的检测速度，同时也减少了人力、物力的投入。该系统利用先进的计算机技术图像学原理使车辆底部图像一览无余，能够防止危险车辆进入，防患于未然。

2. 车底视频检查镜

车底视频检查镜可快速清晰地检查各种车辆底盘，自带光源，不受外在光线的限制，配有高分辨率彩色摄像机，为使用者提供清晰可靠的图像。可分离的 LCD 视频系统，使操作更加灵活，只需一人操作即可检查出车底是否藏有武器、危险品及其他违禁物品，如图 2—173 所示。

3. 伸缩臂检测镜

伸缩臂检测镜主要适用于检查人员难以直接查看的部位。如：车底、竖井、地下、屋顶、灯池、顶棚、吊灯等。通过调节镜面角度来查看任何部位，伸缩杆长度可在 1 ~ 3 m 之间任意调节。其特有的 LED 强光照明可确保在黑暗的环境中正常使用。

4. 手持车底光学检查镜

手持车底光学检查镜由一个伸缩柄和一片安装在脚轮上的观察镜组成。其大凸面镜（330 × 265mm）扩大了视野，节能荧光灯增加了亮度，双位开关适合于持续使用或短暂搜查，如图 2—174 所示。

图 2—173　车底视频检查镜

图 2—174　手持车底光学检查镜

2.8.2　场地安检设备

主要工作内容为检查活动场馆的建筑物、广场、庭院的公共设施内的爆炸物品、危险物品等。室内安检范围包括：门窗、顶棚、电源灯具、橱柜、水管等地点。室外安检范围包括：广场、庭院、花坛、草地、假山、树木、道路等一切设施。

场地安检主要设备器材有：节点探测器、伸缩臂镜。节点探测器用于探测隐藏的电子类引爆、窃听和其他危险装置，用于检查墙壁、门窗等地方。伸缩臂镜用于检查顶棚、橱柜等地方，如图 2—175 和图 2—176 所示。

图 2—175　节点探测器

图 2—176　伸缩臂镜

2.8.3　鞋底探测器

鞋底探测器用于自动检测鞋子及身体较低的部位有无爆炸装置及危险物品，能够简单、方便、安全、快速、可靠有效地发现有无金属物质（爆炸装置及危险品），如图 2—177 所示。

图 2—177　鞋底探测器

2.8.4　整车检查系统

整车检查系统用于大型集装箱的安全检测。多功能安检车整车系统可以携带多个安检门和小型 X 光机器，增加了安检的机动性和灵活性，主要应用于临时安检和应急安检，如图 2—178 和图 2—179 所示。

图 2—178　整车检查系统

2.8.5　防爆器材

1. 防爆毯

防爆毯可有效防护爆炸物产生的冲击波和碎片，可以避免或减轻对周围人员、贵重仪器、文物档案和特殊公共场所的损坏，主要用于临时隔离爆炸物、临时储存及处

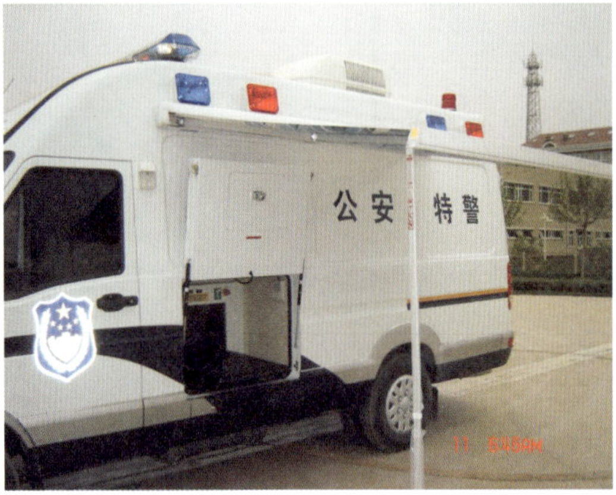

图 2—179 多功能安检车

置爆炸物品，是公安、武警、民航、铁路、港口、海关、比赛场馆等防爆安全检查部门必备的装备。防爆毯使用凯芙拉纤维，具有质轻、携带方便、操作简单、抗爆性强等特点，可与防爆罐配套使用，如图 2—180 所示。

2. 防爆罐

防爆罐是一种用于盛放爆炸装置的器材，并可以弱化爆炸装置的爆炸威力达到保护人员和财物的目的。由三重结构（外罐、花罐、填充层），四种抗爆材料（特种抗爆、抗老化、耐火抗爆胶、特制蓬松层）组合而成，外包不锈钢，上有抗爆盖，如图 2—181 所示。

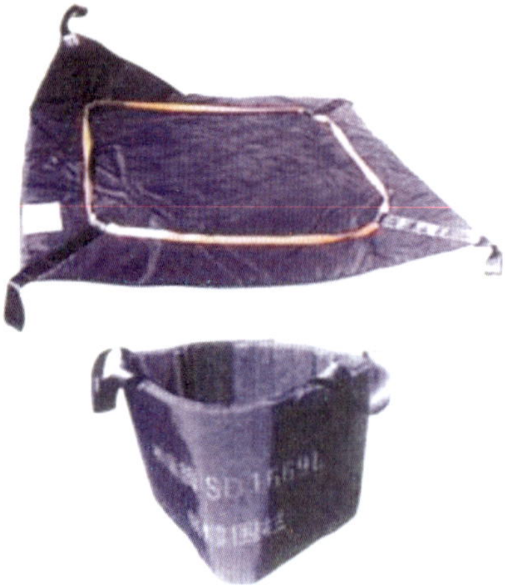

图 2—180 防爆毯

图 2—181 防爆罐

本章测试题

一、判断题（将判断结果填入括号中。正确的填“√”，错误的填“×”）

1. 金属武器探测门能够检查出一切具有一定重量金属成分的物品，包括磁性金属材料和非磁性金属材料。（ ）

2. 利用安全门对金属物品发生报警，探测通过安全门的人员是否随身携带枪支、子弹、管制刀具以及其他金属性危险物品。（ ）

3. 当手持金属探测器接近金属物品时，探测器发出红色光线，以提示探测器操作人员。（ ）

4. 手持金属探测器由机身部分、环形部分和报警部分三部分组成。（ ）

5. X光安检仪主要用于机场、车站、码头等重要场所的入口处，用于检测行李中的违禁物品，能够高效率、高质量地完成安全检查任务。（ ）

6. X光安检仪主要用于检测行李中的违禁物品，能够高效率、高质量地完成安全检查任务。（ ）

7. X光安检仪由通道、机柜、控制台、传送带、工业电源五大部分组成。（ ）

8. X光安检仪的控制台，包含键盘部件、监视器部件等。（ ）

9. 当物品刚进入X光安检仪通道时，X光就开始发射，对物品进行扫描，形成X光图像。（ ）

10. 当物品进入X光安检仪通道并遮住光障，X光开始发射，对物品进行扫描，然后形成X光图像，该图像在显示器屏幕上卷出。（ ）

11. X光安检仪在下一个物品进入通道之前，该物品图像即保留在显示器屏幕上。（ ）

12. X光安检仪在物品刚进入通道，该物品图像即保留在显示器屏幕上。（ ）

13. X光安检仪关机程序：逆时针旋转钥匙开关中的钥匙，或按下紧急停止按钮即可关机。（ ）

14. X光安检仪关机后，所有的指示灯应熄灭，注意不要有物品留在通道内。将键盘锁好，取下钥匙。（ ）

15. 车底安全检查扫描系统，主要检查各类汽车底部，能够快速准确地检测藏匿在车底的爆炸物、武器、可疑物品、违禁品等。（ ）

16. 车底安全检查扫描系统，比传统的方法（如手持镜等）更快更准确的识别，

大大提高了对车辆底部的检测速度，同时也减少了人力、物力的投入。 （ ）

17. 室内安检范围包括：门窗、顶棚、电源灯具、橱柜、水管等地点。 （ ）

18. 室外安检范围包括：广场、庭院、花坛、草地、假山、道路等一切设施。 （ ）

19. 鞋底探测器用于自动检测鞋及身体较低的部位有无爆炸装置及危险物品，简单、方便、安全、快速、可靠有效。 （ ）

20. 鞋底探测器能简单方便、安全有效、快速可靠地发现有无爆炸装置及危险品。 （ ）

21. 防爆毯可有效防护爆炸物产生的冲击波和碎片，可以避免或减轻对周围人员、贵重仪器、文物档案和特殊公共场所的损坏。 （ ）

22. 防爆罐是一种用于盛放爆炸装置的器材，并可以弱化爆炸装置的爆炸威力达到保护人员和财物的目的。 （ ）

23. 在每个工作日的开始安检人员必须澄清任何的疑问，如果有问题应及时向主管人员汇报。 （ ）

24. 安检人员必须确保工作区域清洁，无任何危险，例如没有水洼、裸露的电线等。 （ ）

25. 安检人员必须在领取手持式金属探测器的同时对其进行检测，以保证不浪费时间和资源。 （ ）

26. 手持式金属探测器显示微弱或者无警报发出可能意味着需要更换电池。 （ ）

27. 所有安检设备必须进行检测，以确保其处于正常的工作状态。 （ ）

28. 手持式金属探测器和金属探测门的工作原理是一样的。 （ ）

29. 手持式金属探测器对厚重及折叠的衣物无效。 （ ）

30. 在使用手持式金属探测器进行安检之前，安检人员不需要向受检者解释程序及得到其许可。 （ ）

31. 手持式金属探测器扫描程序分为以下三个阶段：①身体的轮廓（身体的外部）；②身体的前部；③身体的后部。 （ ）

32. 手持式金属探测器产生的磁场是不均匀的，因此，首次使用手持式金属探测器时，最好能找到其最佳的磁力区。 （ ）

33. 在扫描受检者之前，必须通过扫描已知的金属物品来测试手持式金属探测器。 （ ）

34. 在使用手持式金属探测器时，以顺时针方向进行扫描。（　）

35. 保持手持式金属探测器平行于身体，从头部到脚部，以5～8 cm宽度的带状上下扫描。（　）

36. 手持式金属探测器被安检人员和执法人员使用于非接触式的搜身检查，以发现被嫌犯藏匿的金属物品和武器。（　）

37. 金属探测门会在其门板之间产生一个强大的磁场。（　）

38. 许多金属探测门的密闭面板内都有校准按钮，安检人员能够自行的打开面板并改变按钮的设置。（　）

39. 在开始安检工作前，必须检测金属探测门是否有任何异常的现象。（　）

40. 如果电源出现问题，必须在继续扫描前再次检测金属探测门。（　）

41. 金属探测门对无害金属物品比较敏感，因此可能很容易引发假警报。（　）

42. 安检人员应避免受检者太靠近金属探测门，以免造成错误的判断。（　）

43. 如果金属探测门有警报响起，则要求受检者接受手持式金属探测器的检查。（　）

44. 人身检查的目的，是为了发现受检者身上藏匿的危险、违禁物品，保障交通运输工具和特定场所及活动等的安全。（　）

45. 人身检查必须实行“动作不重复，无遗漏”的原则。（　）

46. 一般来说，对女性实施人身安检时应由女安检人员进行。（　）

47. 安全门的测试常采用六点式的测法，顺序为左下→左中→左上→右上→右中→右下。（　）

48. 在对手持金属探测器测试前，必须先将灵敏度调节至安检要求的程度。（　）

49. 在现场安检工作中，通常采用仪器与手工相结合的检查方法，如仪器发生故障时，可能需要进行纯手工检查。（　）

50. 在现场安检工作中，如仪器发生故障，通常的做法是立即维修安检仪，等待安检仪恢复正常工作后，继续进行安检。（　）

51. 人身前半身检查的部分程序：从右前衣领→左前衣领→领带→（衬衣）前衣襟→右肩→右臂外侧→右手→右臂内侧→腋下→右上身外侧→右前胸、腹→外衣右前衣襟→……（　）

52. 人身检查时，安检人员非执手探之手应配合手探的行进，作摸、按、捏等动作，以感觉受检者身上是否有携带非金属危险品或违禁品或判明报警物质性质。（　）

53. 人身检查报警时，安检人员要求受检者将报警物品从身上取出，然后对报警物品进行检查，确认无危险品后方可过关。 ( )

54. 人身检查时，当检查到脚部有异常时，应请受检者脱鞋接受检查。用手握住其脚踝判别是否藏有物品，确定其袜中是否夹带物品，检查完毕，将受检者的鞋置于X光安检仪中进行检查，确认无问题后放行。 ( )

55. 人身检查时，当检查到脚部有异常时，安检人员应用手握住其脚踝判别是否藏有物品，确定其袜中是否夹带物品，确认无问题后放行。 ( )

56. 头部、胸部、裆部、腰部、鞋和腰带等，是人身检查的重点部位。 ( )

57. 人身检查的重点部位包括：头发、手臂、胸部、臀部、腋下、腹部、衣领等。 ( )

58. 纯手工人身检查时，若着装较多时，可请受检者解开外衣，对外衣也必须进行认真的检查。 ( )

59. 手工人身检查时，若受检者着装较多时，可请受检者解开外衣，用眼睛观察进行检查。 ( )

60. 表现不耐烦、催促检查或者言行蛮横、不愿接受检查者，应该是人身检查的重点对象。 ( )

61. 上级或有关部门通报的来自恐怖活动频繁的国家和地区的人员，应该是人身检查的重点对象。 ( )

62. 冒充熟人、假献殷勤、接受检查过于热情者，不一定是人身检查的重点对象。 ( )

63. 着装与其身份不相符或不合时令者，不一定是人身检查的重点对象。 ( )

64. 对查获的枪支、弹药、管制刀具、易燃易爆物品等违禁品，安检人员交由带班领导进行处理。 ( )

65. 对查获的枪支、弹药、管制刀具、易燃易爆物品等违禁品，安检人员可作暂扣处理。 ( )

66. 开始搜身检查之前，如果受检者是异性，找另一名异性安检人员来执行。 ( )

67. 询问受检者，其是否携带任何锋利或者尖锐的物品。 ( )

68. 受检者无须脱下所有厚重的大衣，外套或者帽子并送交X光安检仪扫描。 ( )

69. 在搜查过程中让托盘处于受检者的视野范围内 ，以避免不必要的误会。 ( )

70．执行人工检查前，要求受检者将其手臂往两侧伸展开，并以两脚分开的姿势站立。 （ ）

71．局部性搜身检查的程序是只搜查触发金属探测器警报的部位。 （ ）

72．安检人员应用手和手指环绕受检者的左手臂，然后顺着手臂移至手腕。 （ ）

73．女性受检者需要交由女性安检人员来搜查。 （ ）

74．在大多数情况下，是不需要要求受检者脱去其鞋的。 （ ）

75．全身性搜身检查的程序：对于女性的裙子，向下移至裙子的底部。 （ ）

76．在搜身时顺着背部，从肩膀向下移动到腰部。 （ ）

77．在搜查箱包时，让箱包的位置朝向安检人员，避免箱包内的物品暴露于公众的视线范围内。 （ ）

78．在搜查箱包前，无须查看可疑区域或物品的X光扫描图像。 （ ）

79．箱包内如果有衣服，展开并挤压它们。 （ ）

80．犯罪物品会被藏匿在不太可能被搜查到的对象里，例如毛绒玩具。 （ ）

81．大多数包裹炸弹都带有触控装置，在打开包装时即会引爆炸弹。如果怀疑其为炸弹，切勿打开，请寻求援助。 （ ）

82．当X光安检仪值机员在箱包检查显示的图像中，发现有可疑物品时，必须征得受检者同意后，方可开箱包检查。 （ ）

83．用X光安检仪检查时，若有图像模糊不清无法判断物品性质的，应确定其为开箱包检查的重点对象。 （ ）

84．受检者特别小心或时刻不离身的物品，不一定是开箱包检查的重点对象。 （ ）

85．受检者声明不能用X光安检仪检查的物品，应该作为开箱包检查的重点对象。 （ ）

86．受检者声称是帮他人携带或来历不明的物品，应该作为开箱包检查的重点对象。 （ ）

87．开箱包检查的注意事项之一是：箱包安检人员站立在X光安检仪行李传送带出口处疏导箱包，避免过检箱包被挤、压、摔倒。 （ ）

88．当有箱包需要开检时，值机员给箱包安检人员以语言提示，在物主到达前，箱包安检人员控制住需开检的箱包。待物主到达后，箱包安检人员请物主自行打开箱包，对箱包实施检查。 （ ）

89. 箱包安检人员将检查出的物品请值机员复核。如仍有疑问则对箱包进行 X 光安检仪复检，若为违禁品则移交带班领导处理。（　）

90. 开箱包检查时，开启的箱包应侧对物主，使其能通视自己的物品。（　）

91. 开箱包检查的程序之一是：检查内层和夹层，用手沿箱包的各个侧面上下摸查，将所有的夹层、底层和内层小口袋检查一遍。（　）

92. 开箱包检查包内物品时，按 X 光安检仪值机员所指的重点部位和物品进行检查，在没有具体目标的情况下就应该过关。（　）

93. 开箱包检查的方法之一是“看”，就是对物品的外表进行观察，看是否有异常，包装是否有变动等。（　）

94. 开箱包检查的方法之一是“摸”，就是直接用手的触觉来判断是否藏有异常或危险物品。（　）

95. 开箱包检查对爆炸物、化工挥发性物品进行鉴别，往往使用“扇闻”的方法，判断物品的性质。（　）

96. 由于 X 光安检仪已将箱包中的物品检查得一清二楚，所以，传统的“嗅”的方法已经淘汰了。（　）

97. 开箱包检查的方法之一是“探”，是对有怀疑的物品，如花盆、盛有物品的坛、罐等等无法透视，也不能用探测器检查的物品，可用探针进行探查，判断有无异物。（　）

98. 由于 X 光安检仪已将箱包中的物品检查得一清二楚，所以，传统“探”的方法已经淘汰了。（　）

99. 对容器进行检查时，可取出容器内的东西，采取敲击、测量的方法，听其发出的声音，分辨有无夹层，并测出容器的外高与内深，外径与内径的比差是否相符。（　）

100. 采用探针检查容器内不能取出的物品，是比较有效的方法。（　）

101. 对冬装及皮衣、皮裤更要仔细检查，看是否有夹层，捏是否暗藏有异常物品，衣领处能暗藏一些软质的爆炸物品。（　）

102. 对衣物检查时，应用手指进行摸、按、压，容易查出藏匿在衣物内的危险品。（　）

103. 对皮带进行检查时，看边缘缝合处有无再加工的痕迹，摸带圈内是否有夹层。（　）

104. 对女士束腰带进行检查时，只要看带圈内是否有夹层即可。（　）

105. 厚的书或者是捆绑在一起的书可能被挖空，暗藏武器、管制刀具、爆炸物和其他违禁物品，检查时，应将书打开翻阅检查，看书中是否有上述物品。（　）

106. 检查手杖时，注意将手杖进行敲击，听其发声是否正常，认真查看外观是否被改成拐杖刀或拐杖枪。（　）

107. 检查手杖时，将手杖用力在地面上敲击，听其发声是否正常。（　）

108. 玩具也有可能暗藏匕首、刀具和爆炸装置。对电动玩具检查时，可打开电池盒盖进行检查，但切忌通电启动。（　）

109. 对一般类型的摄像机的检查，可首先检查其外观是否正常，有无可疑部件，有无拆卸过的痕迹，重点检查带匣、电池盒、取景窗等部分是否正常。（　）

110. 检查手提电脑，先看外观有无异常，掂其重量是否正常，可请受检者将电脑启动，查看能否正常工作，对电脑的鼠标和稳压器等也要进行检查。（　）

111. 由于粉末状物品性质不易确定，安检人员可取少许用纸包裹，然后用火点燃纸张，观察其燃烧程度来判断是否属于易燃易爆物品。（　）

112. 检查粉末状物品，由于粉末状物品性质不易确定，可采取送检的方法，千万不要用点燃的方法观察其燃烧程度，来判断是否属于易燃易爆物品。（　）

113. 对罐、袋装的食品的检查，掂其重量是否与罐、袋体所标注重量相符。若觉察该物可疑时，可请受检者自己品尝。（　）

114. 检查罐、袋装的食品时，可看其封口是否有被重新包装的痕迹。若觉察该物可疑时，安检人员可采用品尝的方法检验。（　）

115. 检查“鞋”的方法，可采用看、摸、捏、掂等检查方法来判断鞋中是否藏有违禁物品，必要时可通过X光安检仪进行检查。（　）

116. X光安检仪和手持式金属探测器的工作原理是一样的。（　）

117. X光安检仪有三种基本颜色。（　）

118. 通过X光安检仪的箱包可以分为三大类做决定：①没有威胁——把箱包归还包主；②明显的威胁——扣留箱包并执行程序处理明显的威胁；③潜在威胁——请求局部性箱包搜查的许可。（　）

119. X光安检仪上的三个通用按钮是：①颜色开启指示灯；②电源开启指示灯；③启动和停止传送带的按钮。（　）

120. 解释X光图像解析的四个原则是：①形状；②排列；③颜色；④密度。（　）

121. X光安检仪的四个主要部分是：①控制面板/键盘；②显示器；③X光安检

仪；④检验厢。（ ）

122. X 光图像的基本颜色，橙色代表：有机材料，例如木材、纸张、塑料、服装、汽油、刀等。（ ）

123. X 光图像的基本颜色，绿色代表：混合物或有机及无机混合材料，例如电池、轻质合金材料、高密塑料材质等。（ ）

124. X 光图像的基本颜色，蓝色代表：有机材料，例如金属、玻璃、石材项目和陶器等。（ ）

125. 当传送带将箱包送入 X 光安检仪检查厢里开始扫描，安检人员切勿强行推动箱包。（ ）

126. 在 X 光安检仪图像上，红色表示是混合物，即有机物与无机物的重叠部分。（ ）

127. 在 X 光安检仪图像上，绿色表示是非常厚，是 X 光穿不透的物体。（ ）

128. 物品摆放的角度和 X 光图像显示有一定的关系，在卧式 X 光安检仪中，物体离 X 光源越近，X 光图像显示比例越大。（ ）

129. 在卧式 X 光安检仪上的物品立放时，比立式 X 光安检仪上的物品平放时显示的图像更佳。（ ）

130. X 光安检仪图像的整体判读法，即由四周到中间整幅图像进行判读。（ ）

131. X 光安检仪图像的颜色分析法，即根据 X 光安检仪对物质颜色的定义，通过图像呈现的颜色来判断物体的性质。（ ）

132. 颜色分析法是根据 X 光安检仪对物质颜色的定义，通过图像呈现的颜色来判断物体是否属于违禁品。（ ）

133. X 光安检仪图像的形状分析法，是通过图像中物体的轮廓判断物体。若轮廓清晰，可直接判断其性质。（ ）

134. 形状分析法是通过 X 光安检仪图像中物体的轮廓进行判断，有些物品 X 光穿不透，就无法判断其性质。（ ）

135. 针对液体、配件、电子产品的检查，要通过对 X 光安检仪图像有疑点的地方进行重点分析，判明其性质。（ ）

136. 重点分析方法，具体来说就是抓住图像中难以判明性质、射线穿不透的物体，有疑点的地方重点分析。主要针对于气体、粉末的检查。（ ）

137. X 光安检仪图像的结构分析法，是抓住某个物体结构中的一些特征来进行判断。（ ）

138. 安检人员需要了解受检者携带的照相机、手机、U 盘、笔记本电脑等物品的结构和材料特性，这样，在一定程度上从另一个角度保证了危险品和违禁品的检出率。( )

139. 枪支侧放时，可通过分辨枪的结构和外观特征，如握柄、枪管、护环和准星等来识别。( )

140. 匕首正放时，一般可分辨出匕首的形状，比较明显地看到刀刃和刀柄。刀刃和刀柄为蓝色。( )

141. 匕首平放时，整体为一深红色直线，较难分辨，但一样可看到较粗的刀柄两端。( )

142. 弹簧刀正放时，图像类似匕首的刀柄部分，按加强键，在黑白图像中可见从头部至尾部有两条浅灰色细线。( )

143. 弹簧刀平放时，类似平放的大型锁刀，但比锁刀少了一个开关。( )

144. 铁、铜壳电雷管正放时的图像特征，彩色图像为青蓝色细长条形，壳体一头类似导线的物体与之相连。( )

145. 钝器在 X 光安检仪的图像特征，从黑白图像上看，显示的灰度一般很大，从形状上也较易判别。( )

146. 危险液体检测仪能够检测出纸材质，壁厚不大于 0.5 mm。( )

147. 危险液体检测仪能够检测出铝/铁等金属材质，壁厚不大于 0.2 mm。( )

148. 危险液体检测仪检测结果是绿色指示灯亮起，表示样品液体是安全。( )

149. 危险液体检测仪检测结果是红色指示灯亮起，表示样品液体是危险。( )

150. 使用危险液体检测仪时，如果设置为手动复位，并产生报警，需要先将液体取走，并按后部面板的复位开关，才能进入下一次检测。( )

151. 危险液体检测仪外置电源使用 100 ~ 240 V 电压。( )

152. 在设备维护期间或长时间不用时，请拔出插头。( )

153. 如发生任何异常，如样品液体泄漏入设备、冒烟或有异味时立即切断电源并拔出插头。( )

154. 当需要为危险液体检测仪进行自检时，只需点击“自检”按钮，系统自动进行校验流程。( )

155. 操作危险液体检测仪时，样瓶应平稳地放置于检测区域内，之后手应迅速离开检测区域，以得到正确的测试结果。( )

156. 炸药毒品探测器系统具有自清洗功能，可对仪器系统内部进行清洁净化。（　）

157. 炸药毒品探测器不含放射性源真空紫外光电离源，能同时准确分析出爆炸物和毒品成分。（　）

158. 炸药毒品探测器存储功能，具有良好的数据传输和控制功能。（　）

159. 炸药毒品探测器分析模式分为“检测”和“实时”两种模式。（　）

160. 为确保安全使用炸药毒品探测器，安检人员得按照以下安全指导说明进行操作：①接通电源前，确保电源线使用正确；②通电后，观察电源供电指示灯是否指示仪器正常供电。（　）

161. 为避免人身伤害，请勿在炸药毒品探测器外壳开启或面板移开的情况下对仪器进行任何操作。（　）

162. 如果炸药毒品探测器发生故障，安检人员能够进行维修。（　）

163. 自行打开机盖维修仪器，可能导致仪器供电线路断开、仪器信号中断或是对操作人员造成触电、烫伤等严重伤害。（　）

二、单项选择题（选择一个正确的答案，将相应字母填入题内的括号中）

1. 安全门能够检查出一切具有一定重量的（　）。

A. 金属成分的物品　　B. 非金属成分的物品

C. 磁性非金属材料的制品　　D. 高分子橡塑的制品

2. 利用安全门对金属物品发生报警，探测通过安全门的人员是否随身携带除（　）外的违禁物品。

A. 枪支　　B. 管制刀具　　C. 金属性危险物品　　D. 人造关节

3.（　）不属于手持金属探测器的组成部分。

A. 机身部分　　B. 环形部分　　C. 控制按钮　　D. 报警部分

4. 手持金属探测器由三部分组成，机身部分、环形部分和报警部分。当探测器接近金属物品时，（　），以提示探测器操作人员。

A. 探测器发出红色光线　　B. 探测器发出蓝色光线

C. 探测器的报警灯闪亮　　D. 小喇叭发出报警声

5.（　）主要用于机场、车站、码头等重要场所的入口处，用于检测行李中的违禁物品，能够高效率、高质量地完成安全检查任务。

A. CT 检测仪　　B. X 光安检仪　　C. 手持金属探测器　　D. 安全门

6.（　）不属于 X 光安检仪的使用范围。

A. 机场入口处　B. 车站入口处　C. 三甲医院入口处　D. 码头入口处

7. 以下不属于X光安检仪的组成部分是（　　）。

A. 控制台　B. 传送带　C. 工业电源　D. 通道

8.（　　）不属于X光安检仪的通道五大组成部分。

A. 水平探测器部件　B. 垂直探测器部件

C. 360度探测器部件　D. 铅门帘

9. 物品应平整地放在传送带上，按下前进键，传送带启动，物品进入通道并遮住光障，X光开始发射，对物品进行（　　），然后形成X光图像，该图像在显示器屏幕上卷出。

A. 扫描　B. 照相　C. 光照　D. 录像

10. 物品应平整地放在传送带上，（　　），物品进入通道并遮住光障，X光开始发射，对物品进行扫描。

A. 按下电源开关，传送带启动　B. 按下前进键，传送带启动

C. 按下扫描键　D. 传送自动感应启动

11. X光安检仪接上电源后，将钥匙插入钥匙开关中，（　　），按下通电按钮整机上电，等待系统自检测程序完毕，即可正常使用。

A. 顺时针旋转45度　B. 顺时针旋转90度

C. 逆时针旋转45度　D. 逆时针旋转90度

12. X光安检仪接上电源后，将钥匙插入钥匙开关中，顺时针旋转90度，按下通电按钮整机上电，（　　），即可正常使用。

A. 待通电指示灯亮后　B. 待通电指示灯熄灭后

C. 等待系统指示灯亮后　D. 等待系统自检测程序完毕

13. X光安检仪实施检查，（　　），该物品图像即保留在显示器屏幕上。

A. 在物品刚进入通道　B. 在下一个物品进入通道之前

C. 在物品快速进入通道后　D. 在物品停留在通道内

14. X光安检仪实施检查，在下一个物品进入通道之前，该物品图像（　　）。

A. 即保留在显示器屏幕上　B. 显示在X光安检仪屏幕上

C. 还没有保留在显示器屏幕上　D. 已经消失，准备显示下一个物品的图像

15. 以下X光安检仪关机的方法中：（1）逆时针旋转钥匙开关中的钥匙（2）顺时针旋转钥匙开关中的钥匙（3）按下紧急停止按钮（4）关闭电源，其中正确的是（　　）。

A. 第 1、2 种方法　　B. 第 2、3 种方法
C. 第 3、4 种方法　　D. 第 1、3 种方法

16. X 光安检仪紧急关机的方法，不正确的是（　　）。

A. 按下紧急停止按钮　　B. 逆时针旋转钥匙开关中的钥匙
C. 顺时针旋转钥匙开关中的钥匙　　D. 关闭电源

17.（　　）不属于车底安全检查扫描系统检查的对象。

A. 武器　　B. 违禁品　　C. 车辆排气管　　D. 爆炸物

18.（　　）能更快、更准确地识别各类汽车底部，大大提高了对车辆底部的检测速度，同时也减少了人力、物力的投入。

A. 车底安全检查扫描系统　　B. X 光安检仪
C. 车底探测器　　D. 传统的手持镜

19. 鞋底探测器用于自动检测除（　　）以外的部位或物品，使用简单方便，效果安全可靠。

A. 鞋子　　B. 腹部　　C. 身体较低部位　　D. 袜子

20.（　　）用于自动检测鞋子及身体较低的部位有无爆炸装置及危险物品，使用简单方便，效果安全可靠。

A. 鞋底 X 光扫描仪　　B. 身体低部位探测器
C. 鞋底探测器　　D. 鞋靴探测器

21.（　　）可有效防护爆炸物产生的冲击波和碎片，可以避免或减轻对周围人员、贵重仪器、文物档案和特殊公共场所的损坏。

A. 防爆毯　　B. 不锈钢桶　　C. 塑钢桶　　D. 浸湿的棉被

22. 防爆毯是安全检查部门必备的装备，它的作用不包括（　　）。

A. 临时隔离爆炸物品　　B. 作为扑灭初起火灾的必备工具
C. 临时处置爆炸物品　　D. 有效防护爆炸物产生的冲击波

23. 防爆罐是一种用于盛放爆炸装置的器材，并可以（　　），达到保护人员和财物的目的。

A. 减轻爆炸气浪的威胁　　B. 弱化爆炸装置的爆炸威力
C. 制止爆炸装置爆炸　　D. 扑灭爆炸装置爆炸引起的火灾

24. 务必牢记，领取任何设备都必须进行文档记录。在任何情况下，请遵循（　　）原则。

A. 领取、检查、测试、建档　　B. 领取、检查、测试

C. 领取、测试、建档　　　　　　　　D. 领取、测试

25. 大件设备，如X光安检仪和金属探测门通常放置在现场并在没有使用时将电源：(　　)。

A. 开着，以便下一次使用　　　　　　B. 关闭

C. 无须理会　　　　　　　　　　　　D. 任由安检人员决定

26. 在执行检测金属探测门时，不需要（　　）。

A. 拿着金属物体由门板通过

B. 启动金属探测门（主电源和电源开关）

C. 打开门板上的按钮

D. 确保金属物品通过探测门时，警报声会响起

27. 强调所有安检人员拥有高水准的个人仪容是非常重要的，将提高安检人员和所属组织的形象。这包括：(　　)。

A. 整洁、适当的个人卫生，干净的鞋子

B. 长得好看的安检人员

C. 有最新的发型的安检人员

D. 有礼貌和外形出众的安检人员

28. 在每个工作日的开始，主管将以部署表的形式给出工作分配的细节及简要的提示等，明确（　　）的细节，对工作人员是至关重要的。

A. 位置、时间、部署　　　　　　　　B. 部署

C. 位置、午餐、部署　　　　　　　　D. 位置、午餐、时间、部署

29. 当金属物品经过手持式金属探测器时，手持式金属探测器会：(　　)。

A. 发出警报声，闪烁红色指示灯　　　B. 发出警报声，闪烁绿色指示灯

C. 会发出微弱的声响　　　　　　　　D. 没有反应

30. 手持式金属探测器和金属探测门的工作原理是一样的，因为它（　　）。

A. 能检测到液体　　　　　　　　　　B. 能检测到金属物品

C. 能检测到塑料物品　　　　　　　　D. 能检测到金属和塑料物品

31. 在进行安检前，安检人员必须要求受检者脱下厚重的大衣或者外套并送交X光扫描，因为（　　）。

A. 方便安检程序，避免麻烦安检人员

B. 手持金属探测器对厚重及折叠的衣物无效

C. 外套很重

D. 所有衣物需经过 X 光扫描

32. 握住手持式金属探测器，用平坦的一侧接近受检者的身体，距离身体约为（　　）cm。

A. 3～8　　B. 8～10　　C. 0.3～0.8　　D. 0.8～1.0

33. 若手持式金属探测器发出警报，必须（　　）。

A. 停止扫描并解除警报，之后再继续扫描

B. 继续扫描，无须停止

C. 金属探测器可能发生故障

D. 无须理会警报

34. 在使用手持式金属探测器时，从（　　）位置开始进行扫描。

A. 头顶　　B. 耳朵　　C. 肩膀　　D. 腰部

35. 在使用手持式金属探测器进行安检时，必须特别注意（　　）部位。

A. 头顶、肩膀　　B. 腰部、脚踝、口袋

C. 口袋　　D. 衣袖

36. 保持手持式金属探测器平行于身体，从头部到脚部，以（　　）cm 宽度的带状上下扫描。

A. 3～5　　B. 5～8　　C. 10～13　　D. 1

37. 扫描身体的轮廓分为（　　）个步骤。

A. 6　　B. 16　　C. 26　　D. 36

38. 启动后，手持式金属探测器会产生（　　）。

A. 警报声　　B. 电源　　C. 磁场　　D. 显示灯

39. 在使用手持式金属探测器前必须（　　）以确保仪器能够正常操作。

A. 让金属探测器发出警报声　　B. 换电池

C. 摇动仪器　　D. 自检

40. 如果乘客携带任何金属物品进入门板，金属探测门就会（　　）。

A. 亮出红灯　　B. 发出警报

C. 发出警报与亮出红灯　　D. 没有反应

41. 安检前礼貌地要求乘客取出身上所有（　　）放进所提供的托盘内。

A. 财物　　B. 金属物品　　C. 塑料物品　　D. 随身物品

42. 要求受检者以（　　）步行通过金属探测门的门板。

A. 正常速度　　B. 跳过的方式　　C. 侧身的方式　　D. 最快速度

43. 确保等待的受检者站在距离金属探测门至少（　　）m处。

A. 1.5　　B. 2.5　　C. 3.5　　D. 5

44. 在使用金属探测门前，可以通过（　　）来检测金属探测门。

A. 塑料物品　　B. 金属物品　　C. 任何物品　　D. 液体

45. 如果金属探测门有警报响起，要求受检者（　　）。

A. 自首，把危险物品交出　　B. 再走一次，直到没有警报

C. 接受手持式金属探测器的检查　　D. 接受X光的检查

46. 容易引发假警报的原因是（　　）。

A. 太多人在附近

B. 电源出现电涌，地板下方的电线，金属栏杆

C. 电源出现电涌

D. 金属栏杆

47. 金属探测门上设有的按钮和指示灯，显示（　　）。

A. 受检者人次、金属量、身体上藏匿金属的位置

B. 身体上藏匿金属的位置、金属量

C. 电源量

D. 受检者人次、电源量、身体上藏匿金属的位置

48. 人身检查就是采用（　　），对受检者人身进行安全检查。

A. 公开的仪器检测的方法

B. 纯手工检查的方法

C. 公开的仪器和手工相结合的方式

D. 手工检查为主和仪器检查为辅的方法

49. （　　）不属于人身安全检查的目的。

A. 发现受检者是否携带病菌　　B. 发现受检者身上藏匿的危险物品

C. 发现受检者身上藏匿的爆炸物　　D. 发现受检者身上藏匿的毒品

50. 安全门的测试常采用六点式的测试法，正确的顺序为（　　）。

A. 右下→右中→右上→左上→左中→左下

B. 左上→左中→左下→右下→右中→右上

C. 左下→左中→左上→右下→右中→右下

D. 右上→右中→右下→左下→左中→左上

51. 安全门的测试常采用（　　）的测试法。

A. 三点式　　B. 五点式　　C. 六点式　　D. 八点式

52. 手持金属探测器的（　　）是：将灵敏度调节至安检要求的程度；将手探电源开关打开至声光报警挡；用金属物品测试声光报警是否齐全；确认电量是否充足。

A. 使用方法　　B. 测试程序　　C. 使用注意事项　　D. 开机程序

53. 手持金属探测器开机后，进行测试程序的第一步是：（　　）。

A. 将灵敏度调节至安检要求的程度

B. 将手探电源开关打开至声光报警挡

C. 用金属物品测试声光报警是否齐全

D. 确认电量是否充足

54. 在现场安全检查工作中，通常采用（　　）的方法。

A. 仪器检查　　B. 纯手工检查

C. 仪器与手工相结合检查　　D. 疑点排查

55. 在现场安全检查工作中，通常采用仪器与手工相结合的检查方法。少数情况下可能需要进行（　　）。

A. 纯手工检查的方法　　B. 疑点排查的方法

C. 纯仪器检查的方法　　D. 领导复查，最终定性

56. 人身前半身检查的开始程序是（　　），……→右肩→右臂外侧→右手→右臂内侧→腋下→右上身外侧→右前胸、腹→外衣右前衣襟→……

A. 先右前衣领　B. 先左前衣领　　C. 先领带　　D. 先衬衣

57. 人身前半身检查程序的最后部分是（　　）。从右前衣领→左前衣领→……→左肩→左臂外侧→腋下→左上身外侧→左前胸、腹→……

A. 前腰部　　B. 左右裤袋　　C. 裆部　　D. 外衣左前衣襟

58. 人身检查时，安检人员非执手探之手应配合手探的行进，手探动作不包括（　　），以感觉受检者身上是否有携带非金属危险品或违禁品或判明报警物质性质，同时请受检者取出该物品进行检查。

A. 摸　　B. 按　　C. 捏　　D. 拍

59. 安检人员在人身检查时，运用手探的摸、按、捏等动作行进，以判明报警物质的（　　），同时请受检者取出该物品进行检查。

A. 成分　　B. 质量　　C. 性质　　D. 特点

60. 人身检查时，当检查到脚部有异常时，应让受检者坐在椅子上，请其脱鞋接受检查。检查方法不包括（　　），检查完毕，确认无问题后放行。

A. 将鞋敲打，确定是否有夹层

B. 用手握住其脚踝判别是否藏有物品

C. 确定其袜中是否夹带物品

D. 将受检者的鞋置于X光安检仪中进行检查

61. 人身检查时，当检查到脚部有异常时，应让受检者坐在椅子上，请其脱鞋接受检查。方法是：用手握住其脚踝判别是否藏有物品，确定其袜中是否夹带物品，检查完毕，要确定是否（　　）将受检者的鞋置于X光安检仪中进行检查。

A. 不必要　　B. 有必要　　C. 无所谓　　D. 可要可不要

62. 人身检查的重点部位不包括（　　）。

A. 头部　　B. 胸部　　C. 腋下　　D. 颈部

63. 人身检查的重点部位不包括（　　）。

A. 裆部　　B. 腰部　　C. 腿部　　D. 鞋

64. 纯手工人身检查时，安检人员要（　　），若着装较多时，可请受检者解开外衣，对外衣也必须进行认真的检查。

A. 根据现场情况调节安检节奏，必要时可进行抽查

B. 按照人身检查的程序进行全面检查，不能有遗漏

C. 按照人身检查的程序进行重点检查

D. 按照人身检查的要求，有原则地灵活性操作

65. 人身检查的重点对象不包括：（　　）。

A. 着装不合时令者

B. 公安部门、安全检查站掌握的嫌疑人和群众提供的有可疑言行的人员

C. 催促检查或者言行蛮横、不愿接受检查者

D. 根据反恐形势有特殊要求需特别关注的对象

66. 在人身检查中，对查获的物品除（　　）外，安检人员应将违禁品交由公安机关或带班领导进行处理。

A. 枪支　　B. 玩具手枪　　C. 管制刀具　　D. 易燃易爆物品

67. 在人身检查中，发现有（　　），应交由公安机关或带班领导进行处理。

A. 玩具手枪　　B. 家用陶瓷刀具　　C. 香烛　　D. 管制刀具

68. 当X光安检仪值机员在显示的图像中发现可疑物品时，（　　）。

A. 可立即向领导汇报　　B. 可立即报警

C. 可要求其接受开箱包检查　　D. 应立即动手进行开箱包检查

69.（　　）不属于开箱包检查的重点对象。

A. 参观者声称是帮他人携带或来历不明的物品

B. 书报杂志

C. 参观者声明不能用 X 光安检仪检查的物品

D. 现场表现异常者或群众揭发的嫌疑分子所携带的物品

70. 当有箱包需要开检时，值机员给箱包安检人员以语言提示。如箱包内疑有枪支、爆炸物等危险性较大的物品，箱包安检人员应采取的措施是（　　）。

A. 立即向领导汇报

B. 立即报警

C. 控制住箱包和携带者，做到“人包分离”

D. 立即采取“人包分离”措施

71. 开箱包检查过程中，箱包安检人员根据物品种类采取相应的方法有：看、听、摸、嗅、探、摇、烧等，其中不包括（　　）。

A. 拆　　B. 踩　　C. 捏　　D. 掂

72. 当有箱包需要开检时，值机员给箱包安检人员以语言提示，在物主到达前，箱包安检人员控制住需开检的箱包，（　　），对箱包实施检查。

A. 并立即打开箱包

B. 待物主到达后，安检人员再打开箱包

C. 待物主到达后，安检人员应请物主自行打开箱包

D. 待物主到达后，安检人员应与物主一起共同打开箱包

73. 若参观者申明携带的物品不宜接受公开开包检查时，箱包安检人员应（　　）。遇有参观者携带胶片、计算机软盘等不愿接受 X 光安检仪检查时，可进行手工检查。

A. 交带班领导处理　　B. 说明制度规定，强行检查

C. 拒绝参观者入内　　D. 静候参观者自觉接受检查

74. 在检查包内物品时，如包内有枪支等物品，（　　）。

A. 应马上向上级报告

B. 应立即没收枪支

C. 应立即报警

D. 应先将之取出保管好，并要对物主采取看护措施，再及时报告领导或交公安机关处理

75. 开箱包检查的程序之一是：在善后处理时，检查后如有问题应及时报告领导，

或交公安机关处理。没有发现问题的，（ ）。

A．请受检者尽快离开安检区域

B．应协助受检者将物品放回包内，对其合作表示感谢

C．诚恳地向受检者道歉

D．对受检者说一声“不好意思”

76．使用“看”的方法进行开箱包检查，就是对物品的（ ）是否有异常，包装是否有变动等的检查。

A．内部 B．外表 C．性质 D．质量

77．开箱包检查，一般可以直接用（ ）来判断是否藏有异常或危险物品。

A．探针 B．手的触觉 C．近距离嗅闻 D．视觉感受

78．开箱包检查的方法之一是（ ），就是直接用手的触觉来判断是否藏有异常或危险物品。

A．摸 B．探 C．按 D．压

79．对有怀疑的物品如花盆、盛有物品的坛、罐等，如无法透视，也不能用探测器检查，可用（ ）进行探查，判断有无异物。

A．手指 B．手电照明 C．探针 D．拍打法

80．开箱包检查的方法之一是“探”，是对有怀疑的物品，如无法透视，也不能用探测器检查，可用探针进行探查，判断有无异物。这些物品不包括（ ）。

A．花盆 B．盛有物品的坛

C．盛有物品的罐 D．盛有物品的包裹

81．对容器进行检查的方法，不包括（ ）。听其发出的声音，分辨有无夹层，并测出容器的外高与内深，外径与内径的比差是否相符。

A．用手电照明进行辨别

B．敲击听其发音，分辨有无夹层

C．测量容器的外高与内深的比差是否合理

D．外径与内径的比差是否相符

82．对容器进行检查时，可取出容器内的东西，采取敲击、测量的方法。如不能取出里面的东西，则可采用（ ）检查方法。

A．倾倒 B．用手摸 C．手电照明 D．探针

83．对冬装及皮衣、皮裤更要仔细检查，检查时应用（ ）进行摸、按、压。

A．食指 B．手掌心 C．食指和中指 D．五指

84. 对衣物检查时应用手掌心进行（　　），因为手掌心的接触面积大且敏感，容易查出藏匿在衣物内的危险品。

A. 摸、按、挤　　B. 拍、按、压

C. 摸、按、压　　D. 摸、挤、拍

85. 对女士束腰带进行检查时，看边缘缝合处有无再加工的痕迹，摸（　　）是否有夹层。

A. 带圈内　　B. 皮带的反面　　C. 皮带的正面　　D. 皮带头

86.（　　）可能被挖空，暗藏武器、爆炸物或其他违禁物品，检查时，应将其打开翻阅检查。

A. 杂志　　B. 报纸　　C. 厚的书　　D. 书本

87. 厚的书或者是捆绑在一起的书可能被挖空暗藏违禁物品，检查时应将书打开翻阅检查，暗藏的物品一般不包括（　　）。

A. 电子产品　　B. 武器　　C. 管制刀具　　D. 爆炸物

88. 检查手杖时，注意将手杖（　　），确认是否被改成拐杖刀或拐杖枪。

A. 仔细观察其表面　　B. 当场使用

C. 来回摇晃　　D. 进行敲击，听其发声是否正常

89. 在安检时，安检人员要注意有可能将（　　）改装成具有进攻性的刀或枪。

A. 木棍　　B. 拐杖　　C. 玩具　　D. 假肢

90. 小朋友携带的玩具有可能暗藏的物品，不包括（　　）。

A. 匕首　　B. 刀具　　C. 电子产品　　D. 爆炸装置

91. 对有遥控设施玩具的检查方法，不包括（　　）。

A. 安检人员可当场进行操作以查明情况

B. 看其表面是否有拆动过的痕迹

C. 摇晃是否有不正常的声音

D. 拆开遥控器检查电池，看是否暗藏危险品

92. 对一般类型的摄像机的检查，可首先检查其外观是否正常，有无可疑部件，有无拆卸过的痕迹，重点检查（　　）等部分是否正常，对有怀疑的可让受检者进行操作以查明情况。

A. 光圈、电池盒、取景窗　　B. 带匣、快门、取景窗

C. 储存卡、电池盒、取景窗　　D. 带匣、电池盒、取景窗

93. 检查摄像机，重点检查带匣、电池盒、取景窗等部分是否正常，对有怀疑的，

（　　），以查明情况。

A．安检人员可当场操作　　　　B．可暂扣待查

C．应向上级汇报　　　　　　　D．可让受检者进行操作

94．检查手提电脑，先看（　　）有无异常，可请受检者将电脑启动，查看能否正常工作，对电脑的鼠标和稳压器等也要进行检查。

A．重量　　B．配置　　C．外观　　D．品牌

95．检查手提电脑，可请受检者将电脑启动，查看能否正常工作。对电脑的配套设备检查不包括（　　）。

A．电脑底板　　B．鼠标　　C．稳压器　　D．电脑包

96．由于（　　）物品性质不易确定，安检人员可取少许用纸包裹，然后用火点燃纸张，观察其燃烧程度来判断是否属于易燃易爆物品。

A．粉末状　　B．液态状　　C．固体状　　D．冷冻状

97．安检人员可用燃烧粉末状物品的方法，观察其（　　）来判断是否属于易燃易爆物品。

A．燃烧点　　B．能否燃烧　　C．燃烧程度　　D．火焰颜色

98．对罐、袋装的食品的检查，应运用（　　）的方法确定是否与罐、袋体所标注重量相符。

A．看　　B．摸　　C．捏　　D．掂

99．检查"鞋"的方法，可采用除（　　）以外的检查方法来判断鞋中是否藏有违禁物品，必要时可通过X光安检仪进行检查。

A．看　　B．摔　　C．摸　　D．捏

100．检查"鞋"时，要看鞋的外表与鞋的内层，用（　　）来检查鞋的内边缘等较为隐蔽之处是否有异常。

A．手的触感　　B．视觉　　C．掂的感觉　　D．手持金属探测器

101．使用（　　）对敏感部位进行搜查，并且严格遵守搜查程序。

A．手掌　　B．手心　　C．手背　　D．手腕

102．安检过程中如果感觉到受检者口袋里有任何东西，必须（　　）。

A．直接取出该物品

B．先问受检者是什么物品，然后要求受检者取出

C．先问受检者是什么物品，无须取出

D．问受检者是什么物品

103. 从头部和（　　）开始全身性搜身检查。

A. 左肩膀　　B. 右肩膀　　C. 左耳朵　　D. 右耳朵

104. 如果受检者是女性，巧妙地运用（　　）搜查胸部。

A. 手掌　　B. 手心　　C. 手背　　D. 手腕

105. 拇指得放在乘客腰带和腰部之间，然后顺着其腰部绕（　　）。

A. 一圈　　B. 两圈　　C. 三圈　　D. 四圈

106. 如果怀疑鞋子内藏匿物品，请要求受检者脱下鞋子，（　　）。

A. 送交 X 光扫描　　B. 没收鞋子

C. 使用手持金属测探器检查　　D. 把鞋子撕开

107. 安检人员必须双手环绕受检者的手臂，从肩膀移至（　　）。

A. 手腕　　B. 手背　　C. 手心　　D. 手指

108. X 光安检仪有三种基本颜色是（　　）。

A. 橙色、红色、蓝色　　B. 橙色、绿色、红色

C. 白色、黑色、红色　　D. 橙色、绿色、蓝色

109. 在 X 光安检仪图像上不同的颜色代表不同的含义，（　　）表示非常厚、X 光穿不透的物体；其在 X 光安检仪中若不使用加亮键观看也有可能为黑色。

A. 红色　　B. 蓝色　　C. 绿色　　D. 灰色

110. 在 X 光安检仪图像上不同的颜色代表不同的含义，绿色表示（　　），即有机物与无机物的重叠部分。

A. 化合物　　B. 纯净物　　C. 混合物　　D. 放射物

111. 物品摆放的（　　）和 X 光图像显示有一定的关系，在卧式 X 光安检仪中，物体离 X 光源越近，X 光图像显示比例越大。

A. 角度　　B. 方向　　C. 正反　　D. 远近

112. 物品摆放的角度和 X 光图像显示的关系，物品（　　）时，在底照式 X 光安检仪上显示的图像较佳。

A. 侧放　　B. 正放　　C. 平放　　D. 倒放

113. X 光安检仪图像的整体判读法，具体来说就是由四周到中间整幅图像进行判读。观察图像的每个细节，判读图像中的（　　）。

A. 物品的性质　　B. 物品是否相联系

C. 物品的轮廓　　D. 物品的质量

114. X 光安检仪图像的（　　），具体来说就是由四周到中间整幅图像进行判读。

观察图像的每个细节，判读图像中的物品是否相联系。

A. 重点分析法　　B. 形状分析法

C. 结构分析法　　D. 整体判读法

115. X 光安检仪图像的（　　），即根据 X 光安检仪对物质颜色的定义，通过图像呈现的颜色来判断物体的性质。

A. 重点分析法　　B. 形状分析法

C. 结构分析法　　D. 颜色分析法

116. X 光安检仪图像的颜色分析法，即根据 X 光安检仪对物质颜色的定义，通过图像呈现的颜色来判断（　　）。

A. 物体的性质　　B. 物体的轮廓

C. 物体的大小　　D. 物体的结构

117. 形状分析法是通过 X 光安检仪图像中（　　）进行判断，有些物品 X 光穿不透，就无法判断其性质。

A. 物体的外观　　B. 物体的影像

C. 物体的大小　　D. 物体的轮廓

118. 重点分析方法，具体来说就是抓住图像中难以判明性质、射线穿不透的物体，有疑点的地方重点分析，这些物体不包括（　　）。

A. 液体　　B. 配件　　C. 气体　　D. 电子产品

119.（　　）是 X 光安检仪图像的主要识别方法，即抓住某个物体结构中的一些特征进行判断。

A. 重点分析法　　B. 形状分析法

C. 结构分析法　　D. 整体判读法

120. 对于常见受检者会携带（　　）等物品，安检人员需要预先了解这些物品的结构和材料特性，对该类物品的可能出现的图像显示有一定的预见性，在一定程度上从另一个角度保证危险品和违禁品的检出率。

A. 照相机、手机、U 盘、笔记本电脑、书籍

B. 手机、笔记本电脑、各类水果、导航仪

C. U 盘、书籍、饮用水、电动车电池盒、书籍

D. 照相机、各类食品、玩具、手提自行车

121. 对于常见受检者会携带的物品，安检人员需要预先了解这些物品的（　　），对该类物品的可能出现的图像显示有一定的预见性，在一定程度上从另一个角度保证

危险品和违禁品的检出率。

A. 外观和包装材料　　B. 结构和材料特性

C. 重量和材质　　D. 性状和质量

122. 由于枪支一般使用（　　）制成，密度很大，因而在 X 光安检仪中显示的图像灰度很大，彩色图像中一般呈暗红色。

A. 塑钢　　B. 合金钢　　C. 高分子金属　　D. 钨钢

123. 枪支正放时，枪的外观轮廓明显，较易识别。枪支侧放时，可通过分辨枪的（　　）识别。

A. 结构和外观特征　　B. 握柄

C. 枪管　　D. 准星

124. 匕首正放时，一般可分辨出匕首的形状，比较明显地看到（　　）。刀身一般呈蓝色，刀锋颜色稍淡，刀柄为暗红色。

A. 刀刃　　B. 刀柄　　C. 刀锋　　D. 刀刃和刀柄

125. 匕首平放时，整体为（　　），较难分辨，但一样可看到较粗的刀柄两端。

A. 一黑色直线　　B. 一深蓝色直线

C. 一深红色直线　　D. 一深黄色直线

126. 弹簧刀正放时，图像类似匕首的刀柄部分，按加强键，在黑白图像中可见从头部至尾部有（　　）。

A. 一条浅灰色细线　　B. 两条浅灰色细线

C. 一条白色细线　　D. 两条白色细线

127. 弹簧刀平放时，类似平放的大型锁刀，但比锁刀（　　）。

A. 多了一个开关　　B. 长和宽缩小了一半

C. 短了一大截　　D. 窄了一半

128. 危险液体检测仪能够检测出玻璃陶瓷塑料材质：（　　）。

A. 壁厚不大于 5 mm　　B. 壁厚不大于 10 mm

C. 壁厚不大于 15 mm　　D. 壁厚不大于 20 mm

129. 开启位于危险液体检测仪（　　）面板的电源开关以启动仪器。

A. 前部　　B. 后部　　C. 上方　　D. 下方

130. 炸药毒品检测仪检测分析快速，（　　）s 内检测结果。

A. 1　　B. 2　　C. 3　　D. 4

131. 炸药毒品检测仪具有正、负双模式，可检测：（　　）。

A. 爆炸物和毒品　　B. 金属和毒品

C. 液体和毒品　　D. 塑料和毒品

132. 当系统进入控制系统界面后，炸药毒品检测仪将（　　）。

A. 进入预热状态　　B. 进入休眠模式

C. 进入普通模式　　D. 引发警报

本章测试题答案

一、判断题

1. √	2. √	3. ×	4. √	5. √	6. √	7. ×	8. √
9. ×	10. √	11. √	12. ×	13. √	14. √	15. √	16. √
17. √	18. √	19. √	20. √	21. √	22. √	23. √	24. √
25. √	26. √	27. √	28. √	29. √	30. ×	31. √	32. √
33. √	34. √	35. ×	36. √	37. √	38. ×	39. √	40. √
41. √	42. √	43. √	44. √	45. √	46. √	47. √	48. √
49. √	50. ×	51. √	52. √	53. ×	54. √	55. ×	56. √
57. ×	58. √	59. ×	60. √	61. √	62. ×	63. ×	64. √
65. ×	66. √	67. √	68. ×	69. √	70. √	71. √	72. √
73. √	74. √	75. √	76. √	77. √	78. ×	79. √	80. √
81. √	82. ×	83. √	84. ×	85. √	86. √	87. √	88. √
89. √	90. √	91. √	92. ×	93. √	94. √	95. √	96. ×
97. √	98. ×	99. √	100. √	101. √	102. ×	103. √	104. ×
105. √	106. √	107. ×	108. ×	109. √	110. √	111. √	112. ×
113. √	114. ×	115. √	116. ×	117. ×	118. √	119. ×	120. √
121. √	122. ×	123. √	124. ×	125. √	126. ×	127. ×	128. √
129. ×	130. √	131. √	132. ×	133. √	134. ×	135. √	136. ×
137. √	138. √	139. √	140. ×	141. √	142. √	143. ×	144. √
145. √	146. √	147. √	148. √	149. ×	150. √	151. √	152. √
153. √	154. √	155. √	156. √	157. √	158. √	159. √	160. √
161. √	162. ×	163. √					

二、单项选择题

1. A	2. D	3. C	4. D	5. B	6. C	7. C	8. D
9. A	10. C	11. B	12. D	13. B	14. A	15. D	16. C
17. C	18. A	19. B	20. C	21. A	22. B	23. B	24. A
25. B	26. C	27. A	28. A	29. A	30. B	31. B	32. A
33. A	34. B	35. B	36. B	37. B	38. C	39. D	40. C
41. B	42. A	43. B	44. B	45. C	46. B	47. A	48. C
49. A	50. C	51. C	52. B	53. A	54. C	55. A	56. A
57. C	58. D	59. C	60. A	61. B	62. D	63. C	64. B
65. A	66. B	67. D	68. C	69. B	70. C	71. B	72. C
73. A	74. D	75. B	76. B	77. B	78. A	79. C	80. D
81. A	82. D	83. B	84. C	85. A	86. C	87. A	88. D
89. B	90. C	91. A	92. D	93. D	94. C	95. A	96. A
97. C	98. D	99. B	100. A	101. C	102. B	103. A	104. A
105. A	106. A	107. A	108. D	109. A	110. C	111. A	112. C
113. B	114. D	115. D	116. A	117. D	118. C	119. C	120. A
121. B	122. C	123. A	124. D	125. C	126. B	127. A	128. A
129. B	130. B	131. A	132. A				

第3章

安检工作现场应急处置

3.1 安检工作现场应急处置方案和流程

3.1.1 安检工作现场应急处置方案

1. 发现携带爆炸品可疑人员的处置方案

（1）值机安检人员发现爆炸品可疑行李包裹图像时，应沉着镇定地将可疑行李包裹从传送带上拉下置于自己控制的范围之内，实行人包分离，指挥安全检查辅助人员协助将该行李包裹置换角度重新放回传送带入口。

（2）再次检查后，确认无引爆器具连接的，进行人工开包检查。在人工开包过程中，安全检查辅助人员应做好协同防护工作。

（3）再次检查中，发现带有引爆器具连接嫌疑时，应及时在场馆保安的配合下控制该行李包裹的持有人，同时应及时报警，并将该行李包裹带离安检现场，到隔离检查室并在警方指导下，进行人工开包检查。

（4）如果在检查中发现确认爆炸器具时，应在控制该行李包裹持有人的同时，于第一时间报告并交由现场警方处理。

（5）安检人员在实行人身检查中，应用探测仪和手工配合检查，发现携带爆炸品的可疑人员，应控制住嫌疑人，同时在第一时间报告并交由现场警方处理。

2. 发现携带枪支弹药和管制刀具的处置方案

（1）X 光安检仪值机安检人员在显示器屏幕上发现携带枪支弹药和管制刀具行李包裹图像时，应沉着镇定地将该可疑行李包裹从传送带上拉下置于自己控制的范围之内，实行人包分离。

（2）以核对行李包裹内物品的名义确认该包裹的持有人，应及时在现场保安的配合下控制该行李包裹的持有人，并将该行李包裹带离安检现场到隔离检查室，在警方配合下进行人工开包检查。

（3）确认携带枪支弹药和管制刀具的，应在控制该行李包裹持有人的同时在第一时间报告并交由现场警方处理。

（4）安全门检查人员在实行人身检查中应用探测器和手工配合检查，发现携带枪支弹药和管制刀具等身份不明人员，应在第一时间报告并交由现场警方处理。

3. 发生爆炸、枪击恐怖事件的处置方案

（1）一旦在安检现场发生爆炸、枪击恐怖事件，如果犯罪分子尚未离开现场，应在第一时间配合警方追捕犯罪嫌疑人。

（2）设置现场警戒线，配合警方、消防和卫生部门施救受伤人员。

（3）维持出入口的秩序，协助疏导、组织人群疏散、掩蔽和暂时性撤离。

（4）配合警方对犯罪分子进行指认、判断、取证等工作。

3.1.2 安检工作现场应急处置流程

1. 查获物品的处置流程

对查获的枪支、弹药、管制刀具、易燃易爆物品、腐蚀品、烟花爆竹、警械警具等危险品、违禁品及横幅标语、宣传单等政治宣传品，交安检带班领导进行处理，经登记后移交公安机关。

2. X光安检仪检查情况处置流程

（1）图像模糊不清无法判断物品性质的，可变换角度重新过包安检。

（2）发现疑似电池、导线、钟表和粉末状、块状、液体状、枪弹状物体及其他可疑物品的，应采用综合分析结合重点分析等方法来确定可疑物品的性质。

（3）发现容器、仪表等物品的，如仍不能确定性质，应结合开箱包检查。

（4）照相机、收音机、录音录像机及计算机等电器的检查，应仔细分析内部结构是否存在异常，如存在异常或不能判明性质的，应结合开箱包检查。

（5）如遇受检者声明不能用X光安检仪检查的物品时，应按相应规定视情处理，应仔细分析物品的内部结构是否存在异常现象，对确实不能用X光安检仪进行检查的，应实施开箱包检查。

（6）根据安检要求，安检人员应对不得带入的液体和有色饮料进行严格查验。

3. 疑似爆炸物品现场处置的流程

当X光安检仪值机人员发现X光安检仪图像显示有疑似爆炸物品存在，若初步判定为爆炸物，应立即停止检查，采取有效措施将人、箱、包分离，值机人员立即报告带班组长，迅速设立警戒线。带班组长接到信息后，立即启动应急预案，要求开包员用防爆毯覆盖、包裹后移入防爆罐内，将防爆箱迅速拉离检查现场。与此同时，执机人员关闭检查通道，迅速组织人员撤离，建立禁区，封锁现场，然后迅速报公安机关，爆炸物由专业人员进行处理。

实例：

为检验安检部门在日常保障工作中应对突发事件的应急处置能力和与安保各部门之间的信息传递以及协同配合联动能力，某安检部门开展发现疑似爆炸物应急处置模拟演练。此次演练围绕X光安检仪安检人员发现随身行李中夹带爆炸物的现场应急处置、现场人员疏散和“恐怖分子”控制等环节开展。

演练开始，由扮演者通过安检通道进入安保区域，在安检通道X光安检仪过检行李检查中，操机员突然在一件行李中发现一物体疑似有雷管、导线、钟表、遥控天线等爆炸装置组件，在该件行李还没滑出X光安检仪通道前，X光安检仪操作员马上按停X光安检仪传送带，再次对该件行李图像进行判读，确认是可疑爆炸物后，安检人员马上向部门值班领导汇报情况，部门值班领导立即启动相关应急处置预案，各岗位迅速响应、积极行动，按预案程序展开工作。在安检部门通力协助下，及时将可疑爆炸物进行妥善处理，同时疏散其他周围人群，将可疑人员抓获，及时制止了一起危害安保区域安全的突发事件。

4. 发生突发事件后组织紧急疏散的流程

1. 一旦发生火警、爆炸等突发事件，安检工作小组按照保卫部门指令，根据救人第一的原则，积极配合开展现场疏散工作。

2. 各安检口按照指令立即切断安检设备电源，撤除护栏、一米线等隔离设施，将安检门移至两边，敞开各出入口安检通道。

（1）报警及确认。安保部门接指令后立即指派专人负责指挥疏散工作。

（2）各安检口工作人员接疏散指令后，立即打开疏散通道门，组织现场人员按疏散路线或疏散标志疏散至各紧急出口，及时撤离到安全地带。

（3）各安检口工作人员停止现场安全检查，关闭设备电源，保管好安检设备。

3.2 安检工作现场各类突发事件应急处置

3.2.1 安检口爆炸事件的应急处置

1. 报警和确认

一旦突发爆炸恶性治安事件，现场工作人员应立即向保卫部门值班人员报警，同时报安检工作协调小组，报警时要报出报警人姓名、位置、电话、爆炸起火部位及当时情况。

2. 接警

安检小组接警后立即向保卫部门报警。

3. 处置

在保卫部门及警方到达前，安检工作小组应立即承担起各安检口现场处置指挥职能。

（1）立即控制爆炸现场，组织现场警戒。第一时间疏散现场人员，对可能引发的火灾采取灭火措施。利用就近消防器材灭火，保护现场。同时组织安检工作人员切断安检设备电源，保护好安检设备。

（2）在警方和消防人员到达后将现场情况向警方报告，配合警方开展工作。

3.2.2 火灾的应急处置

1. 报警和火警确认

一旦发生火警，现场工作人员应立即向保卫部门报警，同时报安检工作协调小组，报警时报出报警人姓名、位置、电话、火灾部位及当时情况。与此同时第一时间利用就近灭火器材灭火，防止火势蔓延。

2. 接警

安检小组接报警后立即向保卫部门报警；同时指定距火灾区域邻近的安检现场，切断安检设备电源，将安检门移至通道两侧，维持通道畅通，并利用就近灭火器材灭火。

3. 处置预案

（1）若火警处于初期阶段，应立即组织现场灭火。

（2）各安检口按安检工作小组或保卫部门指令，组织现场工作人员打开所有通道，实施现场警戒，组织、引导人员疏散，保护火灾现场。

3.2.3 可疑包裹的应急处置

可疑包裹是指通常放置或刻意隐藏在门后边、废物箱内、走道边（角落）、桌椅底下、装饰物的背面等公共场所，且确认系无主的物品。

1. 立即向现场安检指挥报告，并用手机拍照取证。

2. 在专业人员赶到现场前，设置警戒线，严密看管，不能让任何人接触。

3. 尽一切可能劝离周边人群，疏散群众，维持秩序，减少影响。

4. 禁止现场所有人员使用移动电话或者其他电子遥控物品。

5. 在专业人员到达现场后，如实报告情况，听从命令，协助工作直到结束。

3.2.4 疑似爆炸物品的应急处置

1. 在行李中发现疑似爆炸物品的应急处置

（1）当值机安检人员在X光安检仪图像上发现疑似爆炸物品时，应立即暂停机器，把包裹控制在机器中。

（2）立即向值勤民警（公安机关）报告。

（3）冷静处置，通知安全员控制好包裹。

（4）在值勤民警的指挥下准备好防爆罐或防爆毯。

（5）如果需要，协助值勤民警由搜爆犬对疑似包裹识别确认。

（6）控制包裹的主人，进行重点检查。

2. 人身检查中发现疑似爆炸物品的应急处置

（1）发现随身有疑似爆炸物品应立即作出反应，冷静处置。

（2）立即向值勤民警（公安机关）报告。

（3）协助值勤民警将人和物分开，控制好人和物。如疑似爆炸物绑在身上，立即将其带离人群，用防爆毯等隔离。

（4）如果需要，协助值勤民警由搜爆犬对爆炸物品识别确认。

3.2.5 枪支、弹药、管制刀具及军用警用器械的应急处置

1. 当值机安检人员发现枪支、弹药、管制刀具及军用警用器械时，通知安全员对其开包复查。

2. 如确认是枪支弹药、军用警用器械，立即向值勤民警（公安机关）报告。

3. 在值勤民警的指挥下，协助控制好人和物。

4. 如是管制刀具，予以收缴，妥善存放，记录在案。

3.2.6 液态危险物品的应急处置

1. 当值机安检人员发现X光安检仪图像上呈现疑似禁带液态物品时，叮嘱安全员对其开包复查。

2. 对液态物品必须确认后才可放行，若发现属易燃或腐蚀性液体应告其禁带规定。

3. 将禁带液体物品收缴，妥善存放，记录在案。

3.2.7 可疑气体的应急处置

1. 立即向指挥部报告，并疏散周围人员。

2. 查看探寻周围，确认可疑气体的来源。

3. 设立警戒范围，维护秩序、控制现场。

4. 若遇特别严重情况，切勿自己未穿戴防毒面具而直接进入现场。

5. 如果有人受到伤害，以抢救为主，自己可以用浸湿的毛巾等捂住口鼻。

6. 等待专业人员赶到现场进行处置，并报告现场情况。

3.2.8 执法部门要求协助配合的处置

遇到执法人员现场要求安检人员协助配合的情况，应进行如下处置：

1. 查看证件，问清情况，立即向现场安检指挥报告，在得到批准后，应尽力协助配合。

2. 不能擅自离开自己执勤岗位，除非现场安检指挥命令或者有人替补。

3. 如果协助行为涉及侦查工作，必须保密。

3.2.9 场所突然发生停电的应急处置

1. 立即向指挥部报告，并且询问停电原因，以便向群众解释。

2. 向现场群众宣传安全须知，稳定情绪，不拥挤不惊慌，等待修复。

3. 如暂时无法确定停电原因和时间长短，不能开启安检设备，必须利用人工进行快速手探安检和开包检查。

4. 密切关注现场人群动态，防止群众拥挤跌倒，加强人员维持好现场秩序。

5. 听从现场安检指挥的指令行事。

3.2.10 大量观众涌向安检区域的处置

1. 立即向指挥部报告，请求增派安保力量。

2. 重点把住入口，疏导人群，防止出现踩踏事件。

若有人安检不排队（插队），应该问明情况，予以劝阻，劝其排队；若发生争吵，首先要制止，不扩大事态；对不听劝阻的，及时报告现场指挥部请求带离现场处理；要警惕有人故意捣乱肇事而引发其他矛盾，维持良好秩序是第一职责。

临近活动结束时，还有许多人在排队安检，应该不要和群众发生任何正面冲突而激化矛盾，保持耐心、和蔼的态度；报告现场安检指挥请求增加安检力量，维持现场秩序。

本章测试题

一、判断题（将判断结果填入括号中。正确的填“√”，错误的填“×”）

1. 值机安检人员发现爆炸品可疑行李包裹图像时，应沉着镇定地将可疑行李包裹从传送带上拉下置于自己的控制范围之内，实行人包分离，指挥安全检查辅助人员协助将该行李包裹置换角度重新放回传送带入口。（ ）

2. 确认携带枪支弹药和管制刀具的，应在第一时间报告并交由现场领导处理。（ ）

3. 一旦在安检现场发生爆炸或枪击恐怖事件，如果恐怖分子尚未离开现场，应在第一时间配合警方追捕犯罪嫌疑人。（ ）

4. 安检现场一旦发生火警、爆炸等突发事件，安检人员必须坚守岗位，认真做好本职工作。（ ）

5. 对查获的枪支、弹药、管制刀具等违禁物品，应在下班时移交公安机关处理。（ ）

6. 当值机安检人员发现X光安检仪图像上呈现疑似禁带液态物品时，应叮嘱安全员对其开包复查。（ ）

二、单项选择题（选择一个正确的答案，将相应字母填入题内的括号中）

1. 安检口的爆炸事件的应急处置流程是（ ）。

A．确认→报警→接警→处置

B．报警→确认→接警→处置

C．报警→接警→确认→处置

D．报警→接警→处置→确认

2．安检现场发现枪支、弹药、管制刀具及军用警用器械，应急处置流程不包括（　　）。

A．通知安全员对其开包复查

B．立即向值勤民警（公安机关）报告

C．停止安检工作，自行控制好人和物

D．如是管制刀具，予以收缴，妥善存放，记录在案

3．带班组长接到X光安检仪图像显示有疑似爆炸物品存在的信息后，立即启动应急预案，正确的做法是（　　）。

A．将疑似爆炸物品直接移入防爆罐内，将防爆罐迅速拉离检查现场

B．要求开包员用防爆毯覆盖、包裹后迅速抱离检查现场

C．要求开包员用防爆毯覆盖、包裹后移入防爆罐内并迅速拉离检查现场

D．将疑似爆炸物品直接移入防爆罐内，等待民警现场处置

4．发现有疑似爆炸物品后，值机人员错误的做法是（　　）。

A．立即关闭检查通道

B．迅速组织人员撤离

C．建立禁区封锁现场

D．等待专业人员前来处理

5．发现可疑气体的应急处置，错误的做法是（　　）。

A．立即向指挥部报告，并疏散周围人员

B．穿戴防毒面具，寻找可疑气体来源

C．设立警戒范围，维护秩序，控制现场

D．如果有人受到伤害，以抢救为主，自己可以用浸湿的毛巾等捂住口鼻

6．发生大量观众涌向安检区域时，错误的做法是（　　）。

A．立即向指挥部报告，请求增派安保力量

B．重点把住入口，疏导人群，防止出现踩踏事件

C．若有人安检插队，应该问明情况，予以劝阻

D．对不听劝阻的，直接将其带离现场

本章测试题答案

一、判断题

1. √　2. ×　3. √　4. ×　5. ×　6. √

二、单项选择题

1. B　2. C　3. C　4. D　5. B　6. D

理论知识考试模拟试卷及答案

公共场所安检（专项职业能力）理论知识试卷

注 意 事 项

1. 考试时间：90 min。
2. 请首先按要求在试卷的标封处填写您的姓名、身份证号和准考证号。
3. 请仔细阅读各种题目的回答要求，在规定的位置填写您的答案。
4. 不要在试卷上乱写乱画，不要在标封区填写无关的内容。

	一	二	总 分
得 分			

得 分	
评分人	

一、判断题（第 1～35 题。将判断结果填入括号中。正确的填“√”，错误的填“×”。每题 1 分，满分 35 分）

1. 安全检查口是进入安保区域的重要关口，人员集中，客流量大，有时会造成安检时间紧张，这与严查细验，确保安全是一对矛盾。因此，检查人员要根据具体情况酌情处置，以免发生纠纷。（　　）

2. 安全检查工作应当坚持安全第一，严格检查，文明执勤，热情服务的原则。（　　）

3. 安检法规具有非强制性的特点。（　　）

4. 安检法规的国际性，表现在它是根据国际公约，结合国际形势，按国际标准和建议相应制定的。（　　）

5．执勤规范不属于安检人员的礼节礼仪基本规范。（　）

6．安检人员在检查完行李物品后，不需要协助受检者整理被检物品。（　）

7．金属武器探测门能够检查出一切具有一定重量金属成分的物品，包括磁性金属材料和非磁性金属材料。（　）

8．X光安检仪由通道、机柜、控制台、传送带、工业电源五大部分组成。（　）

9．当物品刚进入X光安检仪通道时，X光就开始发射，对物品进行扫描，形成X光图像。（　）

10．车底安全检查扫描系统，主要检查各类汽车底部，能够快速准确地检测藏匿在车底的爆炸物、武器、可疑物品、违禁品等。（　）

11．室外安检范围包括：广场、庭院、花坛、草地、假山、道路等一切设施。（　）

12．鞋底探测器能简单方便、安全有效、快速可靠地发现有无爆炸装置及危险品。（　）

13．爆炸装置的器材一旦放入防爆罐，复检的人员和财物就安全了。（　）

14．手持式金属探测器扫描程序分为以下三个阶段：①身体的轮廓（身体的外部）；②身体的前部；③身体的后部。（　）

15．在使用手持式金属探测器时，以顺时针方向进行扫描。（　）

16．如果金属探测门有警报响起，则要求受检者接受手持式金属探测器的检查。（　）

17．人身检查时，安检人员非执手探之手应配合手探的行进，做摸、按、捏等动作，以感觉受检者身上是否有携带非金属危险品或违禁品或判明报警物质性质。（　）

18．人身检查报警时，安检人员要求受检者将报警物品从身上取出，然后对报警物品进行检查，确认无危险品后方可过关。（　）

19．人身检查的重点部位包括：头发、手臂、胸部、臀部、腋下、腹部、衣领等。（　）

20．对查获的枪支、弹药、管制刀具、易燃易爆物品等违禁品，安检人员可作暂扣处理。（　）

21．当X光安检仪值机员在箱包检查显示的图像中，发现有可疑物品时，必须征得受检者同意后，方可开箱包检查。（　）

22．箱包安检人员将检查出的物品请值机员复核。如仍有疑问则对箱包进行X光安检仪复检，若为违禁品则移交带班领导处理。（　）

23. 开箱包检查时，开启的箱包应侧对物主，使其能通视自己的物品。（　）

24. 开箱包检查的程序之一是：检查内层和夹层：用手沿箱包的各个侧面上下摸查，将所有的夹层、底层和内层小口袋检查一遍。（　）

25. 对冬装及皮衣、皮裤更要仔细检查，看是否有夹层，捏是否暗藏有异常物品，衣领处能暗藏一些软质的爆炸物品。（　）

26. 厚的书或者是捆绑在一起的书可能被挖空，暗藏武器、管制刀具、爆炸物和其他违禁物品，检查时，应将书打开翻阅检查，看书中是否有上述物品。（　）

27. 对一般类型的摄像机的检查，可首先检查其外观是否正常，有无可疑部件，有无拆卸过的痕迹，重点检查带匣、电池盒、取景窗等部分是否正常。（　）

28. 检查手提电脑，先看外观有无异常，掂其重量是否正常，可请受检者将电脑启动，查看能否正常工作，对电脑的鼠标和稳压器等也要进行检查。（　）

29. 对罐、袋装的食品的检查，掂其重量是否与罐、袋体所标注重量相符。若觉察该物可疑时，可请受检者自己品尝。（　）

30. 检查“鞋”的方法，可采用看、摸、捏、掂等检查方法来判断鞋中是否藏有违禁物品，必要时可通过 X 光安检仪进行检查。（　）

31. X 光图像的基本颜色，橙色代表有机材料，例如木材、纸张、塑料、服装、汽油等。（　）

32. 物品摆放的角度和 X 光图像显示有一定的关系，在卧式 X 光安检仪中，物体离 X 光源越近，X 光图像显示比例越大。（　）

33. 钝器在 X 光安检仪的图像特征，从黑白图像上看，显示的灰度一般很大，从形状上也较易判别。（　）

34. 危险液体检测仪检测结果是红色指示灯亮起，表示样品液体是危险。（　）

35. 当值机安检人员发现 X 光安检仪图像上呈现疑似禁带液态物品时，应叮嘱安全员对其开包复查。（　）

得　分	
评分人	

二、单项选择题（第 1～65 题。选择一个正确的答案，将相应的字母填入题内的括号中。每题 1 分，满分 65 分）

1. 安全检查工作要求在较短时间内，完成对所有进入安保区域的人员及其携带物品的安全技术检查工作，一旦出现失误，后果严重，它具有的特点中不包括（　　）。

A. 责任性强　　B. 主观性强　　C. 政策性强　　D. 专业性强

2. 实施恐怖和破坏的犯罪分子，不择手段，残忍凶暴，为达到他们的罪恶目的，不惜杀人、纵火、爆炸，因此为防止恐怖和破坏活动而设立的安全检查工作具有极强的（　　）。

A. 责任性　　B. 政策性　　C. 专业性　　D. 风险性

3. 在安全技术检查过程中，对手续不符和拒绝接受检查的人员，安检部门有权不准其进入安保区域，这是行使（　　）。

A. 违禁物品控制权　　B. 检查权

C. 拒绝进入权　　D. 违禁物品没收权

4. 安检人员的（　　）主要有仪容仪表规范、着装规范、语言行为规范和礼节礼貌规范。

A. 礼仪规范　　B. 礼节礼仪基本规范

C. 礼节规定　　D. 执勤规范

5. 安检人员应尊重受检者的（　　），对受检者的穿戴打扮不取笑、不评头论足，遇事不围观。

A. 风俗习惯　　B. 隐私　　C. 行为举止　　D. 个人嗜好

6. 安检人员在执勤中应自觉使用文明执勤用语，热情有礼，不说服务忌语。不对受检者外貌举止进行议论，这些都是安检人员在执勤中的（　　）。

A. 肢体行为规范　B. 语言行为规范　C. 礼貌规范　　D. 执勤态度规范

7. 安检人员在迎送外宾及重要受检者时，要热情得体，落落大方，通常用握手、鞠躬、微笑、注目礼迎送，这是（　　）。

A. 注目礼　　B. 迎送礼　　C. 迎宾礼　　D. 鞠躬礼

8. 安全门能够检查出一切具有一定重量的（　　）。

A. 金属成分的物品　　B. 非金属成分的物品

C. 磁性非金属材料的制品　　D. 高分子橡塑制品

9. X 光安检仪实施检查，（　　），该物品图像即保留在显示器屏幕上。

A. 在物品刚进入通道　　B. 在下一个物品进入通道之前

C. 在物品快速进入通道后　　D. 在物品停留在通道内

10. X 光安检仪紧急关机的方法，不正确的是（　　）。

A. 按下紧急停止按钮　　B. 逆时针旋转钥匙开关中的钥匙

C. 顺时针旋转钥匙开关中的钥匙　　D. 关闭电源

11. 防爆毯是安全检查部门必备的装备，它的作用不包括（　　）。

A. 临时隔离爆炸物品　　B. 作为扑灭初起火灾的必备工具

C. 临时处置爆炸物品　　D. 有效防护爆炸物产生的冲击波

12. 防爆罐是一种用于盛放爆炸装置的器材，并可以（　　），达到保护人员和财物的目的。

A. 减轻爆炸气浪的威胁　　B. 弱化爆炸装置的爆炸威力

C. 制止爆炸装置爆炸　　D. 扑灭爆炸装置爆炸引起的火灾

13. 务必牢记，领取任何设备都必须进行文档记录。在任何情况下，请遵循（　　）原则。

A. 领取、检查、测试、建档　　B. 领取、检查、测试

C. 领取、测试、建档　　D. 领取、测试

14. 大件设备，如 X 光安检仪和金属探测门通常放置在现场并在没有使用时将电源：（　　）。

A. 开着，以便下一次使用　　B. 关闭

C. 无须理会　　D. 任由安检人员决定

15. 在执行检测金属探测门时，不需要（　　）。

A. 拿着金属物体由门板通过

B. 启动金属探测门（主电源和电源开关）

C. 打开门板上的按钮

D. 确保金属物品通过探测门时，警报声会响起

16. 在每个工作日的开始，主管将以部署表的形式给出工作分配的细节及简要的提示等，明确（　　）的细节，对工作人员是至关重要的。

A. 位置、时间、部署　　B. 部署

C. 位置、午餐、部署　　D. 位置、午餐、时间、部署

17. 在使用金属探测门前，可以通过（　　）来检测金属探测门。

A. 塑料物品　　B. 金属物品　　C. 任何物品　　D. 液体

18. 如果金属探测门有警报响起，要求受检者（　　）。

A. 自首，把危险物品交出　　B. 再走一次，直到没有警报

C. 接受手持式金属探测器的检查　　D. 接受 X 光的检查

19. 人身检查就是采用（　　），对受检者人身进行安全检查。

A. 公开的仪器检测的方法　　　　　B. 纯手工检查的方法

C. 公开的仪器和手工相结合的方式　D. 手工检查为主和仪器检查为辅的方法

20. 安全门的测试常采用（　　）的测法。

A. 三点式　　B. 五点式　　C. 六点式　　D. 八点式

21. 手持金属探测器开机后，进行测试程序的第一步是：（　　）。

A. 将灵敏度调节至安检要求的程度　B. 将手探电源开关打开至声光报警挡

C. 用金属物品测试声光报警是否齐全　D. 确认电量是否充足

22. 安检人员在人身检查时，运用手探的摸、按、捏等动作进行，以判明报警物质的（　　），同时请受检者取出该物品进行检查。

A. 成分　　B. 质量　　C. 性质　　D. 特点

23. 人身检查时，当检查到脚部有异常时，应让受检者坐在椅子上，请其脱鞋接受检查。检查方法不包括（　　），检查完毕，确认无问题后放行。

A. 将鞋敲打，确定是否有夹层

B. 用手握住其脚踝判别是否藏有物品

C. 确定其袜中是否夹带物品

D. 将受检者的鞋置于 X 光安检仪中进行检查

24. 人身检查的重点部位不包括（　　）。

A. 头部　　B. 胸部　　C. 腋下　　D. 颈部

25. 纯手工人身检查时，安检人员要（　　），若着装较多时，可请受检者解开外衣，对外衣也必须进行认真的检查。

A. 根据现场情况调节安检节奏，必要时可进行抽查

B. 按照人身检查的程序进行全面检查，不能有遗漏

C. 按照人身检查的程序进行重点检查

D. 按照人身检查的要求，有原则地灵活性操作

26. 当 X 光安检仪值机员在显示的图像中发现可疑物品时，（　　）。

A. 可立即向领导汇报　　　　B. 可立即报警

C. 可要求其接受开箱包检查　D. 应立即动手进行开箱包检查

27. 当有箱包需要开箱包检查时，值机员给箱包安检人员以语言提示。如箱包内疑有枪支、爆炸物等危险性较大的物品，箱包安检人员应采取的措施是（　　）。

A. 立即向领导汇报

B. 立即报警

C. 控制住箱包和携带者，做到“人包分离”

D. 立即采取“人包分离”措施

28. 当有箱包需要开箱包检查时，值机员给箱包安检人员以语言提示，在物主到达前，箱包安检人员控制住需开箱包检查的箱包，（　　），对箱包实施检查。

A. 并立即打开箱包

B. 待物主到达后，安检人员再打开箱包

C. 待物主到达后，安检人员应请物主自行打开箱包

D. 待物主到达后，安检人员应与物主一起共同打开箱包

29. 若受检者申明携带的物品不宜接受公开开包检查时，箱包安检人员应（　　）。遇有受检者携带胶片、计算机软盘等不愿接受 X 光安检仪检查时，可进行手工检查。

A. 交带班领导处理　　B. 说明制度规定，强行检查

C. 拒绝参观者入内　　D. 静候参观者自觉接受检查

30. 开箱包检查的程序之一是：在善后处理时，检查后如有问题应及时报告领导，或交公安机关处理。没有发现问题的，（　　）。

A. 请受检者尽快离开安检区域

B. 应协助受检者将物品放回包内，对其合作表示感谢

C. 诚恳地向受检者道歉

D. 对受检者说一声“不好意思”

31. 使用“看”的方法进行开箱包检查，就是对物品的（　　）是否有异常、包装是否有变动等进行检查。

A. 内部　　B. 外表　　C. 性质　　D. 质量

32. 开箱包检查，一般可以直接用（　　）来判断是否藏有异常或危险物品。

A. 探针　　B. 手的触觉　　C. 近距离嗅闻　　D. 视觉感受

33. 开箱包检查的方法之一是（　　），就是直接用手的触觉来判断是否藏有异常或危险物品。

A. 摸　　B. 探　　C. 按　　D. 压

34. 对容器进行检查的方法，不包括（　　）。听其发出的声音，分辨有无夹层，并测出容器的外高与内深，外径与内径的比差是否相符。

A. 用手电照明进行辨别

B. 敲击听其发音，分辨有无夹层

C. 测量容器的外高与内深的比差是否合理

D. 外径与内径的比差是否相符

35. 对容器进行检查时，可取出容器内的东西，采取敲击、测量的方法。如不能取出里面的东西，则可采用（　　）检查。

A. 倾倒　　B. 用手摸　　C. 手电照明　　D. 探针

36. 对冬装及皮衣、皮裤更要仔细检查，检查时应用（　　）进行摸、按、压。

A. 食指　　B. 手掌心　　C. 食指和中指　　D. 五指

37. 对衣物检查时应用手掌心进行（　　），因为手掌心的接触面积大且敏感，容易查出藏匿在衣物内的危险品。

A. 摸、按、挤　　B. 拍、按、压　　C. 摸、按、压　　D. 摸、挤、拍

38. 对女士束腰带进行检查时，看边缘缝合处有无再加工的痕迹，摸（　　）是否有夹层。

A. 带圈内　　B. 皮带的反面　　C. 皮带的正面　　D. 皮带头

39. （　　）可能被挖空，暗藏武器、爆炸物或其他违禁物品，检查时，应将其打开翻阅检查。

A. 杂志　　B. 报纸　　C. 厚的书　　D. 书本

40. 检查手杖时，注意将手杖（　　），确认是否被改成拐杖刀或拐杖枪。

A 仔细观察其表面　　B. 当场使用

C. 来回摇晃　　D. 进行敲击，听其发声是否正常

41. 在安检时，安检人员要注意有可能将（　　）改装成具有进攻性的刀或枪。

A. 木棍　　B. 拐杖　　C. 玩具　　D. 假肢

42. 对有遥控设施玩具的检查方法，不包括（　　）。

A. 安检人员可当场进行操作以查明情况

B. 看其表面是否有拆动过的痕迹

C. 摇晃是否有不正常的声音

D. 拆开遥控器检查电池，看是否暗藏危险品

43. 检查摄像机，重点检查带匣、电池盒、取景窗等部分是否正常，对有怀疑的，（　　），以查明情况。

A. 安检人员可当场操作　　B. 可暂扣待查

C. 应向上级汇报　　D. 可让受检者进行操作

44. 检查手提电脑，可请受检者将电脑启动，查看能否正常工作。对电脑的配套

设备检查不包括（　　）。

A. 电脑底板　　B. 鼠标　　C. 稳压器　　D. 电脑包

45. 安检人员可用燃烧粉末状物品的方法，观察其（　　）来判断是否属于易燃易爆物品。

A. 燃烧点　　B. 能否燃烧　　C. 燃烧程度　　D. 火焰颜色

46. 对罐、袋装的食品的检查，应运用（　　）的方法确定是否与罐、袋体所标注重量相符。

A. 看　　B. 摸　　C. 捏　　D. 掂

47. 检查“鞋”时，要看鞋的外表与鞋的内层，用（　　）来检查鞋的内边缘等较为隐蔽之处是否有异常。

A. 手的触感　　B. 视觉　　C. 掂的感觉　　D. 手持金属探测器

48. 使用（　　）对敏感部位进行检查，并且严格遵守检查程序。

A. 手掌　　B. 手心　　C. 手背　　D. 手腕

49. 安检过程中如果感觉到受检者口袋里有任何东西，必须（　　）。

A. 直接取出该物品

B. 先问受检者是什么物品，然后要求受检者取出

C. 先问受检者是什么物品，无须取出

D. 问受检者是什么物品

50. 从头部和（　　）开始全身性搜身检查。

A. 左肩膀　　B. 右肩膀　　C. 左耳朵　　D. 右耳朵

51. 拇指得放在受检者腰带和腰部之间，然后顺着他们的腰部绕（　　）。

A. 一圈　　B. 两圈　　C. 三圈　　D. 四圈

52. 允许受检者见证检查的过程，并且（　　）。

A. 要求受检者保持距离直到放行被检查的箱包

B. 要求受检者一起讨论箱包里的物品

C. 让受检者一起检查

D. 没收物品

53. 如果遇见坐轮椅的受检者，（　　）。

A. 无须通过安检

B. 坐在轮椅上进行检查，检查轮椅的底面。

C. 叫受检者站起来接受安检

D. 只需检查轮椅

54. X 光安检仪有三种基本颜色，分别是（　　）。

A. 橙色、红色、蓝色　　B. 橙色、绿色、红色

C. 白色、黑色、红色　　D. 橙色、绿色、蓝色

55. 在 X 光安检仪图像上不同的颜色代表不同的含义，（　　）表示非常厚、X 光穿不透的物体；其在 X 光安检仪中若不使用加亮键观看也有可能为黑色。

A. 红色　　B. 蓝色　　C. 绿色　　D. 灰色

56. 在 X 光安检仪图像上不同的颜色代表不同的含义，绿色表示（　　），即有机物与无机物的重叠部分。

A. 化合物　　B. 纯净物　　C. 混合物　　D. 放射物

57. 物品摆放的（　　）和 X 光图像显示有一定的关系，在卧式 X 光安检仪中，物体离 X 光源越近，X 光图像显示比例越大。

A. 角度　　B. 方向　　C. 正反　　D. 远近

58. 物品摆放的角度和 X 光图像显示的关系，物品（　　）时，在底照式 X 光安检仪上显示的图像较佳。

A. 侧放　　B. 正放　　C. 平放　　D. 倒放

59. X 光安检仪图像的整体判读法，具体来说就是由四周到中间整幅图像进行判读。观察图像的每个细节，判读图像中的（　　）。

A. 物品的性质　　B. 物品是否相联系

C. 物品的轮廓　　D. 物品的质量

60. 形状分析法是通过 X 光安检仪图像中（　　）进行判断，有些物品 X 光穿不透，就无法判断其性质。

A. 物体的外观　　B. 物体的影像　　C. 物体的大小　　D. 物体的轮廓

61. 枪支正放时，枪的外观轮廓明显，较易识别。枪支侧放时，可通过分辨枪的（　　）识别。

A. 结构和外观特征　　B. 握柄

C. 枪管　　D. 准星

62. 匕首平放时，整体为（　　），较难分辨，但一样可看到较粗的刀柄两端。

A. 一黑色直线　　B. 一深蓝色直线　　C. 一深红色直线　　D. 一深黄色直线

63. 弹簧刀平放时，类似平放的大型锁刀，但比锁刀（　　）。

A. 多了一个开关　　B. 长和宽缩小了一半

C．短了一大截　　　　　　　　　D．窄了一半

64．炸药毒品检测仪检测分析快速，（　　）s 内检测结果。

A．1　　　　　B．2　　　　　C．3　　　　　D．4

65．发现有疑似爆炸物品后，值机人员错误的做法是（　　）。

A．立即关闭检查通道　　　　　　B．迅速组织人员撤离

C．建立禁区封锁现场　　　　　　D．等待专业人员前来处理

理论知识考试模拟试卷参考答案

一、判断题

1. × 2. × 3. √ 4. × 5. √ 6. × 7. √ 8. √
9. × 10. √ 11. × 12. × 13. √ 14. × 15. √ 16. √
17. × 18. √ 19. × 20. √ 21. × 22. √ 23. √ 24. √
25. × 26. √ 27. √ 28. × 29. √ 30. √ 31. √ 32. ×
33. √ 34. × 35. √

二、单项选择题

1. B 2. A 3. C 4. B 5. A 6. B 7. B 8. A
9. B 10. C 11. B 12. B 13. A 14. B 15. C 16. A
17. B 18. C 19. C 20. C 21. A 22. C 23. A 24. D
25. B 26. C 27. C 28. C 29. A 30. B 31. B 32. B
33. A 34. A 35. D 36. B 37. C 38. A 39. C 40. D
41. B 42. A 43. D 44. A 45. C 46. D 47. A 48. C
49. B 50. A 51. A 52. A 53. B 54. B 55. A 56. C
57. A 58. C 59. B 60. D 61. A 62. C 63. A 64. B
65. D

操作技能考核模拟试卷

注 意 事 项

1. 考生根据操作技能考核通知单中所列的试题做好考核准备。

2. 请考生仔细阅读试题单中具体考核内容和要求，并按要求完成操作或进行笔答或口答，若有笔答请考生在答题卷上完成。

3. 操作技能考核时要遵守考场纪律，服从考场管理人员指挥，以保证考核安全顺利进行。

注：操作技能鉴定试题评分表及答案是考评员对考生考核过程及考核结果的评分记录表，也是评分依据。

国家职业资格鉴定
公共场所安检（专项职业能力）操作技能考核通知单

姓名：

准考证号：

考核日期：

试题1

试题代码：1.1.1。

试题名称：安全门和手持式金属探测器的操作、人工搜查（A）。

考核时间：4 min。

配分：18 分。

试题2

试题代码：2.1.1。

试题名称：X 光安检仪的操作（A）。

考核时间：6 min。

配分：42 分。

试题 3

试题代码：3. 1. 1。

试题名称：危险液体检测仪的操作（A）。

考核时间：4 min。

配分：10 分。

公共场所安检（专项职业能力）操作技能鉴定试题单

试题代码：1.1.1。

试题名称：安全门和手持式金属探测器的操作、人工搜查（A）。

考核时间：4 min。

1. 操作条件

安检实训室，安全门和手持式金属探测器。

2. 操作内容

（1）设置A套方案，受检者在身体的某个部位携带违禁物品。

（2）操作安全门对受检者进行安检。

（3）操作手持式金属探测器对受检者进行安检。

（4）对受检者进行人工搜查。

注：A套方案是在受检者的上身、腰部或下身的某个部位，携带某种物品（如打火机、液体化妆品、旅行刀、电击器、子弹、打火机气体、香蕉水、首饰、钥匙、用于检测的铁块等），由考生进行检测。

3. 操作要求

（1）能正确使用安全门对受检者进行安检，准确确定受检者随身携带违禁物品的方位。

（2）能在规定时间内使用手持式金属探测器完成对人体全身安检的操作，操作次序正确。

（3）应用人工搜查技术，准确确定受检者随身携带的违禁物品，操作方法正确。

公共场所安检（专项职业能力）操作技能鉴定试题评分表

试题代码及名称		1.1.1　安全门和手持式金属探测器的操作、人工搜查（A）			考核时间					4 min
评价要素		配分	等级	评分细则	评定等级					
					A	B	C	D	E	
1	安全门操作基本技能	5	A	能准确熟练地确定A套方案受检者随身携带违禁物品的方位						
			B	能比较熟练地确定A套方案受检者随身携带违禁物品的方位，能准确指出受检者随身携带违禁物品的方位						
			C	确定A套方案受检者随身携带违禁物品的方位不够熟练，最终能指出受检者随身携带违禁物品的方位						
			D	不能确定A套方案受检者随身携带违禁物品的方位						
			E	放弃或缺考						
2	手持式金属探测器操作基本技能	8	A	能在规定时间内熟练使用手持式金属探测器完成A套方案对人体全身的安检，操作次序正确，并能准确确定受检者随身携带的违禁物品						
			B	能在规定时间内比较熟练地使用手持式金属探测器完成A套方案对人体全身的安检，操作次序基本正确，并能准确确定受检者随身携带的违禁物品						
			C	能使用手持式金属探测器完成A套方案对人体全身安检的操作，操作次序不完全正确，但能确定受检者随身携带的违禁物品						

续表

试题代码及名称		1.1.1 安全门和手持式金属探测器的操作、人工搜查（A）			考核时间					4 min
评价要素		配分	等级	评分细则	评定等级					
					A	B	C	D	E	
2	手持式金属探测器操作基本技能	8	D	不能在规定时间内使用手持式金属探测器完成A套方案对人体全身安检的操作，操作次序不正确，没能确定受检者随身携带的违禁物品						
			E	放弃或缺考						
3	人工搜查的操作技能	5	A	能在使用手持式金属探测器后，正确熟练地运用人工搜查方法，对受检者进行安检						
			B	能在使用手持式金属探测器后，比较正确熟练地运用人工搜查方法，对受检者进行安检						
			C	运用人工搜查方法动作不够规范，也不够熟练						
			D	不能运用人工搜查方法，对受检者进行安检						
			E	放弃或缺考						
合计配分		18	合计得分							

考评员（签名）：

等级	A（优）	B（良）	C（及格）	D（较差）	E（放弃或缺考）
比值	1.0	0.8	0.6	0.2	0

“评价要素”得分 = 配分 × 等级比值。

公共场所安检（专项职业能力）操作技能鉴定试题单

试题代码：2.1.1。

试题名称：X 光安检仪的操作（A）。

考核时间：6 min。

1. 操作条件

安检实训室，X 光安检仪设备，考试软件。

2. 操作内容

A 套考试题含有 30 幅 X 光箱包的画面，如下图所示，操作 X 光安检仪，运用图像识别技术，在规定时间内，完成箱包内违禁物品的识别。

A 套考试题设计的 30 个满箱包，其中有 3 个箱包内没有安置违禁物品，其余的 27 个箱包，分别放入有枪支弹药类、军（警）用械具类、管制刀具类、易燃易爆物品类、利器和钝器类等违禁物品。

3. 操作要求

（1）操作 X 光安检仪，在 6 min 内，完成对 30 幅 X 光画面（以 12 s 一幅的平均速度通过屏幕）的违禁物品的分辨。

（2）点击 X 光画面中的违禁物品，确认其方位，并确定违禁物品的名称。

（3）全部完成后，点击完成键确认。

公共场所安检（专项职业能力）操作技能鉴定试题评分表

<table>
<tr><td>试题代码及名称</td><td colspan="3">2.1.1　X光安检仪的操作（A）考核时间</td><td colspan="5">考核时间</td><td>6 min</td></tr>
<tr><td rowspan="2">评价要素</td><td rowspan="2">配分</td><td rowspan="2">等级</td><td rowspan="2">评分标准</td><td colspan="5">评定等级</td><td rowspan="2">得分</td></tr>
<tr><td>A</td><td>B</td><td>C</td><td>D</td><td>E</td></tr>
<tr><td rowspan="5">安检设备操作基本技能</td><td rowspan="5">42</td><td>A</td><td>在6 min内准确分辨出A套试题中29～30个箱包内有无违禁物品，并指出其方位，确定违禁物品的名称</td><td></td><td></td><td></td><td></td><td></td><td rowspan="5"></td></tr>
<tr><td>B</td><td>在6 min内准确分辨出A套试题中27～28个箱包内有无违禁物品，并指出其方位，确定违禁物品的名称</td><td></td><td></td><td></td><td></td><td></td></tr>
<tr><td>C</td><td>在6 min内准确分辨出A套试题中25～26个箱包内有无违禁物品，并指出其方位，确定违禁物品的名称</td><td></td><td></td><td></td><td></td><td></td></tr>
<tr><td>D</td><td>在6 min内准确分辨出A套试题中24个以下的箱包内有无违禁物品，并指出其方位，确定违禁物品的名称</td><td></td><td></td><td></td><td></td><td></td></tr>
<tr><td>E</td><td>放弃或缺考</td><td></td><td></td><td></td><td></td><td></td></tr>
<tr><td>合计配分</td><td>42</td><td colspan="7">合计得分</td><td></td></tr>
</table>

考评员（签名）：

等级	A（优）	B（良）	C（及格）	D（较差）	E（放弃或缺考）
比值	1.0	0.8	0.6	0.2	0

“评价要素”得分＝配分×等级比值。

公共场所安检（专项职业能力）
操作技能鉴定试题单

试题代码：3.1.1。

试题名称：危险液体检测仪的操作（A）。

考核时间：4 min。

1. 操作条件

安检实训室，危险液体检测仪。

2. 操作内容

（1）设置A套方案，准备外包装不相同（塑料/玻璃/陶瓷/纸质/铝或铁等金属材质）的三种不同的危险液体和一瓶纯净水用于检测。

A套方案可在以下危险液体中选取3种：汽油、煤油、乙醇（浓度为70%及以上）、油漆稀料、香蕉水、甲苯、乙醛（40%）、无水乙醚、松节油、乙酸等。

（2）操作危险液体检测仪，在4瓶液体中检测出其中的危险液体。

3. 操作要求

（1）能正确使用危险液体检测仪进行检测，准确确定A套方案中的危险液体。

（2）能在规定时间内完成检测，操作次序正确。

公共场所安检（专项职业能力）操作技能鉴定试题评分表

<table>
<tr><td>试题代码及名称</td><td colspan="3">3.1.1　危险液体检测仪的操作（A）</td><td colspan="5">考核时间</td><td>4 min</td></tr>
<tr><td rowspan="2">评价要素</td><td rowspan="2">配分</td><td rowspan="2">等级</td><td rowspan="2">评分细则</td><td colspan="5">评定等级</td><td rowspan="2">得分</td></tr>
<tr><td>A</td><td>B</td><td>C</td><td>D</td><td>E</td></tr>
<tr><td rowspan="5">危险液体检测仪操作基本技能</td><td rowspan="5">10</td><td>A</td><td>能在规定时间内，准确熟练地检测出A套方案内的全部危险液体，并鉴别出纯净水，操作方法正确无误</td><td></td><td></td><td></td><td></td><td></td><td rowspan="5"></td></tr>
<tr><td>B</td><td>能在规定时间内，比较熟练地检测出A套方案内的全部危险液体和纯净水，操作方法正确</td><td></td><td></td><td></td><td></td><td></td></tr>
<tr><td>C</td><td>能完成A套方案内的危险液体检测；操作方法欠熟练，或不能在规定时间内完成检测</td><td></td><td></td><td></td><td></td><td></td></tr>
<tr><td>D</td><td>不能检测出A套方案内的危险液体1瓶及以上</td><td></td><td></td><td></td><td></td><td></td></tr>
<tr><td>E</td><td>放弃或缺考</td><td></td><td></td><td></td><td></td><td></td></tr>
<tr><td>合计配分</td><td>10</td><td colspan="7">合计得分</td><td></td></tr>
</table>

考评员（签名）：

等级	A（优）	B（良）	C（及格）	D（较差）	E（放弃或缺考）
比值	1.0	0.8	0.6	0.2	0

“评价要素”得分＝配分×等级比值。

附录

- 《上海市轨道交通管理条例》
- 《大型群众性活动安全检查规范》
- 《中华人民共和国民用航空安全保卫条例》
- 《中国民用航空安全检查规则》
- 《民用航空安全检查工作手册》

上海市轨道交通管理条例

（2002 年 5 月 21 日上海市第十一届人民代表大会常务委员会第 39 次会议通过，根据 2006 年 6 月 22 日上海市第十二届人民代表大会常务委员会第 28 次会议《关于修改〈上海市轨道交通管理条例〉的决定》第 1 次修正；根据 2010 年 9 月 17 日上海市第十三届人民代表大会常务委员会第 21 次会议《关于修改本市部分地方性法规的决定》第 2 次修正；2013 年 11 月 21 日上海市第十四届人民代表大会常务委员会第 9 次会议修订）

第一章 总 则

第一条 为了加强轨道交通管理，促进轨道交通建设，保障安全运营，维护乘客的合法权益，根据有关法律、行政法规的规定，结合本市实际情况，制定本条例。

第二条 本条例所称轨道交通，是指本市地铁、轻轨等城市轨道公共客运系统。

本条例所称轨道交通设施，是指轨道交通的轨道、隧道、高架、车站（含出入口、通道）、车辆、机电设备、通信信号系统和其他附属设施，以及为保障轨道交通运营而设置的相关设施。

第三条 本条例适用于本市行政区域内轨道交通的规划、建设、运营及其相关的管理活动。

第四条 市交通行政管理部门主管本市轨道交通管理工作，负责本条例的组织实施，并可以委托其所属的交通行政执法机构实施，本条例规定由市交通行政管理部门实施的行政处罚。

市人民政府确定的轨道交通企业具体负责本市轨道交通的建设和运营，并按照本条例的授权实施行政处罚。轨道交通企业执法人员应当取得执法身份证件，规范执法、文明执法。

市发展改革、建设、规划国土资源、公安、安全生产监管等有关行政管理部门，按照各自的职责实施本条例。

区、县人民政府应当协助做好轨道交通建设、运营服务和应急事件处置等有关工作。

第五条 本市轨道交通实行统一规划、配套建设、安全运营、规范服务的原则。

第六条 本市优先发展城市轨道公共客运交通。本市各级人民政府应当对轨道交通的投资、建设和运营给予支持。

第七条 市人民政府有关部门应当加强对轨道交通建设资金、运营和综合开发收益等情况的监督。

第二章 规划和建设

第八条 轨道交通专项规划应当根据国民经济和社会发展规划编制，并按照国家和本市规定的程序报经批准后，纳入本市相应的城乡规划。

轨道交通专项规划包括网络系统规划、选线专项规划以及系统配套设施规划。

市规划国土资源行政管理部门应当会同市发展改革、建设、交通等相关行政管理部门和轨道交通企业组织编制网络系统规划、选线专项规划，并划定轨道交通规划控制区。

市交通行政管理部门应当会同市规划国土资源行政管理部门和轨道交通企业组织编制轨道交通系统配套设施规划。

编制轨道交通专项规划，应当统筹安排轨道交通不同线路之间、轨道交通与其他交通方式之间的换乘衔接。

编制轨道交通专项规划，应当按照法定程序听取沿线区、县人民政府、有关单位和公众的意见。

第九条 轨道交通规划控制区内不得擅自新建、改建、扩建建筑物、构筑物。确需新建、改建、扩建建筑物、构筑物的，市和区、县规划国土资源行政管理部门应当书面征得市交通行政管理部门同意后，依法作出审批。

第十条 市发展改革行政管理部门应当会同市规划国土资源、建设、交通等相关行政管理部门组织编制轨道交通建设规划。

轨道交通建设规划按照国家规定的程序批准后组织实施。

第十一条 城乡规划确定的轨道交通用地，未经法定程序调整，不得改变用途。

本市鼓励对新建轨道交通设施用地按照市场化原则实施综合开发。实施综合开发的，开发收益应当用于轨道交通建设和运营。

第十二条 轨道交通企业应当在轨道交通建设项目可行性研究阶段，对建设项目的安全风险及其对周边环境影响进行评估，并按照建设程序报批。轨道交通企业应当采取措施，防止和减少对上方和周围已有建筑物、构筑物的影响，保障其安全。

第十三条 相关区、县人民政府和市规划国土资源行政管理部门在编制轨道交通车站所在区域的控制性详细规划时，应当预留换乘枢纽、公共汽（电）车和出租汽车站点、停车场、公共厕所等公共交通和公共设施用地。

第十四条 轨道交通勘察、设计、施工、监理等活动应当符合有关法律、法规和技术标准的规定。

轨道交通企业在组织工程项目建设时，应当根据国家、本市规定的技术标准以及轨道交通运营功能配置规范，配置安全可靠的轨道交通设施，建设完善的轨道交通安全监测和施救保障系统，保障乘客乘车安全、便捷。

第十五条 轨道交通工程完工后，轨道交通企业应当按照设计标准进行工程初步验收，并按照国家有关规定进行不载客试运行。

轨道交通工程投入试运营前，市交通行政管理部门应当组织有关部门和专家认定，具备基本运营条件的，报市人民政府批准后，方可进行试运营。

轨道交通工程竣工，按照国家有关规定进行验收。经验收合格后，方可交付正式运营。

第三章 运营服务

第十六条 轨道交通企业应当设置售票、检票、自动扶梯、公共厕所、通风、照明、废物箱等轨道交通服务设施，并定期检查，及时维修、更新，保持完好，确保轨道交通设施处于可安全运行的状态。

第十七条 路政管理部门、轨道交通企业应当按照国家有关标准和本市有关规定，在车站周边、车站出入口以及车站内设置轨道交通导向标志、安全标志等运营服务标志。

路政管理部门、轨道交通企业应当做好运营服务标志的日常管理和维护工作。

第十八条 轨道交通企业应当按照国家和本市规定的标准和要求，在轨道交通车站配套建设无障碍设施，设置指导和提示标志，并进行日常养护和维修。

任何单位或者个人不得损坏、擅自占用无障碍设施，或者改变无障碍设施的用途。

第十九条 市交通行政管理部门应当制定本市轨道交通运营服务规范，并向社会公布。轨道交通企业应当按照服务规范的要求，提供安全、便捷的客运服务，保障乘客的合法权利。

第二十条 轨道交通企业应当根据轨道交通沿线乘客出行规律及变化，以及其他相关线路的列车运行情况，合理编制运营计划，报市交通行政管理部门备案。

列车运营时间、运营间隔应当向社会公布。

第二十一条 轨道交通企业应当按照以下要求向乘客提供信息服务：

（一）通过广播、电子显示屏等向乘客提供列车到达、间隔以及安全提示等信息；

（二）在车站醒目处公布首末班车行车时刻、列车运行状况提示和换乘指示；

（三）在车站提供问讯服务，车站工作人员在接受乘客问讯时，应当及时准确提供解答；

（四）需要调整首末班车行车时间，或者发生非正常情况、设施故障影响正常运营时，及时通过多种信息发布手段对乘客进行告知。

第二十二条 轨道交通企业应当采取以下管理措施，为乘客提供良好的乘车环境：

（一）建立车站卫生保洁制度，保持站内设施和车厢清洁，出入口和通道畅通；

（二）建立急救协助制度，按照规定在车站配备医药箱；

（三）建立紧急关闭装置巡查制度，轨道交通运营期间遇有紧急情况时，及时启动紧急关闭装置。

第二十三条 区、县人民政府和轨道交通企业应当对各自责任区域加强市容和环境卫生管理。

第二十四条 轨道交通企业的驾驶员、调度员、车站值班员等工作人员必须经培训考核后，持证上岗。

轨道交通企业的工作人员应当按照规定统一着装、佩戴标志，礼貌待客、文明服务。

第二十五条 车站、车辆的广告设置应当合法、规范。广告设置不得影响服务标志的识别，不得影响轨道交通运营安全和服务设施的使用。

车站商业网点的设置应当符合运营安全、方便乘客、统筹规划、因地制宜的要求。除轨道交通车站设计方案确定设置的商业网点和设置在站台的自动售货机、书报亭外，禁止在车站出入口、站台及通道设置商业网点。

轨道交通企业应当定期对广告设施、商业网点进行安全检查。广告设施、商业网点使用的材质应当采用难燃材料，并符合有关消防规定。

广告设施、商业网点的设置作业或者维护作业应当在轨道交通非运营期间进行。

第二十六条 市交通行政管理部门应当定期通过乘客满意度调查等形式，对轨道交通运营服务情况进行评价。对评价中发现的问题，轨道交通企业应当及时改进，市交通行政管理部门应当加强监督。服务评价结果和改进情况应当通过多种方式向社会公布。

第二十七条 轨道交通票价应当与本市其他公共交通的票价相协调。票价的确定和调整应当依法召开听证会，广泛听取社会各方面意见，经市物价管理部门审核并报市人民政府批准。

轨道交通企业应当执行市人民政府批准的票价并予以公布。市物价管理部门应当对轨道交通票价的执行情况进行监督检查。

第二十八条 轨道交通运行过程中发生故障而影响运行时，轨道交通企业应当组织力量及时排除故障，恢复运行。一时无法恢复运行的，轨道交通企业应当组织乘客疏散和换乘，并及时向市交通行政管理部门报告。

轨道交通因故障不能正常运行十五分钟以上的，轨道交通企业应当出具延误证明，乘客有权持有效车票要求轨道交通企业按照原票价退还票款。

第二十九条 市交通行政管理部门应当制定《轨道交通乘客守则》。乘客进站、乘车应当遵守《轨道交通乘客守则》。

第三十条 乘客应当持有效车票乘车，乘客越站乘车的，应当补交超过部分的票款。

乘客无车票或者持无效车票乘车的，轨道交通企业可以按照轨道交通网络单程最高票价补收票款，并可加收五倍票款。市交通行政管理部门应当加强对轨道交通企业加收票款的监督。

享受乘车优惠的乘客应当持本人有效证件乘车。乘客不得冒用他人证件、使用伪造证件乘车。

乘客有冒用他人证件、使用伪造证件乘车和其他逃票行为的，有关信息可以纳入个人信用信息系统。

第三十一条 在轨道交通设施范围内禁止下列行为：

（一）拦截列车；

（二）擅自进入轨道、隧道等禁止进入的区域；

（三）攀爬或者跨越围墙、栅栏、栏杆、闸机；

（四）强行上下车；

（五）吸烟，随地吐痰、便溺，乱吐口香糖渣，乱扔纸屑等杂物；

（六）擅自涂写、刻画或者张贴；

（七）擅自设摊、停放车辆、堆放杂物、卖艺、散发宣传品或者从事销售活动；

（八）乞讨、躺卧、收捡废旧物品；

（九）携带活禽以及猫、狗（导盲犬除外）等宠物；

（十）携带自行车（含折叠式自行车）进站乘车；

（十一）使用滑板、溜冰鞋；

（十二）违反法律、法规规定的其他行为。

第三十二条 禁止乘客携带易燃、易爆、有毒、有放射性、有腐蚀性以及其他有可能危及人身和财产安全的危险物品进站、乘车。危险物品目录和样式由市公安、交通行政管理部门公告，由轨道交通企业在车站内予以张贴。

轨道交通企业应当按照有关标准和操作规范，设置安全检查设施，并有权对乘客携带的物品进行安全检查，乘客应当予以配合。对安全检查中发现的携带危险物品的人员，轨道交通企业应当拒绝其进站、乘车；不听劝阻，坚持携带危险物品进站的，轨道交通企业应当立即按照规定采取安全措施，并及时报告公安部门依法处理。

公安部门应当对轨道交通安全检查工作进行指导、检查和监督，并依法处理安全检查中发现的违法行为。

第三十三条 公安部门负责轨道交通的治安、消防管理，维护轨道交通的安全运营。

电力、供水、通信等相关单位应当保证轨道交通用电、用水、通信的需要，协助轨道交通企业保障轨道交通正常运营。

第三十四条 市交通行政管理部门和轨道交通企业应当建立投诉受理制度，接受乘客对违反本条例运营规定行为和服务质量的投诉。

轨道交通企业应当自接受投诉之日起十个工作日内作出答复。乘客对答复有异议的，可以向市交通行政管理部门申诉。

市交通行政管理部门应当自接受乘客投诉或者申诉之日起十个工作日内作出答复。

第四章 安全管理

第三十五条 轨道交通企业是轨道交通运营安全的责任主体，应当按照有关规定设置安全生产管理机构，配备专职安全生产管理人员，建立健全安全生产管理制度和操作规程，维护轨道交通运营安全。

第三十六条 轨道交通企业应当设置报警、灭火、逃生、防汛、防爆、防护监视、紧急疏散照明、救援等器材和设备，定期检查、维护，按期更新，并保持完好。

第三十七条 轨道交通应当设置安全保护区。安全保护区的范围如下：

（一）地下车站与隧道外边线外侧五十米内；

（二）地面车站和高架车站以及线路轨道外边线外侧三十米内；

（三）出入口、通风亭、变电站等建筑物、构筑物外边线外侧十米内。

第三十八条 在轨道交通安全保护区内进行下列作业的单位，其作业方案应当经过市交通行政管理部门同意，并采取相应的安全防护措施：

（一）建造或者拆除建筑物、构筑物；

（二）从事打桩、基坑施工、挖掘、地下顶进、爆破、架设、降水、钻探、河道疏浚、地基加固等工程施工作业；

（三）其他大面积增加或者减少载荷的活动。

市交通行政管理部门应当先将上述作业方案送轨道交通企业进行技术审查，轨道交通企业应当及时提出技术审查意见；市交通行政管理部门根据技术审查意见作出是否同意作业方案的决定后，应当及时告知轨道交通企业。

市交通行政管理部门应当会同轨道交通企业制定安全保护区作业方案技术审查规定，根据作业区域与作业类别的不同明确技术审查期限。

第三十九条 轨道交通企业应当建立相关制度，在安全保护区内组织日常巡查，同时按照技术审查意见，对第三十八条第一款有关作业的安全性进行日常监督，对作业项目相邻的轨道交通设施加强监护监测。

经同意在轨道交通安全保护区内的作业出现危及轨道交通安全情况的，或者未经同意在轨道交通安全保护区内进行作业的，轨道交通企业应当通知作业单位立即停止作业并采取相应的安全措施，同时报告市交通行政管理部门。

第四十条 在轨道交通线路弯道内侧，不得修建妨碍行车瞭望的建筑物、构筑物，不得种植妨碍行车瞭望的树木。

禁止向轨道交通轨道、高架或者隧道内抛掷杂物。

第四十一条 禁止下列危害轨道交通设施的行为：

（一）非紧急状态下动用紧急或者安全装置；

（二）损坏车辆、轨道、路基等设施和隧道、高架、车站及其附属设施；

（三）干扰机电设备和通信信号系统；

（四）损坏轨道交通设施的其他行为。

第四十二条 轨道交通企业应当开展日常安全隐患排查，并定期对轨道交通设施进行安全检查。发现安全隐患的，应当及时消除。

市交通行政管理部门应当对轨道交通运营安全实施动态监督检查；需要进行技术检测的，可以委托专业机构实施。

市交通行政管理部门应当建立轨道交通安全评价体系，定期组织专业机构对轨道交通运营情况进行安全评价。

对监督检查和安全评价中发现的问题，市交通行政管理部门应当提出整改意见，轨道交通企业应当按照要求予以落实。

第四十三条 市交通、建设行政管理部门应当会同公安等行政管理部门按照有关法律、法规以及本市突发事件总体应急预案的规定，组织编制本市轨道交通突发事件应急预案，报市人民政府批准后实施。

轨道交通企业应当根据轨道交通突发事件应急预案，编制本企业的具体应急预案，并报市交通、建设行政管理部门备案。

市交通行政管理部门、轨道交通企业应当定期组织运营应急演练。

发生自然灾害、恶劣气象条件或者发生运营安全事故以及其他突发事件时，相关行政管理部门和轨道交通企业应当及时启动应急预案进行处置。

第四十四条 因节假日、大型群众活动等原因造成客流量上升的，轨道交通企业应当及时增加运力，疏导乘客。

当发生轨道交通客流量激增而可能危及运营安全等紧急情况时，轨道交通企业应当按照有关规定采取限制客流量的措施，确保运营安全。

采取限制客流量等措施后仍然无法保证运营安全时，轨道交通企业可以停止轨道交通线路部分区段或者全线的运营，并应当立即报告市交通行政管理部门。

采取限制客流量、停运措施，造成客流大量积压的，市交通行政管理部门应当组织采取疏运等应对措施。

第四十五条 发生轨道交通运营安全事故时，轨道交通企业应当立即排查事故原因；经查清原因、消除妨碍后，在确保运营安全的情况下，及时恢复正常运行。

市人民政府及其安全生产监管、交通等行政管理部门应当按照国家和本市的有关规定对轨道交通运营安全事故组织调查和处理，公布事故原因和处理结果。

第四十六条 轨道交通运营中发生人身伤害事故，轨道交通企业应当及时抢救人员，妥善保护现场，维持秩序；公安部门应当及时对现场进行勘查、检验，依法进行现场处理。

第五章 法律责任

第四十七条 违反本条例规定的行为，有关法律、行政法规已有处罚规定的，从其规定。

第四十八条 违反本条例规定，轨道交通企业有下列行为之一的，由市交通行政管理部门按照下列规定予以处罚：

（一）违反第十四条规定，轨道交通建设不符合运营功能配置规范的，未配置安全可靠的运营、服务设施或者未建设完善的安全监测和施救保障系统的，责令限期改正，处二万元以上二十万元以下罚款。

（二）违反第十六条、第三十六条规定，未管理和维护好轨道交通设施的，责令限期改正；逾期不改正的，处三千元以上三万元以下罚款。

（三）违反第十七条规定，未按照国家有关标准和本市有关规定设置、维护轨道交通导向标志、安全标志等运营服务标志的，责令限期改正；逾期不改正的，处三千元以上三万元以下罚款。

（四）违反第二十条、第二十一条规定，未按规定公布或者告示有关事项，或者未按要求向乘客提供信息服务的，责令限期改正；逾期不改正的，处一千元以上五千元以下罚款。

（五）违反第二十二条规定，未按规定采取管理措施的，责令限期改正；逾期不改正的，处三千元以上三万元以下罚款。

（六）违反第二十四条规定，有关工作人员无证上岗或者工作人员未规范服务的，责令限期改正；逾期不改正的，处五百元以上二千元以下罚款。

（七）违反第二十五条规定，在禁止设置区域内设置商业网点或者设置、维护广告设施、商业网点不符合规定的，责令限期改正；逾期不改正的，处一万元以上三万元以下的罚款。

第四十九条 违反本条例第三十条第三款，冒用他人证件乘车的，由轨道交通企业处五十元以上五百元以下罚款；使用伪造证件乘车的，由轨道交通企业移交公安部门依据《中华人民共和国治安管理处罚法》予以处理。

违反本条例第三十一条第一项、第二项、第三项、第四项，第四十一条规定的，轨道交通企业有权对行为人进行劝阻和制止，并移交公安部门依法处罚。

违反本条例第三十一条第五项、第六项、第七项、第八项、第九项、第十项、第十一项规定的，由轨道交通企业责令改正，处警告或者五十元以上五百元以下罚款。

第五十条 违反本条例第三十八条第一款规定，未经同意或者未按照同意的作业方案在安全保护区内作业的，由市交通行政管理部门责令限期改正，处二万元以上二十万元以下罚款。

第五十一条 违反本条例第四十条第一款规定，修建妨碍行车瞭望的建筑物、构筑物的，由市交通行政管理部门责令限期改正；种植妨碍行车瞭望的树木的，由市交通行政管理部门责令限期修剪或者迁移。

违反第四十条第二款规定，向轨道交通轨道、高架或者隧道内抛掷杂物的，由市交通行政管理部门予以警告，并可处五百元以下罚款。

第五十二条 拒绝、妨碍市交通行政管理部门及其所属的交通行政执法机构或者轨道交通企业的执法人员依法执行职务，违反《中华人民共和国治安管理处罚法》的，由公安部门依法处罚；构成犯罪的，依法追究刑事责任。

第五十三条 违反本条例规定造成轨道交通设施损坏的，除依法给予行政处罚外，还应当承担相应的民事赔偿责任。

因轨道交通建设或者运营造成建筑物、构筑物损坏的，由轨道交通企业根据其损坏程度予以修复，或者给予相应的经济赔偿。

第五十四条 市交通行政管理部门及其所属的交通行政执法机构以及其他有关行政管理部门的工作人员有下列行为之一的，由其所在单位或者上级主管部门依法给予警告、记过或者记大过处分；情节严重的，给予降级、撤职或者开除处分：

（一）未依照本条例规定组织轨道交通试运营认定的；

（二）违法实施轨道交通安全保护区作业许可的；

（三）未履行安全检查、安全评价等安全监管职责的；

（四）其他滥用职权、玩忽职守、徇私舞弊的行为。

第六章　附　　则

第五十五条 磁浮交通的规划、建设、运营和管理参照本条例执行。

第五十六条 本条例自2014年1月1日起施行。

大型群众性活动安全检查规范

1. 范围

本标准规定了大型群众性活动安全检查的检测范围、系统要求、检查模式、设备要求及实施要求。

本标准适用于大型群众性活动的防暴力和防爆炸安全检查。

2. 规范性引用文件

下列文件对于本文件的应用是必不可少的。凡是注日期的引用文件，仅注日期的版本适用于本文件。凡是不注日期的引用文件，其最新版本（包括所有的修改单）适用于本文件。

GB 12899—2003　手持式金属探测器通用技术规范

GB 15208.1　微剂量 X 射线安全检查设备　第 1 部分　通用技术要求

GB 15210　通过式金属探测门通用技术规范

GB 50395　视频安防监控系统工程设计规范

GA　69 防爆毯

GA/T　841 基于离子迁移普技术的痕量毒品/炸药探测仪通用技术要求

GA　871 防爆罐

GA　872 防爆球

3. 术语和定义

下列术语和定义适用于本标准。

3.1　大型群众性活动 major mass activities

主办者面向社会公众举办的每场次预计参加人数达到 1 000 人以上的体育比赛、演唱会、音乐会、展览、展销、游园会、灯会、庙会、花会、烟火晚会、人才招聘会等凭票入场的活动。分为在建筑物内举办的活动和在露天场地划定区域举办的活动两类。不包括影剧院、音乐厅、公园、娱乐场所等在其日常业务范围内举办的活动。

3.2　安全检查（简称安检）security check

为达到安全防范目的，对进入大型群众性活动场所的人员、物品和车辆进行的专业性检查。

3.3 安全检查系统 security check system

以防暴力和防爆炸为主要目的，对进入大型群众性活动场所的人员、物品和车辆进行专业性检查的人员、设备组合。

3.4 最小作业单元 minimum unit for security check

单位时间内，可实施独立安全检查、完成额定安检任务的最少设备和人员构成。

3.5 典型穿透力 maximum penetration

设备正常运行时，检测体平面垂直于射线发射方向，且距射线源最近时的穿透力。

3.6 应用穿透力 central penetration

设备正常运行时，检测区域内底部几何中心点的穿透力。

3.7 限带物品 restricted articles

不违反法律法规规定，但主办方根据活动安全管理等需要，不许带入并采取票证上背书说明等方式予以公告的物品。

3.8 安全检查篷房 security check canopy

适用于安全检查的可重复使用的、活动的、封闭或打开的临时安装结构建筑。由支撑结构和围护结构组成。

4. 检测范围

4.1 武器类危险品检测范围

包括但不限于以下内容：

a）军用枪、公务用枪：手枪、步枪、冲锋枪、机枪、防暴枪等；

b）民用枪：气步枪、猎枪、运动枪、麻醉注射枪等；

c）军械、警械：警棍、军用或餐用匕首、刺刀等；

d）国家禁止的枪支、械具：钢珠枪、催泪枪、电击枪、电击器、防卫器等；

e）管制刀具：匕首、三棱刀（包括机械加工用的三棱刮刀）、带有自锁装置的弹簧刀以及其他相似的单刃、双刃、三棱尖刀。

4.2 爆炸类危险品检测范围

含有表1中物质的爆炸类危险品，包括但不限于以下内容：

a）弹药：炸弹、手榴弹、照明弹、燃烧弹、烟雾弹、信号弹、催泪弹、毒气弹和子弹等；

b）爆破器材：炸弹、雷管、导火索、导爆索、导爆管、爆破剂等；

c）烟火制品：礼花弹、烟花、爆竹等。

表 1　　爆炸物质列表

序号	中文名称	英文名称	实测用量（100%报警）(ng)
1	硝酸铵	AN	1 000
2	黑火药	BP	100（以硫为替代物）
3	梯恩梯	TNT	10
4	奥克托今	HMX	200
5	硝化甘油	NG	100
6	太安	PETN	100
7	黑索金	RDX	100
8	三过氧化三丙酮	TATP	10

4.3　液态危险品检测范围

包括但不限于以下内容：

a）易燃易爆液体：汽油、煤油、柴油（闪点≤60℃）、苯、酒精（含量不低于90%）、丙酮、乙醚、油漆、稀料等；

b）腐蚀性液体：浓硫酸、浓硝酸等。

5. 安全检查系统要求

5.1　安全检查系统组成

5.1.1　安全检查系统由若干个安检最小作业单元组成，每个单位由安检设备和安检人员组成。

5.1.2　人员和物品安检系统最小作业单元配备。

5.1.2.1　设备配备

a）在建筑物内举办的活动，安检设备至少应配备微剂量 X 射线安全检查设备 1 台、通过式金属探测门 2 台、手持式金属探测器 2～4 把、痕量炸药检测装置 1 台、危险液体检测装置 1 台、危险、违禁品登记处 1 个。

b）在露天场地划定区域举办的活动，安检设备至少应配备通过式金属探测门 2 台、手持式金属探测器 2～4 把。根据现场情况可增配痕量炸药检测装置 1 台、危险液体检测装置 1 台、危险违禁品登记处 1 个。

c）上述两类活动，安检现场均应至少配备防爆毯 1 个、防爆球/防爆罐 1 个。

5.1.2.2　人员配备

a）在建筑物内举办的活动，安检人员至少应配备引导员 1 人、值机员 2 人、手检员 2～4 人、后检员 1 人。

b）在露天场地划定区域举办的活动，安检人员至少应配备引导员 1 人、手检员 2～4 人。增配痕量炸药检测装置和危险液体检测装置的，应增配后检员 1 人。

c）上述两类活动，安检现场均至少应配备安检指导员 1 人，指导员数量可参考最小作业单位的数量按需配备，且指导员可兼任引导员的工作。

5.1.3　车辆安检系统最小作业单元配备。

5.1.3.1　设备配备

a）车辆安检系统最小作业单元为一条安检车道，应配备自动车底检测系统 1 套或手持光学车底检查镜 2 把，光学天棚检查镜 1 把，根据现场情况可增配炸药探测仪 1 台、危险液体检查仪 1 台。

b）车辆安检现场均应至少配备防爆毯 1 个、防爆球/防爆罐 1 个。

5.1.3.2　人员配备

安检人员至少应配备指挥员 1 人，安检人员 2 人。增配痕量炸药检测装置和危险液体检测装置的，应增配安检人员 1 人。

5.2　安全检查能力

人员和物品安全检查系统最小作业单元的安全检查能力应满足以下要求：

a）针对参加活动人员的安全检查，冬季宜达到 500 人/小时，夏季宜达到 800 人/小时；

b）针对服务工作人员的安全检查，宜达到 500 人/小时。

6. 安全检查模式

6.1　安全检查分为普检和精检两种模式

6.2　普检是对进入活动现场的人员、物品、车辆实施以专业仪器设备检查为主要方式的普遍安全检查。使用通过式金属探测门对进入活动现场的人员逐一检查；使用微剂量 X 射线安全检查设备对进入活动现场人员随身携带的物品进行逐一检查；使用车辆安检系统或手持光学车底检查镜及光学天棚检查镜对进入活动现场的车辆进行逐一检查。

6.3　精检是对进入活动现场的人员、物品经普检判定可疑后，进一步进行的精细检测。使用手持式金属探测器对可疑人员详细检查；使用痕量炸药检测装置对疑似爆炸物进行详细检测；使用危险液体检测装置对可疑液体进行详细检测。

7. 安全检查设备要求

7.1　通用要求

7.1.1　安全检查所使用设备均应符合国家、行业相关标准，并具有国家相关部门认可的检验/认证机构出具的合格报告/证书，安检设备检测报告或合格证书应在有效期内。

7.1.2　安全检查所使用设备在电源电压 220 V×(1－15%)～220 V×(1＋10%)范围内、频率 50±3 Hz 的范围内应能正常工作。

7.1.3　安全检查所需设备能够在环境温度范围在－10～＋40℃，相对温度范围在10%～90%（不结露）的条件下正常工作。

7.1.4　安检处置完所需设备能够处置各类突发事件的处置，安检处置完一般应在3 m×3 m 范围内，符合一般事务的处理。

7.2　安全检查篷房要求

7.2.1　安全检查中应使用单体跨度不大于 40 m 的单层安全检查篷房。

7.2.2　安全检查篷房顶部承重不低于 850 kg/m^2。

7.2.3　安全检查篷房最大抗风等级应达到：80 km/h（风速）。

7.2.4　安全检查篷房所用围护结构（双面涂层工业织物）应达到 B1 级防火安全等级。

7.2.5　人员、物品安全检查篷房外檐高度不小于 2.5 m，占地面积不小于 15 m×5 m（跨度）。

7.2.6　车辆安全检查篷房外檐高度不小于 4 m，占地面积不小于 15 m×6 m（跨度）。

7.2.7　根据安全检查活动规模，篷房的面积可成倍数扩大。

7.3　安全检查导流围栏要求

安全检查导流围栏宜采用带式伸缩围栏，应设置在安检候检区域内，且候检通道长度应不小于 5 m，宽度最多可容许 2 人通过。

7.4　微剂量 X 射线安全检查设备要求

7.4.1　线分辨力：应能分辨标称直径为 0.202 mm 的单根实芯铜线。

7.4.2　典型穿透力：不小于 40 mm 钢板，应用穿透力：不小于 34 mm 钢板。

7.4.3　单次检查剂量不大于 5 μGy。

7.4.4　检测中距离设备外表面 5 cm 任意处，X 射线泄漏射线剂量率应小于5 μGy/h。

7.4.5　传送带速度不低于 0.2 m/s。

7.4.6　传送带承载能力不小于 100 kg。

7.4.7　其他要求应符合 GB 15208.1 中对能量分辨型微剂量 X 射线安全检查设备

的相关规定。

7.5 通过式金属探测门要求

7.5.1 应具有探测报警自动恢复功能。

7.5.2 应具有计数统计功能，能记录受检人数和发生过报警的人次。

7.5.3 通过式金属探测门报警方式：应能至少分 8 个以上区位进行报警提示，应具有声光两种报警方式。

7.5.4 通行速度范围应不小于 0.4 ~ 1.8 m/s。

7.5.5 探测灵敏度应在 1 ~ 100 范围内可调。

7.5.6 持续工作时间应不小于 8 h。

7.5.7 报警状态恢复：在自动恢复条件下，报警物离开探测区后，报警指示延续应不超过 1.0 s。

7.5.8 抗干扰能力：应具备多信道功能，使用的信道需在 15 个频率以上。两台安检门安装间距大于等于 30 cm 时，应不会相互干扰。

7.5.9 其他要求应符合 GB 15210 的相关规定。

7.6 手持式金属探测器要求

7.6.1 探测仪应有报警状态自动恢复能力，在离开报警测试物规定距离后，报警指示应立即停止。

7.6.2 报警声最大声强不应低于 75 dB，报警声应与提示其他信息的声音有区别，并应具有振动报警功能。

7.6.3 在持续工作期间，应能稳定可靠地工作且工作时间应不少于 40 h。

7.6.4 报警显示时宜采用红色，且在 10 000 lx 的明亮环境 25 lx 的昏暗环境下均应能清晰地观看到。

7.6.5 探测仪运动速度范围至少应为 0.4 ~ 1.5 m/s。

7.6.6 靠近大金属物体的探测器，在离开大金属物体以后 1 min 内应自动恢复其探测性能。

7.6.7 多台探测仪相隔一定间距同时使用，相互间距超过 0.6 m 时，各自均应能正常工作。

7.6.8 其他技术要求应符合 GB 12899 的相关规定。

7.7 痕量炸药检测装置要求

7.7.1 能够检测到并显示出表 1 列出的爆炸物种类，且能编辑新物质。

7.7.2 具有声光报警功能和不引起恐慌的隐蔽报警功能。

7.7.3　具有数据存储功能，能够存储至少10 000组原始数据。

7.7.4　检测灵敏度为能检测到1 ng的TNT。

7.7.5　开机（预热）时间：不大于20 min。

7.7.6　分析时间不大于10 s。

7.7.7　报警恢复时间：对TNT进行采样分析，在采样质量为1 μg的前提下，报警恢复时间应不大于10 min。

7.7.8　便携式装置的电池待机时间不小于3 h或一次充电完成后可保证设备连续使用不低于1 000次。

7.7.9　其他要求应符合GA/T 841的相应规定。

7.8　危险液体检查仪要求

7.8.1　台式危险液体检查仪

7.8.1.1　应在不打开包装的情况下，可实现液态物品安全检测。

7.8.1.2　应能对玻璃、塑料、金属、陶瓷、软包装等各种常见包装材料中液态物品进行检测。

7.8.1.3　应能对方形、圆形、椭圆形等常见形状包装的液态物品进行检测。

7.8.1.4　应能对满瓶和不满瓶液态物质进行检测。

7.8.1.5　应具备连续探测功能。

7.8.1.6　应具有声光报警功能和不引起恐慌的隐蔽报警功能。

7.8.1.7　能够提供自动计数功能，对接受检测的每一件液态物品及报警液态物品分别进行计数。

7.8.1.8　能够提供操作人员身份认证功能，能够通过密码验证来限制设备被非受权使用人员操作。

7.8.1.9　能够提供液体检测结果存储及检索功能，存储量应不少于10 000次检测。

7.8.1.10　能够检测的液态物品最大外形尺寸为高度不低于320 mm，直径不低于150 mm。

7.8.1.11　开机（预热）时间不超过75 s。

7.8.1.12　单件液态物品检测时间不超过10 s。

7.8.1.13　对常见安全液体的误报率不高于10%。

7.8.1.14　采用射线检测技术的检测装置距离装置外表面5 cm处X射线剂量率不大于1 μGy/h。

7.8.2 便携式危险液体检查仪

7.8.2.1 应能够对玻璃、塑料、纸质等各种常见包装材料中液态物品进行检测。

7.8.2.2 设备具有夜间补光功能。

7.8.2.3 应采用可供电方式，充电后应能连续工作 4 h 以上或使用不低于 1 000 次。

7.8.2.4 应具备连续探测功能。

7.8.2.5 能够提供自动计数功能，对接受检测的每一件液态物品及报警液态物品分别进行计数。

7.8.2.6 能够提供液体检测结果存储功能，存储量应不少于 10 000 次检测。

7.8.2.7 能够检测的液态物品最大外形尺寸及容量为高度不低于 60 mm，直径不低于 30 mm，液态物品容量大于 50 mL。

7.8.2.8 开机启动时间不超过 20 s。

7.8.2.9 单件液态物品分析时间不超过 10 s。

7.8.2.10 检测结果应发出警报音。

7.9 车底检查系统要求

7.9.1 在车辆行驶过程中应能在车速不大于 30 km/h 时自动获取底盘图像。

7.9.2 底盘图像分辨率应达到 500TV 线，设备可存储的图像不少于 20 000 幅图像，且每幅图像保存时间应不少于 24 h。

7.9.3 应具备多种图像处理功能，包括缩放、拉伸、裁剪等，配备全景图像导航。

7.9.4 成像系统应能清晰拍摄车辆外观和号牌，显示场景图像动态录像。

7.9.5 机箱应具有防水、防尘、抗压功能。

7.9.6 应能满足对各种底盘高度、长度、宽度车辆的检查。

7.10 防爆毯要求

大型群众性活动安全检查中使用的防爆毯应符合 GA69 中的相关要求。

7.11 防爆球/防爆罐要求

7.11.1 防爆球/防爆罐挤爆等级：大于 1.5 kg TNT 当量。

7.11.2 开放式防爆罐应配备防爆毯。

7.11.3 防爆球/防爆罐其他要求应符合 GA 872/GA 871 的规定。

7.12 光学天棚检查镜要求

镜面面积不小于400 m^2，角度可调，自带光源，臂可伸缩，长度不少于2 m。

7.13 光学车底检查镜要求

凸形镜面面积不小于600 m^2，角度可调，自带光源，臂可伸缩，长度不少于1 m，自带万向脚轮。

8. 安全检查实施要求

8.1 安全检查服务企业要求

8.1.1 所有安检服务企业的安检人员，必须经过培训合格，女性比例不低于20%。

8.1.2 应严格按照安全许可机关许可的安检工作方案组织实施安全检查。

8.1.3 安全检查人员应经过专业安全检查培训，并考试合格。

8.1.4 应为所属安全检查人员配备统一的安全检查服装。

8.1.5 应为所属安全检查人员颁发统一的安全检查岗位标识牌，标识牌上应标明安全检查人员的姓名、照片、所属单位和所从事的安全检查岗位。

8.1.6 应对提供安全检查服务时获知的服务客户个人隐私和明示保密的商业秘密长期保密，不得向任何单位或者个人泄露。

8.1.7 企业应建立相应的安全管理制度及应急处置机制。

8.1.8 企业应加强对安全检查人员的管理教育，防止证件滥用。

8.1.9 应在安全检查实施前至少1 h完成安全检查仪器设备的运输、安装和调试。

8.1.10 安全检查人员应在安全检查实施前1 h到达各自岗位。

8.1.11 应根据所需安全检查的人数和实际安全检查能力，及时调整安全检查人员和仪器设备的数量。

8.2 安全检查从业人员要求

8.2.1 人员基本要求

8.2.1.1 未受过收容教养、刑事处分。

8.2.1.2 具有良好的语言表达能力和动作协调性。

8.2.1.3 身体健康，无残疾，无重听，无口吃，无色盲，色弱，校正视力在1.0以上，无传染性疾病。

8.2.2 安全检查现场人员要求

8.2.2.1 遵守安全检查各项工作制度的操作程序，检查动作规范，不擅自离开岗位，不从事与安全检查工作无关的活动，杜绝发生危及活动安全的漏检事故。

8.2.2.2 实施人员精检时，女受检人应由女性安全检查人员实施检查。

8.2.2.3 男安检员不准留长发、胡须、大鬓角，女安检员在工作期间不得披发过肩、浓妆艳抹，应举止端庄，态度和蔼，尊重受检人的风俗习惯，自觉使用安全检查文明用语，热情有礼，不说服务忌语；不得借故训斥，刁难受检人；爱护受检人的物品，检查时轻拿轻放，不乱翻、乱扔，检查完后主动协助受检人整理好被检物品。

8.2.3 人员培训与考核管理

8.2.3.1 从事安全检查工作的人员应通过培训，考试合格后方可持证上岗，培训时间要求为：值机员不低于40 h，手检员、车检员不低于32 h。

8.2.3.2 人员培训内容至少应包括：

1）安全检查工作基础知识；

2）安全检查程序；

3）安全检查岗位技能；

4）安全检查仪器设备的功能、性能、使用和维护；

5）安全检查相关法律、法规；

6）职业道德、礼仪、外事常识。

8.2.3.3 培训机构和安全检查人员所在单位应建立安全检查人员档案。

8.2.3.4 安全检查人员所在单位应合理安排所属安全检查人员的在职培训和在岗工作，确保安全检查人员每年在职安全检查培训不少于30 h，在岗工作时间不少于100 h。

8.2.3.5 对安全检查人员的考核实行不良信息记录制度，进行监督管理。

8.3 活动承办方要求

8.3.1 活动承办方应对活动场所进行清场和封闭控制，在入口处设置安全检查岗位，并设置人流缓冲区域。每个最小作业单元应对的缓冲区域可容纳人数应不小于40人。

8.3.2 安全检查区域宜安装视频监控系统，应满足下列要求：

安装在X射线安全检查设备入口和出口的视频监控装置，其监视图像应能清楚辨别物品外型及放包和取包人员的体貌特征。

安装在金属探测门上方的视频监控装置，其监视图像应能清楚辨别被检查人员的体貌特征。

图像记录时间应满足活动举办实现要求，图像信息保存时间应大于活动结束后30 d。

视频监控系统的其他要求应符合GB 50395的相关规定。

8.3.3　活动承办方应对限带物品进行宣传和公告。

8.4　安全检查操作程序要求

8.4.1　安全检查准备

根据场地面积、参加活动人员数量、人流、车流情况等制定安检方案。

根据活动场地规划安检方案，需要临时搭建安全检查篷房的，要依据7.2的要求搭建；且导流围栏的设置应符合7.3的规定。

进行安全检查设备现场安装、调试及性能检查。

8.4.2　安全检查流程

8.4.2.1　人身检查流程

人员进入活动现场前，如果现场设有存包处，宜将随身携带的包及物品存放；人员到达安检区域后，应听从引导员的指挥，将未存放仍随身携带的物品放置在X射线安全检查设备的传送带上，然后按秩序通过金属探测门。

站在金属探测门前的引导员应负责提示受检人接受安检、维持秩序，且应观察受检人神态、动作，发现可疑人员迅速示意手检员实施详细检查。

受检人通过金属探测门报警的，位于金属探测门后的手检员，针对金属探测门报警区位的提示，对可疑人员使用手持式金属探测器进行详细检查，并且女受检人应由女性手检员实施检查。

8.4.2.2　物品检查流程

人员随带物品在传送带上经过X射线安全检查设备时，值机员负责X射线安全检查设备的图像识别，发现可疑物品时，示意后检员实施物品详细检测。

后检员位于X射线检查设备后，对值机员提示的可疑物品向受检人说明，要求其自行开包或取出物品，目视判定物品类别，对爆炸类固态可疑物品用痕量检测装置进行详细检测，对液态可疑物品用危险液体检查仪进行详细检测。

详细检测后确认爆炸物或易燃易爆液体的，后检员应迅速放置于防爆球或防爆罐内，并报告指挥员，按照应急处置预案实施。

8.4.2.3　车辆检查流程

a）进入活动现场的车辆应先用车底检查系统对底盘进行检查。

b）底盘检查通过后，由安检员对驾驶室、车厢进行目视检查，用光学天棚检查镜对车顶部进行安全检查。

c）发现疑似爆炸物或易燃易爆液体的，应对疑似爆炸物用痕量检测装置进行详细检测，对液态可疑物品用危险液体检查仪进行详细检测。

d）检测后确认为爆炸物或易燃易爆液体的，应迅速放置于防爆球或防爆罐内，并报告指挥员，按照应急处置预案实施。

8.5 应急情况处置要求

8.5.1 安全检查开始前安检单位应制定应急预案，安全检查过程中如遇到紧急情况应按照应急预案进行处置。

8.5.2 安全检查过程中发现受检人携带限带物品的情况时，安检人员应告知其丢弃或自行处理。

8.5.3 安检过程中发现枪支弹药、爆炸、易燃易爆可疑物，毒害性、腐蚀性物品等违禁物品，安检人员应按应急处置要求迅速报告现场安全部门进行处理。

8.5.4 安检过程中发现的爆炸物，易燃易爆液体应放置于防爆球或防爆罐内，开放式防爆罐应配备防爆毯进行覆盖。

8.5.5 安检中出现器材故障时，应当由安检人员开展徒手检查，缓解人群拥堵，同时通知器材保障方进行抢修。

8.5.6 普检、精检仍不能排除疑点的，应当报告安全主管部门处理。对发现遗留在安检区域内无人认领的箱包，经初步检查无法排除可疑的，要迅速报告安全主管部门。

中华人民共和国民用航空安全保卫条例

国务院令第201号

颁布日期：19960706　实施日期：19960706　颁布单位：国务院

第一章　总　　则

第一条　为了防止对民用航空活动的非法干扰，维护民用航空秩序，保障民用航空安全，制定本条例。

第二条　本条例适用于在中华人民共和国领域内的一切民用航空活动以及与民用航空活动有关的单位和个人。

在中华人民共和国领域外从事民用航空活动的具有中华人民共和国国籍的民用航空器适用本条例；但是，中华人民共和国缔结或者参加的国际条约另有规定的除外。

第三条　民用航空安全保卫工作实行统一管理、分工负责的原则。

民用航空公安机关（以下简称民航公安机关）负责对民用航空安全保卫工作实施统一管理、检查和监督。

第四条　有关地方人民政府与民用航空单位应当密切配合，共同维护民用航空安全。

第五条　旅客、货物托运人和收货人以及其他进入机场的人员，应当遵守民用航空安全管理的法律、法规和规章。

第六条　民用机场经营人和民用航空器经营人应当履行下列职责：

（一）制定本单位民用航空安全保卫方案，并报国务院民用航空主管部门备案；

（二）严格实行有关民用航空安全保卫的措施；

（三）定期进行民用航空安全保卫训练，及时消除危及民用航空安全的隐患。

与中华人民共和国通航的外国民用航空企业，应当向国务院民用航空主管部门报送民用航空安全保卫方案。

第七条　公民有权向民航公安机关举报预谋劫持、破坏民用航空器或者其他危害民用航空安全的行为。

第八条 对维护民用航空安全做出突出贡献的单位或者个人，由有关人民政府或者国务院民用航空主管部门给予奖励。

第二章 民用机场的安全保卫

第九条 民用机场（包括军民合用机场中的民用部分，下同）的新建、改建或者扩建，应当符合国务院民用航空主管部门关于民用机场安全保卫设施建设的规定。

第十条 民用机场开放使用，应当具备下列安全保卫条件：

（一）设有机场控制区并配备专职警卫人员；

（二）设有符合标准的防护围栏和巡逻通道；

（三）设有安全保卫机构并配备相应的人员和装备；

（四）设有安全检查机构并配备与机场运输量相适应的人员和检查设备；

（五）设有专职消防组织并按照机场消防等级配备人员和设备；

（六）订有应急处置方案并配备必要的应急援救设备。

第十一条 机场控制区应当根据安全保卫的需要，划定为候机隔离区、行李分检装卸区、航空器活动区和维修区、货物存放区等，并分别设置安全防护设施和明显标志。

第十二条 机场控制区应当有严密的安全保卫措施，实行封闭式分区管理。具体管理办法由国务院民用航空主管部门制定。

第十三条 人员与车辆进入机场控制区，必须佩带机场控制区通行证并接受警卫人员的检查。

机场控制区通行证，由民航公安机关按照国务院民用航空主管部门的有关规定制发和管理。

第十四条 在航空器活动区和维修区内的人员、车辆必须按照规定路线行进，车辆、设备必须在指定位置停放，一切人员、车辆必须避让航空器。

第十五条 停放在机场的民用航空器必须有专人警卫；各有关部门及其工作人员必须严格执行航空器警卫交接制度。

第十六条 机场内禁止下列行为：

（一）攀（钻）越、损毁机场防护围栏及其他安全防护设施；

（二）在机场控制区内狩猎、放牧、晾晒谷物、教练驾驶车辆；

（三）无机场控制区通行证进入机场控制区；

（四）随意穿越航空器跑道、滑行道；

（五）强行登、占航空器；

（六）谎报险情，制造混乱；

（七）扰乱机场秩序的其他行为。

第三章　民用航空营运的安全保卫

第十七条　承运人及其代理人出售客票，必须符合国务院民用航空主管部门的有关规定；对不符合规定的，不得售予客票。

第十八条　承运人办理承运手续时，必须核对乘机人和行李。

第十九条　旅客登机时，承运人必须核对旅客人数。

对已经办理登机手续而未登机的旅客的行李，不得装入或者留在航空器内。

旅客在航空器飞行中途中止旅行时，必须将其行李卸下。

第二十条　承运人对承运的行李、货物，在地面存储和运输期间，必须有专人监管。

第二十一条　配制、装载供应品的单位对装入航空器的供应品，必须保证其安全性。

第二十二条　航空器在飞行中的安全保卫工作由机长统一负责。

航空安全员在机长领导下，承担安全保卫的具体工作。

机长、航空安全员和机组其他成员，应当严格履行职责，保护民用航空器及其所载人员和财产的安全。

第二十三条　机长在执行职务时，可以行使下列权力：

（一）在航空器起飞前，发现有关方面对航空器未采取本条例规定的安全措施的，拒绝起飞；

（二）在航空器飞行中，对扰乱航空器内秩序，干扰机组人员正常工作而不听劝阻的人，采取必要的管束措施；

（三）在航空器飞行中，对劫持、破坏航空器或者其他危及安全的行为，采取必要的措施；

（四）在航空器飞行中遇到特殊情况时，对航空器的处置作最后决定。

第二十四条　禁止下列扰乱民用航空营运秩序的行为：

（一）倒卖购票证件、客票和航空运输企业的有效订座凭证；

（二）冒用他人身份证件购票、登机；

（三）利用客票交运或者捎带非旅客本人的行李物品；

（四）将未经安全检查或者采取其他安全措施的物品装入航空器。

第二十五条 航空器内禁止下列行为：

（一）在禁烟区吸烟；

（二）抢占座位、行李舱（架）；

（三）打架、酗酒、寻衅滋事；

（四）盗窃、故意损坏或者擅自移动救生物品和设备；

（五）危及飞行安全和扰乱航空器内秩序的其他行为。

第四章 安全检查

第二十六条 乘坐民用航空器的旅客和其他人员及其携带的行李物品，必须接受安全检查；但是，国务院规定免检的除外。

拒绝接受安全检查的，不准登机，损失自行承担。

第二十七条 安全检查人员应当查验旅客客票、身份证件和登机牌，使用仪器或者手工对旅客及其行李物品进行安全检查，必要时可以从严检查。

已经安全检查的旅客应当在候机隔离区等待登机。

第二十八条 进入候机隔离区的工作人员（包括机组人员）及其携带的物品，应当接受安全检查。

接送旅客的人员和其他人员不得进入候机隔离区。

第二十九条 外交邮袋免予安全检查。外交信使及其随身携带的其他物品应当接受安全检查；但是，中华人民共和国缔结或者参加的国际条约另有规定的除外。

第三十条 空运的货物必须经过安全检查或者对其采取的其他安全措施。

货物托运人不得伪报品名托运或者在货物中夹带危险物品。

第三十一条 航空邮件必须经过安全检查。发现可疑邮件时，安全检查部门应当会同邮政部门开包查验处理。

第三十二条 除国务院另有规定的外，乘坐民用航空器的，禁止随身携带或者交运下列物品：

（一）枪支、弹药、军械、警械；

（二）管制刀具；

（三）易燃、易爆、有毒、腐蚀性、放射性物品；

（四）国家规定的其他禁运物品。

第三十三条 除本条例第三十二条规定的物品外，其他可以用于危害航空安全的物品，旅客不得随身携带，但是可以作为行李交运或者按照国务院民用航空主管部门的有关规定由机组人员带到目的地后交还。

对含有易燃物质的生活用品实行限量携带。限量携带的物品及其数量，由国务院民用航空主管部门规定。

第五章 罚 则

第三十四条 违反本条例第十四条的规定或者有本条例第十六条、第二十四条第一项、第二十五条所列行为，构成违反治安管理行为的，由民航公安机关依照《中华人民共和国治安管理处罚法》有关规定予以处罚；有本条例第二十四条第二项所列行为的，由民航公安机关依照《中华人民共和国居民身份证法》有关规定予以处罚。

第三十五条 违反本条例的有关规定，由民航公安机关按照下列规定予以处罚：

（一）有本条例第二十四条第四项所列行为的，可以处以警告或者 3 000 元以下的罚款；

（二）有本条例第二十四条第三项所列行为的，可以处以警告、没收非法所得或者 5 000 元以下罚款；

（三）违反本条例第三十条第二款、第三十二条的规定，尚未构成犯罪的，可以处以 5 000 元以下罚款、没收或者扣留非法携带的物品。

第三十六条 违反本条例的规定，有下列情形之一的，民用航空主管部门可以对有关单位处以警告、停业整顿或者 5 万元以下的罚款；民航公安机关可以对直接责任人员处以警告或者 500 元以下的罚款：

（一）违反本条例第十五条的规定，造成航空器失控的；

（二）违反本条例第十七条的规定，出售客票的；

（三）违反本条例第十八条的规定，承运人办理承运手续时，不核对乘机人和行李的；

（四）违反本条例第十九条的规定的；

（五）违反本条例第二十条、第二十一条、第三十条第一款、第三十一条的规定，对收运、装入航空器的物品不采取安全措施的。

第三十七条 违反本条例的有关规定，构成犯罪的，依法追究刑事责任。

第三十八条 违反本条例规定的，除依照本章的规定予以处罚外，给单位或者个人造成财产损失的，应当依法承担赔偿责任。

第六章 附 则

第三十九条 本条例下列用语的含义：

“机场控制区”，是指根据安全需要在机场内划定的进出受到限制的区域。

“候机隔离区”，是指根据安全需要在候机楼（室）内划定的供已经安全检查的出港旅客等待登机的区域及登机通道、摆渡车。

“航空器活动区”，是指机场内用于航空器起飞、着陆以及与此有关的地面活动区域，包括跑道、滑行道、联络道、客机坪。

第四十条 本条例自发布之日起施行。

中国民用航空安全检查规则

第一章　总　　则

第一条　为保障民用航空运输安全正常进行，规范民用航空安全检查工作，根据《中华人民共和国民用航空法》《中华人民共和国民用航空安全保卫条例》等有关法律、法规，制定本规则。

第二条　本规则适用于中华人民共和国境内一切民用航空运输活动，以及与民用航空有关的单位和个人。

运输危险物品按照危险物品运输有关规定办理。

第三条　民用航空安全检查部门（以下简称安检部门），依照有关法律、法规和本规则，通过实施安全检查工作（以下简称安检工作），防止危及航空安全的危险品、违禁品进入民用航空器，保障民用航空器及其所载人员、财产的安全。

第四条　安检工作包括对乘坐民用航空器的旅客及其行李、进入候机隔离区的其他人员及其物品，以及空运货物、邮件的安全检查；对候机隔离区内的人员、物品进行安全监控；对执行飞行任务的民用航空器实施监护。

第五条　民航公安机关对安检部门的业务工作进行统一管理和检查、监督。从事民用航空活动的单位和人员应当配合安检部门开展工作，共同维护民用航空安全。

第六条　安检部门发现有本规则规定的危及民用航空安全行为的，应当予以制止并交由民航公安机关审查处理。

第七条　乘坐民用航空器的旅客及其行李，以及进入候机隔离区或民用航空器的其他人员和物品，必须接受安全检查；但是，国务院规定免检的除外。

第八条　安检工作可以收取费用。安检工作费用的收取办法由民航总局另行制定。

第九条　安检工作应当坚持安全第一、严格检查、文明执勤、热情服务的原则。

第二章　安检部门及其人员

第一节　安 检 部 门

第十条　设立安检部门应当经中国民用航空总局（以下简称民航总局）审核同意并颁发《民用航空安全检查许可证》；民航地区管理局在民航总局授权范围内行使审核权。

未取得《民用航空安全检查许可证》，任何部门或者个人不得从事安检工作。

《民用航空安全检查许可证》有效期为五年，到期由颁证机关重新审核换发。

第十一条　申请设立安检部门的单位应当向民航总局提出书面申请，并附书面材料证明具有下列条件：

（一）有经过培训并持有《安检人员岗位证书》的人员，且其配备数量符合《民用航空安检人员定员定额标准》；

（二）有从事安检工作所必需的经民航总局认可的仪器、设备；

（三）有符合《民用航空运输机场安全保卫设施建设标准》的工作场地；

（四）有根据本规则和《民用航空安全检查工作手册》制定的安检工作制度；

（五）民航总局要求的其他条件。

第十二条　安检部门使用的安全检查仪器应当经由民航总局公安局会同有关部门检测。经检测合格后，凭发给的《使用合格证》方可使用。

民航总局公安局、民航地区管理局公安局，或经委托的其他民航公安机关，应当会同有关部门定期对安全检查仪器的射线泄漏剂量进行检测。检测次数每年不少于一次。

第二节　安 检 人 员

第十三条　从事安检工作的人员应当符合下列条件：

（一）遵纪守法，作风正派，品质良好；

（二）未受过少年管教、劳动教养或刑事处分；

（三）具有高中以上文化程度，志愿从事安检工作；

（四）招收的人员年龄不得超过二十五周岁；

（五）身体健康，五官端正，男性身高在 1.65 米以上，女性身高在 1.60 米以上；无残疾，无重听，无口吃，无色盲、色弱，校正视力在 1.0 以上。

第十四条　安检人员实行岗位证书制度。没有取得岗位证书的，不可单独作为安检人员上岗执勤。

对不适合继续从事安检工作的人员，应当及时调离或辞退。

第十五条 安检人员执勤时应当着制式服装，佩戴专门标志，服装样式和标志由民航总局统一规定。

第十六条 安检人员执勤时应当遵守安检职业道德规范和各项工作制度，不得从事与安检工作无关的活动。

第十七条 在高寒、高温、高噪音条件下从事工作的安检人员，享受相应的补助、津贴和劳动保护。

第十八条 在X射线区域工作的安检人员应当得到下列健康保护：

（一）每年到指定医院进行体检并建立健康状况档案；

（二）每年享有不少于两周的疗养休假；

（三）按民航总局规定发给工种补助费；

（四）女工怀孕和哺乳期间应当合理安排工作，避免在X射线区域工作。

第十九条 X射线安全检查仪操作安检人员连续操机工作时间不得超过四十分钟，每天累计不得超过六小时。

第三章　安检工作勤务

第一节　旅客及行李、货物、邮件的检查

第二十条 安检部门应当根据任务量和实际情况，制定相应的勤务方案和突发事件处置预案，并组织实施，杜绝漏检、失控等事故的发生。

在特殊情况下，经民航总局公安局或其授权部门批准，可以实施特别工作方案，从严进行安全检查。特别工作方案由民航总局公安局另行制定。

第二十一条 对国内航班旅客应当核查其有效乘机身份证件、客票和登机牌。有效乘机身份证件的种类包括：中国籍旅客的居民身份证、临时身份证、军官证、武警警官证、士兵证、军队学员证、军队文职干部证、军队离退休干部证和军队职工证，港、澳地区居民和台湾同胞旅行证件；外籍旅客的护照、旅行证、外交官证等；民航总局规定的其他有效乘机身份证件。

对十六岁以下未成年人，可凭其学生证、户口簿或者户口所在地公安机关出具的身份证明放行。

第二十二条 对核查无误的旅客，应在其登机牌上加盖验讫章。

第二十三条 对旅客实施安检时，安检人员应当引导旅客逐个通过安全门。

第二十四条 对通过时安全门报警的旅客，应当重复过门检查或使用手持金属探测器或手工人身检查的方法进行复查，排除疑点后方可放行。

手工人身检查一般应由同性别安检人员实施；对女旅客实施检查时，必须由女安检人员进行。

第二十五条 对经过手工人身检查仍有疑点的旅客，经安检部门值班领导批准后，可以将其带到安检室从严检查，检查应当由同性别的两名以上安检人员实施。

第二十六条 旅客的托运行李和非托运行李都必须经过安全检查仪器检查。发现可疑物品时应当开箱（包）检查，必要时也可以随时抽查。

开箱（包）检查时，可疑物品的托运人或者携带者应当在场。

第二十七条 旅客申明所携物品不宜接受公开检查的，安检部门可根据实际情况，在适当场合检查。

第二十八条 空运的货物应当经过安全检查或存放二十四小时，或者采取民航总局认可的其他安全措施。

第二十九条 对空运的急救物品、鲜活货物、航空快件等有时限的货物，应当及时进行安全检查。

第三十条 对特殊部门交运的保密货物、不宜检查的精密仪器和其他物品，按规定凭免检证明予以免检。

第三十一条 航空邮件应当经过安全检查。发现可疑邮件时，安检部门应当会同邮政部门开包查验处理。

第三十二条 按照国家有关规定应当予以免检的，按照有关规定办理。

第二节 候机隔离区安全监控

第三十三条 经过安全检查的旅客进入候机隔离区以前，安检部门应当对候机隔离区进行清场。

第三十四条 安检部门应当派员在候机隔离区内巡视，对重点部位加强监控。

第三十五条 经过安全检查的旅客应当在候机隔离区内等待登机。如遇航班延误或其他特殊原因离开候机隔离区的，再次进入时应当重新经过安全检查。

第三十六条 因工作需要进入候机隔离区的人员，必须佩带民航公安机关制发的候机隔离区通行证件。

上述人员及其携带的物品，应当经过安全检查。

安检部门应当在候机隔离区工作人员通道口派专人看守检查进出人员。

第三十七条 候机隔离区内的商店不得出售可能危害航空安全的商品。商店运进商品应当经过安全检查，同时接受安检部门的安全监督。

第三节 民用航空器监护

第三十八条 执行航班飞行任务的民用航空器在客机坪短暂停留期间，由安检部门负责监护。

对出港民用航空器的监护，从机务人员将民用航空器移交监护人员时开始，至旅客登机后民用航空器滑行时止；对过港民用航空器的监护从其到达机坪时开始，到滑离（或拖离）机坪时止；对执行国际、地区及特殊管理的国内航线飞行任务的进港民用航空器的监护，从其到达机坪时开始至旅客下机完毕机务人员开始工作为止。

第三十九条 民用航空器监护人员应当根据航班动态，按时进入监护岗位，做好对民用航空器监护的准备工作。

民用航空器监护人员应当坚守岗位，严格检查登机工作人员的通行证件，密切注视周围动态，防止无关人员和车辆进入监护区。在旅客登机时，协助维持秩序，防止未经过安全检查的人员或物品进入航空器。

第四十条 空勤人员登机时，民用航空器监护人员应当查验其《中国民航空勤登机证》。加入机组执行任务的非空勤人员，应当持有《中国民航公务乘机通行证》和本人工作证（或学员证）。

对上述人员携带的物品，应当查验是否经过安全检查；未经过安全检查的，不得带上民用航空器。

第四十一条 在出、过港民用航空器关闭舱门准备滑行时，监护人员应当退至安全线以外，记载飞机号和起飞时间后，方可撤离现场。

第四十二条 民用航空器监护人员接受和移交航空器监护任务时，应当与机务人员办理交接手续，填写记录，双方签字。

第四十三条 民用航空器客、货舱装载前的清舱工作由航空器经营人负责。必要时，经民航公安机关或安检部门批准，公安民警、安检人员可以进行清舱。

第四节 安检工作中特殊情况的处置

第四十四条 拒绝接受安全检查的人员，不准登机或进入候机隔离区，损失自行承担。

第四十五条 对持居民身份证复印件、伪造或变造证件、冒用他人证件者不予放行登机。

第四十六条 对有下列情形之一者，应带至安检值班室进行教育；情节严重的，交由民航公安机关处理：

（一）逃避安全检查的；

（二）妨碍安检人员执行公务的；

（三）携带危险品、违禁品又无任何证明的；

（四）扰乱安检现场工作秩序的。

第四十七条 有下列威胁航空安全行为之一的，交由民航公安机关查处：

（一）携带枪支、弹药、管制刀具及其仿制品进入安检现场的；

（二）强行进入候机隔离区不听劝阻的；

（三）伪造、冒用、涂改身份证件乘机的；

（四）隐匿携带危险品、违禁品企图通过安全检查的；

（五）在托运货物时伪报品名、弄虚作假或夹带危险物品的；

（六）其他威胁航空安全的行为。

第四十八条 对违反《中华人民共和国民用航空安全保卫条例》第三十二条规定，携带《禁止旅客随身携带或者托运的物品》（见附件一）所列物品的，安检部门应当及时交由民航公安机关处理。

第四十九条 对违反《中华人民共和国民用航空安全保卫条例》第三十三条规定，携带《禁止旅客随身携带但可作为行李托运的物品》（见附件二）所列物品的，应当告诉旅客可作为行李托运或交给送行人员；如来不及办理托运，安检部门按规定办理手续后移交机组带到目的地后交还。

不能按上述办法办理的，由安检部门代为保管。安检部门应当登记造册，妥善保管；对超过三十天无人领取的，及时交由民航公安机关处理。

第五十条 对含有易燃物质的生活用品实行限量携带（见附件三）。对超量部分可退给旅客自行处理或暂存于安检部门。

安检部门对旅客暂存的物品，应当为物主开具收据，并进行登记。旅客凭收据在三十天内领回；逾期未领的，视为无人认领物品按月交由民航公安机关处理。

第四章 教育培训

第五十一条 安检部门应当按照民航总局制定的《民用航空安检业务培训大纲》，制定本单位业务培训计划，开展在职、在岗、脱产、半脱产等形式和站、科、班（组）

多层次的业务训练。

第五十二条 持有岗位证书的安检人员应当接受年度岗位考核复查；考核前持证者应当至少接受一次培训。

第五十三条 新招收的安检人员（大、中专院校安检专业毕业生除外）上岗前，应当接受不少于一百六十学时的空防安全、安检规章、勤务技能、职业道德、礼仪和外事常识以及军事技能等有关知识、技能的培训。经考试合格的，方可成为见习安检人员。

第五十四条 见习安检人员见习期为一年。见习期满经考试合格后，按照民航总局规定颁发上岗证书。

第五十五条 安检人员实行职业技能等级标准。根据安检人员业务、技能水平和学历、工龄等，评定技能等级，确定待遇。

第五章 奖励与处罚

第五十六条 民航总局在航空安全奖励基金中列出专项，用于奖励在安检工作中成绩突出的单位和个人。

第五十七条 在安检工作中有下列表现之一的单位或个人，由安检部门或其上级主管部门给予通报表扬、嘉奖、记功、授予荣誉称号的奖励：

（一）模范执行国家的法律、法令，严格执行安检工作规章制度，成绩突出的；

（二）积极钻研业务，工作认真负责，完成安全检查任务成绩突出的；

（三）爱护仪器设备，遵守操作规程，认真保养维修，成绩突出的；

（四）执勤中检查出冒名顶替乘机或持伪造、变造身份证件的；

（五）执勤中查获预谋劫机或其他非法干扰民用航空安全的嫌疑人，以及隐匿携带危害航空安全物品的；

（六）遇有劫机或其他非法干扰民用航空安全的紧急情况，不怕牺牲、英勇顽强、机智灵活制服罪犯的；

（七）执勤中其他方面有突出表现的。

对前款受奖励者，可按照规定给予一定的物质奖励。

第五十八条 安检人员有下列行为之一者，由安检部门或其上级主管部门根据具体情况，分别给予批评教育或警告、记过、记大过、开除的行政处分；违法或者构成犯罪的，由有关机关依法追究责任：

（一）在安检工作中因责任心不强、麻痹大意、不负责任，对危及空防安全的物品或伪造、变造、冒用的身份证件发生漏检，造成一定后果和影响的；

（二）违反安检工作制度，造成不良影响，情节严重的；

（三）违反操作规程，造成仪器设备损坏的；

（四）遇有劫机或其他非法干扰民用航空安全的紧急情况，临阵脱逃或者擅离岗位，不服从命令，造成严重后果的；

（五）其他违反本规则规定并造成不良影响的。

第五十九条 对违反本规则第十条规定，未取得《民用航空安全检查许可证》而从事安检工作的单位，勒令立即停止，并可处三万元以下罚款，同时可对直接责任人处一千元以下罚款。

第六十条 对于《民用航空安全检查许可证》已过换证期而不申请换发经提出仍不改正，或者不符合本规则第十一条规定经提出仍不改正的，收回许可证，并可对有关单位处二万元以下罚款。

第六十一条 违反本规则第十二条规定，使用不符合规定仪器的，勒令立即停止，并可对有关单位处二万元以下罚款，同时可对直接责任人处五百元以下罚款。

第六十二条 违反本规则规定，致使未持有岗位证书的人员单独上岗执勤的，对该单位处一万元以下罚款，对直接责任人处五百元以下罚款。

第六十三条 本规则第五十九条、第六十条、第六十一条、第六十二条规定的处罚，由民航总局公安局或民航地区管理局公安局负责实施。

第六章 附 则

第六十四条 本规则自 1999 年 6 月 1 日起施行。

第六十五条 本规则正式施行后，以前规定与本规则不一致的，一律以本规则为准。

附件一：

禁止旅客随身携带或者托运的物品

禁止乘机旅客随身携带或者托运的物品包括：

（一）枪支、军用或警用械具类（含主要零部件），包括：

1. 军用枪、公务用枪：手枪、步枪、冲锋枪、机枪、防暴枪等。

2. 民用枪：气枪、猎枪、运动枪、麻醉注射枪、发令枪等。

3. 其他枪支：样品枪、道具枪等。

4. 军械、警械：警棍、军用或警用匕首、刺刀等。

5. 国家禁止的枪支、械具：钢珠枪、催泪枪、电击枪、电击器、防卫器等。

6. 上述物品的仿制品。

（二）爆炸物品类，包括：

1. 弹药：炸弹、手榴弹、照明弹、燃烧弹、烟幕弹、信号弹、催泪弹、毒气弹和子弹（空包弹、战斗弹、检验弹、教练弹）等。

2. 爆破器材：炸药、雷管、导火索、导爆索、非电导爆系统、爆破剂等。

3. 烟火制品：礼花弹、烟花、爆竹等。

4. 上述物品的仿制品。

（三）管制刀具：指1983年经国务院批准由公安部颁布实施的《对部分刀具实行管制的暂行规定》中所列出的刀具，包括匕首、三棱刀（包括机械加工用的三棱刮刀）、带有自锁装置的刀具和形似匕首但长度超过匕首的单刃刀、双刃刀以及其他类似的单刃、双刃、三棱尖刀等。少数民族由于生活习惯需要佩带、使用的藏刀、腰刀、靴刀等属于管制刀具，只准在民族自治地方销售、使用。

（四）易燃、易爆物品，包括：氢气、氧气、丁烷等瓶装压缩气体、液化气体；黄磷、白磷、硝化纤维（含胶片）、油纸及其制品等自燃物品；金属钾、钠、锂、碳化钙（电石）、镁铝粉等遇水燃烧物品；汽油、煤油、柴油、苯、乙醇（酒精）、油漆、稀料、松香油等易燃液体；闪光粉、固体酒精、赛璐珞等易燃固体；过氧化钠、过氧化钾、过氧化铅、过醋酸等各种无机、有机氧化剂。

（五）毒害品：包括氰化物、剧毒农药等剧毒物品。

（六）腐蚀性物品：包括硫酸、盐酸、硝酸、有液蓄电池、氢氧化钠、氢氧化钾等。

（七）放射性物品：放射性同位素等放射性物品。

（八）其他危害飞行安全的物品，如可能干扰飞机上各种仪表正常工作的强磁化物、有强烈刺激性气味的物品等。

（九）国家法律法规规定的其他禁止携带、运输的物品。

附件二：

禁止旅客随身携带但可作为行李托运的物品

禁止乘机旅客随身携带但可作为行李托运的物品包括：附件一规定的物品之外，其他可以用于危害航空安全的菜刀、大剪刀、大水果刀、剃刀等生活用刀，手术刀、屠宰刀、雕刻刀等专业刀具，文艺单位表演用的刀、矛、剑、戟等，以及斧、凿、锤、锥、加重或有尖钉的手杖、铁头登山杖和其他可用来危害航空安全的锐器、钝器。

附件三：

乘机旅客限量随身携带的生活用品及数量

<table>
<tr><th>种类</th><th>品名</th><th colspan="2">限带数量</th></tr>
<tr><td>酒类</td><td>白酒</td><td colspan="2">2 kg（包装完好）</td></tr>
<tr><td rowspan="8">日常生活用品</td><td>发胶、衣领净</td><td>1 瓶（350 mL）</td><td rowspan="6">累计不超过1 000 mL或者1 kg</td></tr>
<tr><td>摩丝、光亮剂</td><td>1 瓶（350 mL）</td></tr>
<tr><td>香水</td><td>500 mL</td></tr>
<tr><td>杀虫剂</td><td>1 瓶（350 mL）</td></tr>
<tr><td>空气清新剂</td><td>1 瓶（350 mlL</td></tr>
<tr><td>其他含有易燃物质的生活用品</td><td></td></tr>
<tr><td>打火机（充有可燃气体或燃料油）</td><td colspan="2">5 支</td></tr>
<tr><td>安全火柴</td><td colspan="2">5 盒</td></tr>
</table>

注：限带数量是指每名旅客最多可携带的数量。

民用航空安全检查工作手册

目　录

第一章　总　　则

第一条　为确保民用航空安全检查工作的顺利实施，根据《中华人民共和国民用航空安全保卫条例》《中国民用航空安全检查规则》制定本手册。

第二条　从事民用航空安全检查工作的单位或部门（以下简称安检部门）在遵守有关法律、法规和规章的同时，应遵守本手册规定的内容。

第三条　民航公安机关根据本手册规定支持、配合安检部门开展工作；对安检部门移交处理的问题，应及时反馈处理结果。

第四条　各安检部门可根据本手册制定工作细则。

第二章　工 作 制 度

第一节　安全目标责任制度

第五条　安检部门应当结合实际情况，制定年度安全目标和实现安全目标的具体工作方案。

第六条 安全目标责任应定人、定位、定任务，做到分工清楚，任务明确，各负其责，奖罚分明。

第七条 安全目标主要包括：杜绝因安检原因造成劫机、炸机等严重危害航空安全的事件；不因安检原因危及航空运输安全；不因安检原因造成航空器损坏。

第二节 领导值班制度

第八条 安检部门实行领导分级值班制度。一般可分为安检部门、安检科队、安检班组（分队）三级领导值班。

第九条 安检部门值班领导应当坚持现场值班，指导、监督、检查、协调现场安全检查工作，解决安检工作中发生的重大问题。

第十条 安检科队值班领导应当坚持跟班，具体组织、实施、指挥安全检查工作。

第十一条 安检班组（分队）值班领导应坚持带班，按照上级的要求同本班组（分队）安检人员一起做好各项勤务工作。

第三节 请示报告制度

第十二条 安检人员在一般情况下遇到超越处理权限的问题时，必须及时向上级领导请示后方可处理。

第十三条 通常情况下，请示报告应逐级进行；遇有重要情况和重大涉外问题以及突发情况可越级报告，但事后应当报告直属领导。

第十四条 遇有强行登机、劫机以及发现爆炸物等特别紧急情况，来不及请示报告时，应当根据当时情况按照预案予以处置，处置后必须及时逐级报告。

第十五条 上报情况应当包括时间、地点、人物、事件情况、处理结果。

第十六条 下级向上级请示报告问题时，应当提出自己的处理意见。

第十七条 请示报告必须作出详细记录，重大问题作出专题报告。

第四节 会议制度

第十八条 安检部门应当定期召开业务会、总结会、研讨会，必要时随时召开。

第十九条 业务会主要是讲评上一周工作，布置本周工作。

第二十条 总结会主要是总结阶段性的工作，分析存在的问题及原因，提出解决的办法。

第二十一条 研讨会主要是围绕安全检查工作中的某个方面，或根据当时敌、社情或工作中发现的新情况就如何加强工作进行深入研讨。

第五节　交接班制度

第二十二条　交接班应当同级对口书面交接。

第二十三条　交班的主要内容：上级的文件、指示；执勤中遇到的问题及处理结果；设备使用情况；遗留问题；需要注意的事项等。

第二十四条　接班人员应按时到达现场办理接班手续。交班人员在接班人员到达执勤岗位后方可离去。

第六节　点名讲评制度

第二十五条　安检部门实行上班点名和下班讲评制度。

第二十六条　点名和讲评一般由安检科队值班领导组织实施。

第二十七条　点名的内容包括：检查安检人员到岗情况；检查安检人员着装情况；传达上级文件和指示；按照航班预报，合理安排勤务，提出工作要求。

第二十八条　讲评的内容包括：安检人员在位情况；小结当天执勤情况；表扬好人好事，批评不良现象；对下一班勤务提出具体要求；对工作中发生的问题及时上报。

第七节　物品管理制度

第二十九条　物品管理包括对旅客、货主暂存、自弃和遗留物品的管理。

第三十条　物品管理应由专人负责，并建立台账。

第三十一条　禁止旅客随身携带但可作为行李交运的物品，以及限量携带物品的超量部分，在来不及办理交运手续或移交机组时，可作暂存处理。安检人员应给物主开具《暂存物品凭单》。

第三十二条　对旅客、货主自动放弃的物品应当统一登记造册，记录收到的时间、地点、数量及品名。

第三十三条　发现旅客、货主遗留在安检现场的物品，应当由两名以上安检人员共同清点和登记，并及时交给专人保管。贵重物品应及时报告值班领导，尽可能地寻找失主。

第三十四条　对旅客暂存、遗留且在30天内无人认领的物品以及旅客自弃的物品，应当统一登记造册，交民航公安机关处理。

第八节　安检业务用章使用管理制度

第三十五条　安检业务用章包括验讫章和免检章。

第三十六条　验讫章实行单独编号、集中管理，落实到各班（组）使用。免检章由专人管理，经安检部门值班领导批准方可使用。

第三十七条　验证人员在核对旅客的身份证件、客票和登机牌无误后，在登机牌正联、附联各盖验讫章，并做到印迹清楚，不漏盖、错盖。

第三十八条 对按规定免检的人员，应在核对其免检介绍信、身份证件、客票和登机牌无误后，在其登机牌正联、附联各盖免检章；对随同的非免检人员按规定检查后盖验讫章。

第三十九条 安检业务用章不得带离安检现场，遇有特殊情况需要带离时，必须经安检部门值班领导批准。

第四十条 安检业务用章丢失或被盗，应当立即报告值班领导。

第九节 仪容风纪管理制度

第四十一条 安检人员执勤时必须着安检制服，并遵守下列规定：

（一）按规定缀订、佩戴安检标志、领带（领结）、帽徽、肩章。

（二）按规定配套着装，冬、夏制服不得混穿。

（三）换季时应统一换装，换装时间由各安检部门自行规定。

（四）应当着黑色、深棕色皮鞋。

（五）着装应当整洁，不准披衣、敞怀、挽袖卷裤腿、歪戴帽子，不准在安检制服外罩便服、戴围巾等。

（六）只能佩戴国家和上级部门统一制发的证章、证件和工号。

第四十二条 安检人员要爱护和妥善保管安检制服以及各种安检标志，严禁将安检制服和标志变卖、擅自赠送或借给他人。

第四十三条 男安检员不准留长发、胡须、大鬓角；女安检员在工作期间不得披发过肩，不准戴奇异饰物。

第四十四条 安检人员着安检制服在公共场所要举止端庄，严禁酗酒。

第四十五条 各级安检部门领导对安检人员的仪容风纪负有纠察的责任。安检人员应自觉接受纠察，自觉维护安检队伍形象。

第十节 文明执勤制度

第四十六条 安检人员应当自觉遵守职业道德规范，爱岗敬业，文明执勤。

第四十七条 安检人员执勤应当遵守下列规定：

（一）执勤前不吃有异味食品、不喝酒，执勤期间应举止端庄，不吸烟、不吃零食。

（二）尊重旅客的风俗习惯，对旅客的穿戴打扮不取笑、不评头论足，遇事不围观。

（三）态度和蔼，检查动作规范，不得推拉旅客。

（四）自觉使用安全检查文明执勤用语，热情有礼，不说服务忌语。

（五）爱护旅客的行李物品，检查时轻拿轻放，不乱翻、乱扔，检查完后主动协助旅客整理好被检物品。

（六）按章办事，耐心解释旅客提出的问题，不得借故训斥、刁难旅客。

第三章　岗位职责

第四十八条　基础岗位职责。基础岗位包括待检区维序检查岗位、前传安检人员岗位。其基本职责是：

（一）维持待检区秩序并通知旅客准备好身份证件、机票和登机牌。

（二）开展调研工作。

（三）在安全检查仪器传送带上正确摆放受检行李物品。

第四十九条　验证安检人员岗位职责：

（一）负责对乘机旅客的有效身份证件、客票、登机牌进行核查，识别涂改、伪造、冒名顶替以及其他无效证件。

（二）开展调查研究工作。

（三）协助执法部门查控通报的在控人员。

第五十条　人身安检人员岗位职责：

人身检查岗位包括引导和安全门检查两个具体岗位。其基本职责是：

（一）引导旅客有秩序地通过安全检查门。

（二）检查旅客自行放入盘中的物品。

（三）对旅客人身进行仪器或手工检查。

（四）准确识别并根据有关规定正确处理违禁物品。

第五十一条　X 射线检查仪操作员岗位职责：

（一）按操作规程正确使用 X 射线检查仪。

（二）观察辨别监视器上受检行李（货物、邮件）图像中的物品形状、种类，发现、辨认违禁物品或可疑图像。

（三）将需要开箱（包）检查的行李（货物、邮件）及重点检查部位准确无误地通知开箱（包）安检人员。

第五十二条　开箱（包）安检人员职责：

（一）对旅客行李（货物、邮件）实施开箱（包）手工检查。

（二）准确辨认和按照有关规定正确处理违禁物品，严防错、漏检。

（三）开具暂存或移交物品单据。

第五十三条 监护岗位职责：

（一）对出（过）港航空器和经过安全检查的旅客及手提行李进行监护。

（二）对候机楼、隔离区和其他监护区实施清场。

（三）防止无关人员、车辆进入监护区或登机。

（四）防止未经安全检查的物品被带入监护区或航空器。

（五）防止发生劫机分子强行登机或地面炸机等破坏活动。

第五十四条 仪器维修岗位职责：

（一）负责各种安全检查仪器的安装、调试工作。

（二）负责安全检查仪器的定期维护保养工作。

（三）负责安全检查仪器故障的修理工作，保证安检仪器正常运行。

第五十五条 现场值班岗位职责：

（一）负责向当班安检人员传达上级有关指示和通知。

（二）提出本班要求和注意事项。

（三）组织协调安检现场勤务。

（四）督促检查各岗位责任制的落实情况。

（五）按规定处理安检现场发生的问题。

（六）本班工作结束后进行讲评。

第四章 勤务的组织

第一节 安全检查的任务

第五十六条 根据《中华人民共和国民用航空安全保卫条例》和《中国民用航空安全检查规则》的规定对乘坐民用航空器的旅客及其行李、进入候机隔离区的其他人员及其物品以及空运货物、邮件进行安全检查。

第五十七条 对候机隔离区内的人员、物品进行安全监控。

第五十八条 对执行飞行任务的民用航空器实施监护。

第五十九条 安全检查查控的范围见《中国民用航空安全检查规则》附件一、二、三。

第二节 勤务组织的原则

第六十条 安检部门在安排各项工作中，要以勤务为中心，兼顾教育、培训、学习，完成以执勤为中心的各项任务。

第六十一条 在勤务的组织和实施中，应当以科、队（或班、组）等建制单位安排。采取分级指挥、分级负责的方法，使各级职、责、权分明。

第六十二条 组织勤务时应当合理使用执勤人员，安排组织好勤务交接，保持勤务的连续性。

第六十三条 安检部门应当结合自身担负的任务，制订一般情况、特殊情况处置方案和突发事件处置预案三个等级的勤务方案，作为实施勤务和处置情况的依据。

第六十四条 安检部门应当加强与民航有关单位，以及海关、检疫、边检、警卫部队等单位的联系配合，互相支持，确保检查、监护等各项勤务的顺利进行。

第六十五条 安检部门在勤务实施过程中，应当做好检查仪器、通讯器材、勤务用品、机动车辆的保障工作。

第三节 安检各部门职责

第六十六条 安检部门应当根据工作实际，明确各勤务部门职责。

第六十七条 安检部门值班领导统一组织、协调各项安检工作的开展，监督、检查各项勤务的组织实施，处理勤务中发生的重大问题。

第六十八条 安检部门办公室协调各勤务部门的勤务工作，上报情况或下传各项指示。

第六十九条 安检各勤务部门负责各勤务组的编成，组织指挥各勤务组之间的交接班和勤务实施等各项工作，及时处理和上报安全检查勤务中发生的各类问题。

第七十条 安检监护部门组织对航空器和候机隔离区的各项监护工作，负责与其他勤务单位的工作联系，及时解决在监护勤务中发生的问题。

第七十一条 安检调研部门负责组织对敌情、社情的调查研究，分析勤务工作中突出的问题，提出阶段性重点检查内容和检查中的特别注意事项。

第七十二条 设备仪器维护部门负责和组织对安全检查设备的维修和保养，及时排除故障，保证安检仪器设备处于良好工作状态。

第四节 勤务组织的程序和要求

第七十三条 安全检查勤务的程序包括准备、实施和结束三个阶段，安检部门各级勤务组织应当根据该程序进行工作。

第七十四条 安检部门值班人员应当提前了解当日航班动态，及时通知各勤务部门。各勤务部门值班领导根据航班动态和执勤力量，制订勤务方案，分配勤务任务。

第七十五条 安检部门执勤人员应提前到达执勤现场，与值机人员同步开始工作。各勤务部门值班领导应组织召开班前会，传达上级指示，布置工作，提出要求。

第七十六条 安全检查开始前，各勤务部门应当按职责清理现场，巡视或清查候机隔离区，调试安检仪器设备，做好各项准备工作。

第七十七条 安检各勤务部门在分配勤务时应当定人、定位、定任务、定责任。安检部门各级领导应当检查各岗位人员工作情况。

第七十八条 安检部门各岗位人员，必须认真落实各项勤务，严格执行岗位责任制，做到熟悉勤务方案，明确自身任务。

第七十九条 安全检查、监护工作中发生、发现的各种情况和问题，应当按各级权限进行处理。遇有突发性事件，应当按照突发事件处置预案进行处置。

第八十条 安检部门各岗位应当做好勤务交接班工作，由各勤务部门值班领导具体组织实施，并监督交接班情况，防止发生漏洞。

第八十一条 当日勤务结束，各勤务部门应当关闭、锁好各种仪器、设备，清点、存放检查器材、执勤用具，整理、上报勤务工作情况以及发生、发现的问题和处理结果。

第五节 安全检查特别工作方案

第八十二条 下列情况之一应当实施特别工作方案：

（一）接到劫机、炸机等敌情通报。

（二）发生劫机、炸机或其他严重危害空防安全的事件。

（三）危害空防安全的事件连续发生，空防形势严峻。

（四）出席党的全国代表大会代表、全国人民代表大会代表和全国人民政治协商会议委员乘坐民航班机。

（五）国家警卫对象和外国国家领导人乘坐民航班机。

第八十三条 在全国范围实施特别工作方案由民航总局公安局决定；民航各地区管理局、机场公安机关可以决定在本地区（机场）范围内实施特别工作方案。

遇有第八十二条第四、五项规定的情况，安检部门领导可以决定对本次航班实施特别工作方案。

第八十四条 实施特别工作方案的情况消除后，决定实施的公安机关应当通知安检部门停止实施。

第八十五条 特别工作方案内容包括：

（一）加强安全检查。抽调业务熟练的安检人员执行检查，必要时单设通道，从严检查。

（二）加强查控工作。增派便衣巡视人员，掌握被查控人员情况，及时将查控名单与当天航班舱单进行核对。

（三）加强仪器检查。操机员应当充分发挥X射线安全检查仪的功能作用；对可疑行李经开包检查取出违禁物品后，必须重新过X射线安全检查仪检查；调高安全门灵敏度。

（四）增大开箱（包）和手工人身检查率。开箱（包）率、手工人身检查率不得低于50%，必要时可以对特定航班的旅客人身及其手提行李全部进行仪器和手工双重检查。

（五）检查防爆器材是否置于现场并处于良好工作状态，防爆人员应当到现场实施防爆技术检查。

（六）对登机旅客及装入货舱的行李、货物的数量应当详细核对，发现可疑人员或物品必须禁止登机或装机。

（七）加强对航空器和候机隔离区的监护工作。对登机和接近飞机人员以及车辆应当严格控制，必要时对机场设施以及接近航空器的车辆进行检查或清查。

（八）加强各级值班和现场组织指挥。

（九）对航空供应品（食品）应当派专人检查并监装。

（十）当接到某航班可能遇劫（炸）等敌情通报，而该航班旅客已经安检或已登机时，对已登机或准备登机的旅客、行李和货物应当重新进行安全检查。

第八十六条 当外国民航企业要求我方为其采取特别安全措施时，应当事先与对方商谈处置方案及有关事宜，并划定安全责任。

第八十七条 在实施特别工作方案时，应尽量保证航班正常。

第五章 勤务的实施

第一节 勤务实施的程序

第八十八条 对旅客实施安全检查时，首先查验旅客的身份证件、客票和登机牌，检查无误后加盖验讫章，再请旅客通过安全门，手提物品通过X射线安全检查仪进行安全检查，对可疑人员和物品进行人身复查或开箱（包）检查，设备发生故障时，应当进行手工检查。

第八十九条 对旅客交运行李的安全检查应在旅客办理乘机手续时同步进行，检查无问题后方准其托运。

对尚未实施交运行李检查与值机手续同步进行的机场，应将已检查的托运行李实行封包或加贴封条，并实施有效监控，防止验讫的行李被夹塞物品或与未经检查的行李相混。

第九十条 对货物邮件进行检查时，应查验托运书或路单填写的托运书各项内容是否完整规范，核对所申报的品名与实际货物是否一致。

第九十一条 对候机隔离区实施监管，应在当日航班开始前进行清场，对经过安检进入隔离区的旅客进行监控，防止与未经安全检查的人员混合或接触。

对航空器进行监护，应首先与机务人员办理有关交接手续，密切监视接近航空器的人员和车辆，并查验其证件，防止无关车辆和未经安全检查的人员接近或进入航空器。

第九十二条 当班勤务结束后，认真记录当班工作情况及仪器设备使用情况。

第二节 证件检查

第九十三条 除规则所规定的有效乘机身份证件外，国内旅客可持往来港澳通行证、往来台湾通行证；驻港部队军人可持驻港部队证件；海员可持海员证；外国旅客可持领事官证、外国人出入境证、外国人居留证；港澳台旅客可持港澳（台湾）居民来往内地（大陆）通行证乘机。

第九十四条 对乘机旅客必须查验其身份证件、客票和登机牌；对进入候机隔离区的工作人员应查验其有效通行证件。

第九十五条 查验证件时应采取检查、观察、询问相结合的方法。

第九十六条 证件检查的方法：

对塑封的单页卡式证件，注意甄别证件的真伪，检查证件的外观式样、规格、塑封、印刷和照片等主要识别特征是否与规定相符，有无变造、伪造的疑点。

对贴有照片的证件应查看持证人的身份，核对证件上的姓名与客票、登机牌署名是否一致；辨别证件照片与持证人性别、年龄、相貌是否相吻合，有否揭换照片、冒名顶替；甄别证件的外观、式样、规格、塑封、纸张、印刷以及印章防伪标记、暗记等有无变造、伪造的疑点；查验证件的有效期，有关项目是否齐全，有无涂改痕迹，照片上是否盖有印章等。

第三节 人身安全检查

第九十七条 对旅客实施人身安全检查时，应告知受检旅客将随身携带的全部金属物品取出，然后按次序通过安全门。

对放入盘中的物品应进行检查，注意是否藏有违禁物品。

第九十八条 对头戴帽子的旅客应让其摘下帽子检查；对检查时脚部反复报警者，

必要时可请其脱掉鞋子检查。

第九十九条 对通过安全门时报警的旅客，应当重复过门检查或使用手持金属探测器或手工人身检查的方法进行复查，排除疑点后方可放行。

手工人身检查一般应由与受检旅客同性别的安检人员实施；对女旅客实施检查时，必须由女安检人员进行。

第一百条 检查中遇有下列情况时，应从严进行手工人身检查：

（一）精神恐慌，行迹可疑者。

（二）冒充熟人，假献殷勤，接受检查过于热情者。

（三）表现不耐烦，催促检查或言行蛮横，不愿接受检查者。

（四）频繁进出待检区，窥视检查现场，探听安全检查情况等行为异常者。

（五）着装与其身份不相符或不合时令者。

（六）航空器起飞前匆忙赶到检查现场者。

（七）带有违禁物品不事先申报及在行李物品检查中发现可疑问题者。

（八）当检查至身体某部位发现异常时，声称有病者。

（九）上级通报的来自恐怖活动频繁的国家或地区的人员。

（十）其他言行可疑者。

第一百零一条 对旅客实施手工人身检查，是通过双手对旅客身体采取摸、压等检查方法，以发现随身藏匿的武器、刀具、爆炸物品及其他危险物品。

手工人身检查的重点是人体的腋下、腰部和裆部。

检查要领和程序是：由上到下，由里到外，由前到后。检查时，安检人员要面对旅客，先从旅客前衣领开始，至双肩、胸、腰部止；再请旅客转身，从后衣领起，至双臂外侧、双手手掌、双臂内侧、腋下、背部、后腰部、裆部、双腿、脚部止。如旅客着装较多，可先请其解开外衣，对外衣也应进行检查。

第一百零二条 对经过手工人身检查仍有疑点的旅客，经安检部门值班领导批准后，可以将其带到安检室从严检查，检查应由与受检旅客同性别的两名以上安检人员实施。

从严检查时，可由一名安检人员对受检旅客进行监视，防止其作出危险行为或毁灭物证，另一名安检人员进行检查；检查时可请旅客脱掉外衣、鞋袜。对不配合检查的，可根据情况予以拒绝登机或交民航公安机关处理。

第一百零三条 从严检查应做出专门记录，记录受检旅客的姓名、性别、年龄、所乘航班、工作单位（或住址），对其进行检查的安检人员应共同签名。

第四节　行李物品检查

第一百零四条　对旅客随身携带、托运的行李物品的检查是指通过仪器检查和手工开箱检查，防止违禁物品被带上航空器或夹在行李中托运。

第一百零五条　遇有下列情况之一者，必须进行开箱（包）检查：

（一）用X射线安全检查仪检查时，图像模糊不清，无法判断物品性质的；

（二）用X射线安全检查仪检查时，发现似有利器、电池、导线、钟表、块状、圆柱状、粉末状、液体状、枪弹状物等；

（三）X射线安全检查仪监视器图像中显示有容器、仪表、瓷器以及照相机、收音机、录音录像机、VCD机、电子产品等物品的；

（四）携带者特别小心或时刻不离身的物品；

（五）乘机人携带的物品与其职业、事由和季节不相适应的；

（六）现场表现异常的旅客或群众举报的嫌疑人员所携带的行李物品；

（七）公安部门通报的犯罪嫌疑人或布控对象所携带的物品。

第一百零六条　对经X射线安全检查仪检查后未发现疑点的行李也应保持一定的开包率，进行不定期、不定点的开包抽查。

第一百零七条　开包时，旅客应在现场，对旅客声明不宜公开检查的物品应带至安检室单独检查。

第一百零八条　对经X射线安全检查仪检查发现疑点的行李由安检人员打开箱（包），对抽查的行李可由旅客自己打开。

第一百零九条　开箱（包）检查时，要仔细查验行李箱（包）的底部、角部和内外侧小兜，注意发现有无夹层。

第一百一十条　对照相机、收音机、录音录像机、手提电话及其他常用电子产品，要求旅客操作演示时出现不应有反应或与常规重量不符的，应从严检查。

第一百一十一条　对有疑点的行李在开箱（包）检查后应重新过X射线安全检查仪检查。

第五节　货物、邮件检查

第一百一十二条　对货物、邮件进行安全检查是指利用安全检查仪器对空运的货物、邮件进行检查，防止伪报、虚报品名或者在货物、邮件中夹带危险品。

第一百一十三条　对空运的货物应当经过仪器检查或存放二十四小时，或者采取民航总局认可的其他安全措施。

第一百一十四条　对空运的急救物品、鲜活货物、航空快件等有时限的货物，应当全部及时进行安全检查。

第一百一十五条 对空运货物应核对路单所填品名与实际货物性质是否相符。

第一百一十六条 对经安全检查仪器检查发现疑点的货物应会同货主或托运人共同开包检查，直至排除疑点后方可放行。

第一百一十七条 对无法用仪器进行检查的货物应至少在货运仓库存放二十四小时后方可启运。

第一百一十八条 对航空邮件应进行安全检查。发现可疑邮件时，安检部门应会同邮政部门开包查验。

第六节　航空器监护

第一百一十九条 安检部门对执行飞行任务的民用航空器在客机坪短暂停留期间应进行监护。

第一百二十条 对出港航空器的监护，从机务人员移交监护人员时起，至旅客登机后航空器滑行时止；对过港航空器的监护从其到达客机坪时开始，至旅客登机后航空器滑行时止；对执行国际、地区及特殊管理的国内航线飞行任务的进港航空器的监护，从其到达机坪时开始至旅客下机完毕机务人员开始工作为止。

第一百二十一条 对当日首班出港航空器，监护人员应在起飞时间前九十分钟与机务人员办理交接手续。

第一百二十二条 对执行航班任务延误超过九十分钟的航空器由安检部门交由机务人员管理，至确定起飞时间前六十分钟由机务人员移交安检部门实施监护。

第一百二十三条 航空器监护人员的岗位设置为：大中型航空器（载客 100 人以上）派 2 ~3 人，小型航空器（载客 100 人以下）派 1 ~ 2 人。岗位位置分别为客梯（登机桥）口、货舱口和周围巡视。

第一百二十四条 航空器监护区的范围为：以航空器为中心，周围 30 米。

第一百二十五条 对进入监护区域范围内的车辆、人员，航空器监护人员应查验其通行证件。

第一百二十六条 在旅客登机时，航空器监护人员应协助维持秩序，查验登机牌上的验讫章，防止未经安全检查的人员或物品进入航空器。

第一百二十七条 经民航公安机关或安检部门领导决定，监护人员可对航空器进行清舱。

第六章　情况报告

第一节　日常工作情况报告

第一百二十八条　日常工作情况报告是指安检部门、安检人员对工作中遇到的情况、问题和阶段性工作情况及时或定期向上级领导或主管部门报告。

第一百二十九条　安检人员对执勤中遇到的旅客证件不符、隐匿携带危险和违禁物品、扰乱安检现场秩序等问题应及时向科队（班组）值班领导报告。

第一百三十条　安检科队（班组）值班领导遇到无权处理的问题应向本安检部门值班领导报告。

第一百三十一条　安检部门除定期向上级业务主管部门填写报表外，应每月报告一次业务工作情况，每半年报告一次综合情况。

第一百三十二条　安检部门应将日常工作情况定期通报本机场公安机关，民航各级公安机关应主动了解本地区安检部门的工作情况。

第二节　特殊情况报告

第一百三十三条　特殊情况报告是指接到预谋劫持、爆炸民用航空器的情报或发生劫、炸机、机场爆炸等突发事件时的情况报告。

第一百三十四条　凡所接到的情报中威胁目标直接针对民用航空器，并具有下列情况之一的，应立即报告：

（一）有明确预谋作案时间；

（二）有明确作案目标，如针对某航空公司、某机场、某航线、某航班、某航空器等；

（三）有作案人姓名、国籍、证件号码。

第一百三十五条　接到民用航空器遇劫、炸的信息后，安检部门应立即将基本情况电话报告民航总局公安局，然后再将详细情况以书面形式传真上报。

第一百三十六条　报告的基本内容：

（一）当日安检、监护过程有无发现可疑情况；全部旅客是否均经过安全检查；是否按照规定实行开包和手工人身检查；安检仪器设备的技术状态；安全门在检查过程中所使用的技术参数等。

（二）当日检查旅客人数；手提行李数量，手工人身检查、开包检查数量；查出危险、违禁物品数量及处理情况；移交机组保管的限量携带物品件数、品名及物主座位号；X射线安全检查仪、安全门查出疑点和报警情况；验证时发现证件不符的情况。重点是劫、炸机嫌疑人的检查情况。

第一百三十七条 特殊情况在报告总局公安局的同时，应按程序将情况逐级上报。

第七章 情况处置

第一节 处置的原则和权限

第一百三十八条 安检部门对在勤务工作中所遇到的问题，必须根据法律、法规及有关规范性文件和上级的有关规定及时进行处理。

第一百三十九条 安检部门各科队（班组）值班领导负责处理安检过程中情节轻微、涉及面小、不会造成大的影响或严重后果的问题。

第一百四十条 安检部门值班领导负责处理安全检查过程中发生的比较重要、影响较大、涉及面广的问题。

第一百四十一条 安检部门主要领导负责处理工作中发生的重大问题和突发事件。

第二节 证件检查中的情况处置

第一百四十二条 旅客所持居民身份证过期时间不到六个月的，可予以放行；超过六个月的不予放行。

第一百四十三条 旅客所持临时居民身份证过期，十五天以内经站值班领导批准放行，超过十五天的不予放行。

第一百四十四条 凡旅客因故不能出示有效乘机身份证件的，可凭下列证件或证明检查放行：

（一）全国人民代表大会代表、全国政协委员，凭本届全国人民代表大会代表证、全国政协委员证放行。

（二）出席全国或省、自治区、直辖市的党代会、人代会、政协会、工、青、妇代会和劳模会的代表，凭所属县、团级（含）以上党政军主管部门出具的临时身份证明放行。

（三）省、部级（含副职）以上要客，如无居民身份证，凭省、部级（含）以上单位出具的临时身份证明信放行。

（四）解放军、武警部队官兵及其文职干部、离退休干部、院校学员和职工，可凭所在部队团以上单位出具的临时身份证明放行；退伍、转业军人凭退伍证、转业证，六个月内可以放行。

（五）对持中华人民共和国外交护照、公务护照、因公普通护照和因私普通护照的，在护照有效期内可以放行。

（六）十八岁以下未办理居民身份证的，凭当地公安机关出具的临时身份证明放行。十六岁以下未成年人，凭学生证、户口簿、暂住证放行。十二岁以下儿童，凭半票或十分之一客票，免验身份证件。

（七）旅客遗失居民身份证，凭户籍所在地派出所出具的临时身份证明放行。在户籍所在地以外被盗或丢失的，凭发案、报失地公安机关（地方公安机关或民航公安机关）出具的临时身份证明放行。

（八）旅客在申办居民身份证期间，可凭贴有本人照片并加盖户籍所在地派出所户籍专用章的申领居民身份证回执放行。

（九）境外人员在中国旅行期间遗失护照证件的，凭公安机关出入境管理部门出具的遗失证明（须贴有本人照片、注明有效期）放行。

（十）对持民航公安机关出具的《乘坐民航飞机临时身份证明》的，在有效期内予以放行。

第一百四十五条 以下情况经安检部门值班领导批准放行：

（一）旅客在办理登机手续后遗失有效证件的，经安检部门值班领导批准后从严检查放行。

（二）年龄已高的老人（按 60 岁掌握），凭本人单位或子女单位、接待单位出具的证明信放行。

（三）急病、伤患者及其陪同家属、医护人员需乘机转赴外地治疗，因时间紧迫未带有效乘机身份证件的，可凭单位介绍信或医院转院证明予以放行。

（四）国家公务员因执行紧急公务急需乘机，但又不能出示有效乘机身份证件的，凭所在单位介绍信放行。

第一百四十六条 乘机临时身份证明应贴有本人近期相片，写明姓名、性别、年龄、工作单位（住址）、有效日期，并加盖公章，内容不全者不予放行。

第一百四十七条 中央对台办接待的保密客人，凭中央对台办出具的乘机介绍信，免验其身份证件。

第一百四十八条 加入机组执行任务的非空勤人员乘坐民用航空器，凭中国民航公务乘机通行证、本人工作证（或学员证）检查放行。

第一百四十九条 通用航空用户的随机工作人员凭民航地区管理局或省（区、市）局、航空公司出具的《专业航空乘机证》放行。

第一百五十条 持有因公安机关技术上错误制作产生的居民身份证者，经安检部门值班领导核准后，进行严格检查后放行。

第一百五十一条 持边防检查部门出具的暂扣护照证明者，不予以放行。

第一百五十二条 居民身份证复印件不能作为有效乘机证件使用。

第一百五十三条 境外旅客非法持有国内居民身份证的，不予放行，并应移交公安机关处理。

第一百五十四条 对持变造证件、伪造证件、冒用他人证件或涂改证件的旅客，不予放行，并交民航公安机关处理。

第三节 旅客人身及其行李物品检查中的情况处置

第一百五十五条 免检范围见附件一。

第一百五十六条 重要旅客范围见附件二，免检范围外的重要旅客在安检时给予礼遇，优先检查。

第一百五十七条 开箱（包）检查发现危害较大的违禁物品时，应采取措施控制住携带者，防止其逃离现场，并将箱（包）重新经安全检查仪检查，以查清是否藏有其他危险品，必要时将其带入安检室彻底检查。

第一百五十八条 对旅客携带枪支、弹药的，可视下列情况处理：

（一）警卫人员携带枪支乘坐民航班机，应持有工作证、本人持枪证和公安部警卫局或中办警卫局、总政保卫部、军委办公厅警卫局、省（自治区、直辖市）公安厅（局）出具的持枪证明信，经核对无误后，登记放行，并通报机组。

（二）除前项规定情况外，其他执行公务人员携带枪支、弹药在安检前主动申报，并且手续齐全的，告其不能携带登机。

（三）境外人员和我国运动员参加国际比赛携带的枪支、弹药（包括狩猎枪支、弹药），凭公安部门或边防检查部门出具的《枪支、弹药携运证》，或者外交部、总政保卫部、省级体育行政管理部门出具的证明信，准予托运。

（四）其他旅客携带枪支、子弹的，交民航公安机关处理。

第一百五十九条 对携带军、警械具的，可视下列情况处理：

（一）非军人、政法人员携带军、警械具的，交民航公安机关审查处理。

（二）军人、政法人员故意隐匿携带军、警械具的，交民航公安机关处理；主动申报的，劝其暂存或交送行人员带回。

第一百六十条 境外旅客携带藏刀、腰刀、靴刀等少数民族刀具的，以及少数民族人员在民族自治区域内携带民族刀具的，可准予办理托运或交机组保管；其他携带少数民族刀具的，交民航公安机关审查处理。

刃长超过6厘米的非管制刀具不允许随身携带，可准予托运或交机组保管。

第一百六十一条 对可能用于危害航空安全的日常生活用品、工具、道具、玩具等（具体品名见《民用航空安全检查规则》附件二）不得随身携带，告知旅客办理托运，无法托运的移交机组带到目的地后交还。

第一百六十二条 对含有易燃物质的日常生活用品，实行限量携带。具体品名、数量见《民用航空安全检查规则》附件三。超出部分劝其自行处理。

对医护人员携带的抢救危重病人所必需的氧气袋等凭医院的证明可予以检查放行。

第一百六十三条 对持《侦察证》乘机执行任务的国家安全机关工作人员，可按正常安检程序对其实施安全检查，经过仪器检查未发现疑点的，不再摸身和开包检查。

第一百六十四条 对以下物品按规定给予免检：

（一）对装有机要文件的箱（包），凭中办机要交通局的《专用证》和铅封免予检查；不能铅封的箱（包），凭《专用证》和贴有的金黄色五角星标志免予检查。

（二）对装有外汇的箱（袋），凭中国银行、中国工商银行、中国建设银行、交通银行或中信实业银行保卫部签发的《押运证》和所在银行开具的证明信及铅封免予检查。

（三）对外交信使邮袋，凭外交信使护照和使、领馆出具的证明，免予检查。

（四）对机密尖端、重点型号产品，属航天、航空工业部门的，凭航天、航空工业总公司保卫部门出具的免检证明信、铅封以及免检标志，免予检查。

（五）其他特殊物品，凭民航总局公安局出具的免检证明放行。

第一百六十五条 对检查中的其他情况的处置：

（一）对检查中发现走私物品的，移交海关处理。

（二）对检查中发现淫秽物品、毒品、赌具、假钞、反动宣传等物品的，交民航公安机关处理。

（三）对查出的布控犯罪嫌疑人，交民航公安机关处理。

（四）对查出的偷渡人员，交边防检查部门处理。

第四节　监护工作中的情况处置

第一百六十六条 安检监护人员应查验进入候机隔离区或登机的工作人员及其所携带的行李物品是否经过安全检查，对未经检查者，不准进入；对无理取闹和违章进入机场控制区者，交民航公安机关处理。

第一百六十七条 国家安全机关工作人员，因工作需要进出当地机场隔离区、停机坪时，凭机场隔离区证件通行，在外地执行任务时凭省、自治区、直辖市国家安全机关介绍信（国家安全部机关凭局级单位介绍信）和《侦察证》进出。

第一百六十八条 进入候机隔离区的物品必须接受安全检查，拒绝检查的不准进入。

第一百六十九条 发现有向候机隔离区传递未经检查物品者，应将人、物交安检部门值班领导处理，若传递危险物品或可疑物品，交民航公安机关处理。

第一百七十条 清场、清舱时发现武器、易燃易爆、毒害品、放射性物品以及可能危及旅客、航空器安全的物品，应保护好现场，立即报告安检部门值班领导，并通知民航公安机关处理。

第一百七十一条 清场、清舱中发现可疑人员，交民航公安机关处理。

第一百七十二条 航空公司运送航材，凭航空公司证明信并经安检部门值班领导批准，监护人员凭证明放行。

第一百七十三条 在登机口发现无登机牌或登机牌未盖安检验讫章的，不准登机，立即报告安检部门值班领导处理。

第一百七十四条 发现未办理出境手续的人员，交边防检查部门处理。

第五节　特殊情况的处置

第一百七十五条 对不接受安全检查的旅客，应向其讲明有关法律、法规；经说明仍不接受者，拒绝登机，损失自负。

第一百七十六条 遇有在安检现场无理取闹，扰乱现场工作秩序，妨碍安检人员执行公务的，应带至安检值班室进行教育；对情节严重，不听劝阻的，交民航公安机关处理。

第一百七十七条 遇有因航班延误、取消等原因，旅客强行冲击安检现场或登机口的，应予以劝阻和制止，并及时报告民航公安机关处理。

第一百七十八条 旅客与安检人员发生矛盾时，应及时予以调解。旅客提出合理建议或投诉时，要认真接待和答复。

第一百七十九条 发现严重精神病患者，通知承运人处理。

第一百八十条 发现醉酒不能约束自己行为者，交民航公安机关处理。

第一百八十一条 对危重病人，凭医院证明或当地民航急救中心证明，安检部门值班领导可派人到飞机下面检查。

第一百八十二条 安检部门只接受民航公安机关布置的协助查控要求。接受查控通知书时，应查验项目内容是否齐全，项目应包括被查控人的姓名、性别、年龄、证件号码、照片、相貌特征、案件性质、查控时限、重点航线及本机场民航公安机关和安检部门领导签字。主要项目不全的，安检部门可不接控。

第一百八十三条 验证人员发现民航公安机关布控的犯罪嫌疑人时，应保持镇静，稳住犯罪嫌疑人，用暗号通知安全门安检人员，对其严格检查，同时设法报告现场值班领导，在确保安全的情况下将犯罪嫌疑人控制，并移交民航公安机关。

第一百八十四条 遇有政法干警押解犯罪嫌疑人，凭民航公安机关押解通知单，安检部门查验地市以上公安机关证明信和押解人员身份证件，并按程序进行检查。

第一百八十五条 政法干警押解犯罪嫌疑人时，可根据需要给犯罪嫌疑人戴手铐，但押解人员不得随身携带警械、警具。

第一百八十六条 遇有旅客托运或随身携带的特殊物品，不便或无法用 X 射线安全检查仪检查的，可用手工等方法检查。

第一百八十七条 对在接受安检过程中，声称携有爆炸物的，应立即将其制服，交民航公安机关处理。

第一百八十八条 发现隐匿携带枪支、爆炸物品、管制刀具者，立即将人、物分离，将爆炸物品放到防爆炸箱内，然后报民航公安机关处理。对反抗者先将其制服。

第一百八十九条 对邮件检查中发现的可疑邮包，应会同邮方共同开包检查，对不便于开包检查的，退邮政部门处理；对伪报品名或在邮件中夹带危险品的交民航公安机关处理。

第一百九十条 在货物检查中，发现伪报品名或夹带危险物品的，交民航公安机关依法处理。

第一百九十一条 遇有强行冲击地面航空器的，首先进行拦阻，同时通知工作人员关闭舱门、撤走舷梯，并立即报告值班领导。

第六节　本场起飞的航班遇劫、炸时的情况处置

第一百九十二条 接到遇劫信息后，须立即向民航总局公安局报告如下内容：该次航班的安检、监护过程有无发生可疑情况，是否全部旅客均经过安全检查，是否按照有关规定实行摸身检查和开包检查。

第一百九十三条 配合公安机关检查遇劫航班旅客安检时使用的仪器是否处于良好技术状态；了解上岗前的测试情况，以及安全门在检查过程中所使用的档次，中间是否调换。在条件许可时，应暂时关闭该安检通道。

第一百九十四条 配合公安机关对承担遇劫航班安检任务的各岗位安检人员开展调查取证工作，查明情况，分清责任。

第一百九十五条 清查各种工作记录和登记并如实上报：检查旅客人数、手提行李件数；摸身检查、开包检查数；查出危险品、违禁品数及其处理情况；移交机组保管的限制物品件数、品名及物主座位号；X 射线检查仪、安全门查出疑点和报警情况；验证时发现证件不符的情况。

第一百九十六条 其他按所在机场处置预案，配合公安机关进行处置。

第八章 教育训练

第一节 培 训

第一百九十七条 安检人员实行先培训、后上岗。

第一百九十八条 对安检人员的教育训练分为岗前培训和岗位培训。

岗前培训是指为使新招收安检人员能基本掌握从事安全检查工作所必备的业务知识和业务技能所进行的上岗前培训。岗前培训不得少于 160 学时。

岗位培训是指为保证在岗安检人员不断提高其业务知识、业务技能和及时了解掌握上级业务部门的有关新政策、新规定而对上岗后的安检人员所进行的不间断培训。

第一百九十九条 培训要有明确的目的性，针对业务工作的实际需要，确定教学内容和重点。

第二百条 岗前培训应按照民航总局制定的岗位规范、培训大纲和上级业务部门的有关规定组织培训、考核，其主要内容除《民用航空安全检查规则》第五十三条中所列的七项内容外，还应根据各工作人员所要从事的具体岗位进行重点培训。

第二百零一条 安检部门应坚持对在岗安检人员进行岗位培训，每周至少进行一次政治或业务教育，每月至少进行一次技能训练，每季度至少进行一次业务研讨。

第二百零二条 政治教育主要内容有：组织学习党的方针、政策，近期的时事、政治，安检人员职业道德要求以及上级有关指示精神。

第二百零三条 业务教育主要内容有：如何搞好证件检查；如何正确使用仪器进行检查；如何辨别监视器上的物品图像；如何发现和识别违禁物品；如何加强隔离区和监护区的安全管理；如何正确理解和执行有关安检工作的法规、规章和规范性文件。

第二百零四条 业务研讨主要内容有：分析安检勤务中正、反典型，研究和吸取经验教训；分析国内、国际敌社情动态，针对某种情况研究执勤预案；分析上阶段工作漏洞，研究制订改进措施。

第二百零五条 技能训练主要内容有：各项检查技能训练、队列训练；形体训练；礼节、礼仪常识训练；擒敌技术训练。

第二百零六条 定期组织应急事件处置预案演练，使安检人员能够熟悉掌握预案内容，遇有突发事件能按预案要求迅速处置。

第二百零七条 安检部门应建立违禁物品陈列室，为业务教育提供实物资料。违禁品陈列室应参照《爆炸物样品箱使用、保管规定》，严防各种违禁物品丢失。

违禁物品陈列室主要陈列：各种弹药、管制刀具、易燃、易爆、剧毒物品等；各种炸药；各种爆炸装置；各种防身自卫器；检查中最新发现的违禁物品、危险物品和遇到的各种典型案例资料。

第二百零八条 安检业务部门要定期举办业务培训班，分期、分批轮训各级组织指挥管理人员和业务骨干。

第二百零九条 为保证安全检查岗位培训工作的顺利实施，各单位应抽调一些具有安全检查实践经验和教学能力的业务骨干担任相应岗位的兼职教员，条件许可时，亦可从有关院校聘请一些教师承担相关知识的教学任务。

第二节　证书的取得和管理

第二百一十条 岗位证书的取得必须经过业务知识考试、业务技能考核和职业道德考查，成绩合格。

第二百一十一条 虽经岗前培训但未取得安检人员岗位培训证书者，一律不得单独从事安检工作，只能做为见习安检人员协助其他安检人员工作。

第二百一十二条 见习安检人员的见习期为一年。见习期满经考核合格，发给《岗位证书》，可转正定级并单独上岗。

第二百一十三条 取得《岗位证书》者每年要接受岗位复查。复查之前，应先进行培训。在复查中，业务知识考试不合格或专业技能考核不合格者，允许补考一次（但不得二者均补考），仍不合格者《岗位证书》予以暂停，由颁证部门在岗位证书备注栏签注“暂停”字样。

第二百一十四条 《岗位证书》暂停期间，不可单独上岗；经专业培训并重新考核合格后，报颁证部门批准，在《岗位证书》备注栏签注“恢复”字样，方可单独上岗。

第二百一十五条 有下列情形之一者，其《岗位证书》予以吊销：

（一）《岗位证书》持有者连续三次考核不合格的；

（二）在安检执勤中私自放行无控制区证件人员、未经检查人员或携带危险违禁物品人员，造成不良后果的；

（三）偷拿旅客行李物品或机上供应品，情节严重造成不良影响的；

（四）严重空防事故的直接责任人员；

（五）其他严重违反职业道德或岗位规范者。

第二百一十六条 《岗位证书》被吊销人员立即调离本岗位，三年内无申请安检人员《岗位证书》资格。

第三节 技能等级培训与鉴定

第二百一十七条 安全检查专业设置安检员、安检仪器维修员两个工种。各个工种实行初、中、高三个技能等级标准。

第二百一十八条 技能等级培训目的：通过安检职业技能等级培训，使安检员、安检仪器维修员具有本工种相应等级要求的知识构成与水平，以及实际技术业务能力的构成与水平，会做本工种相应等级工作实例中所列举的工作项目。

第二百一十九条 技能等级培训要求：职业技能等级培训要根据安检职业技能鉴定规范，按照安检员、安检仪器维修员等工种不同等级的技术复杂程度，对业务知识技能要求的不同侧重面，从实际需要组织各层次的培训。要求初级工掌握的知识和技能，中级工必须掌握；要求中级工掌握的知识和技能，高级工必须掌握。

第二百二十条 技能等级培训内容：安检职业技能等级培训要依据安检员、安检仪器维修员等工种不同等级的职业技能鉴定内容、鉴定要素细目表和鉴定试题，编写相应的培训教材，结合实际需要确定培训重点内容。

第二百二十一条 技能等级鉴定：安检员、安检仪器维修员工种的初、中、高级等级鉴定，在适用对象、申报条件、考评员构成、鉴定方式与鉴定时间、试题要求和工具设备、场地要求等方面，应依据安检职业技能鉴定规范中的鉴定要求办理。

第九章 安检设备管理

第一节 设备的购置

第二百二十二条 安检仪器设备包括X射线安全检查仪、金属武器探测门（以下简称安全门）、手提金属探测器、爆炸物探测器、防爆箱等。

第二百二十三条 民航总局公安局对订购安检设备和售后服务实行统一管理。

第二百二十四条 购置国外安检设备，必须经民航总局公安局认可，应事先将其型号、规格、技术性能、售后服务等有关资料报民航总局公安局审批。

第二百二十五条 购置国内安检设备，必须是民航总局公安局认可的，并符合国家标准和民航总局公安局安检技术性能要求。

第二节 设备的使用

第二百二十六条 安检人员必须掌握设备的技术知识、性能及使用规定，做到会使用、会操作。

第二百二十七条 X射线安全检查仪必须由经过培训、达到岗位标准、持有上岗证书的熟练安检员负责操作，无关人员不得随意摆弄。

第二百二十八条 安全门的灵敏度一般由设备维修技术员负责调试，其他人员不得擅自调动。

第二百二十九条 手提金属探测器、无线对讲机、电子计算机等应由专人保管。

第二百三十条 使用设备时，应严格遵守操作规程，禁止违章操作。

第二百三十一条 需充电后使用的设备，注意充电要求，保证使用时有足够电量。

第二百三十二条 使用设备时出现故障，不得随意拆卸，应迅速报告，由专业维修人员排除。

第三节 设备的管理

第二百三十三条 民航总局公安局、地区管理局公安局或经委托的其他民航公安机关，应当定期会同有关部门对各种安全检查仪器的有关技术指标尤其是X射线安全检查仪的射线剂量进行检测，检测次数每年不少于一次。经检测合格后，凭民航总局公安局发给的《使用合格证》方可使用。

第二百三十四条 安检部门要加强设备的管理，教育安检人员爱护设备，并建立安检设备使用和管理责任制，保证设备处于最佳工作状态。

第二百三十五条 各种设备及维修仪器都应建立台账，严格保管，严格领取使用登记制度。

第二百三十六条 X射线安全检查仪、安全门、电视监控器、电子计算机等贵重设备要建立详细的技术档案。

第二百三十七条 安检仪器维修人员应在勤务现场值班。其值班职责包括：掌握设备使用情况，检查其技术性能状况，并监督操机人员和其他检查人员按规程操作；排除设备临时发生的故障，保证设备正常运转；经常查验安全门档次，保持适当的灵敏度。

第二百三十八条 使用设备的技术性能达不到标准要求的，应予以报废。

第四节　设备的维修保养

第二百三十九条　安检部门应设置技术维修单位（人员）。维修人员应受过专门培训，并取得《专业培训合格证》。

第二百四十条　维修人员应坚持设备维修日检、月检、年检修制度，对设备进行维修保养。

第二百四十一条　维修人员每日对设备应坚持勤巡视、勤检查、勤维护。做到小故障不过日，大故障及时处理。

第二百四十二条　X 射线安全检查仪操作人员每日上班前、下班后，应对设备擦拭一次，并要随时保持设备周围环境清洁。

第二百四十三条　车载 X 射线安全检查仪每次执行完任务后要进行维护保养，确保其经常处于良好状态。

第十章　奖励与处罚

第一节　奖　　励

第二百四十四条　安检工作中有下列表现之一的单位或个人，由安检部门或其上级主管部门给予通报表扬、嘉奖、记功、授予荣誉称号的奖励：

（一）模范执行国家的法律、法令，严格执行安检工作规章制度，成绩突出的；

（二）积极钻研业务，工作认真负责，完成安全检查任务成绩突出的；

（三）爱护仪器设备，遵守操作规程，认真保养维修，成绩突出的；

（四）执勤中查出冒名顶替乘机或持伪造、变造身份证件的；

（五）执勤中查获预谋劫机、炸机或其他非法干扰民用航空安全的嫌疑人，以及隐匿携带危害航空安全物品的；

（六）遇有劫、炸机或其他非法干扰民用航空安全的紧急情况，不怕牺牲、英勇顽强、机智灵活制服罪犯的；

（七）执勤中其他方面有突出表现的。

对以上受奖励者，可按照规定给予一定的物质奖励。

第二节　处　　罚

第二百四十五条　安检人员有下列行为之一者，由安检部门或其上级主管部门根据具体情况，分别给予批评教育或警告、记过、记大过、开除的行政处分；违法或者构成犯罪的，由有关机关依法追究责任：

（一）在安检工作中工作责任心不强、麻痹大意、不负责任，对危及空防安全的物品或伪造、变造、冒用的身份证件发生漏检，造成一定后果和影响的；

（二）违反安检工作制度，造成不良影响，情节严重的；

（三）违反操作规程，造成仪器设备损坏的；

（四）遇有劫、炸机或其他非法干扰民用航空安全的紧急情况，临阵脱逃或者擅离岗位，不服从命令的；

（五）其他违反《民用航空安全检查规则》规定并造成不良影响的。

第十一章　附　　则

第二百四十六条　本手册自颁布之日起施行。

第二百四十七条　本手册由民航总局公安局负责解释。

免 检 范 围

1. 国家保卫对象：即中共中央总书记、政治局常委、委员、候补委员，书记处书记、候补书记；国家主席、副主席；全国人大委员长、副委员长；国务院总理、副总理、国务委员；中央军事委员会主席、副主席、委员；全国政协主席、副主席；最高人民法院院长；最高人民检察院检察长。

上述领导人率领的出访代表团全体成员，也免予检查。

2. 应邀来我国访问（包括过境、非正式访问）的外国副总统、副总理、副议长以上领导人及其率领的代表团全体成员。

3. 应邀来我国访问的外国正部长级官员及我国中央各部正部长率代表团出访，部长本人免予检查。

4. 大使夫妇、总领事夫妇经承运的航空公司同意，并由该公司人员陪同或出具证明可免予检查。对其余乘坐班机的各国外人员、领事官员及其家属和他们携带的行李物品，亦可按上述办法掌握。

5. 对随同国家保卫对象乘坐民航班机的首长随身工作人员和我方接待属免检范围外宾的陪同人员，凭中共中央、全国人大常委会，国务院、中央军委有关部、委或省、自治区、直辖市党委、人民政府出具的证明免予检查。

重要旅客范围

1. 省、部级（含副职）以上的负责人。
2. 军队在职正军职少将以上的负责人。
3. 公使、大使级外交使节。
4. 由各部、委以上单位或我驻外使、领馆提出要求按重要旅客接待的客人。